England – Schottland – Wales der Frauen

Aus dem Englischen von
Luisa Francia
Barbara Müller
Adelheid Ohlig
Ursula Wolf
Ilse Zambonini

1. Auflage, 1988

(Kellerstr. 39, 8000 München 80)

ISBN 3-88104-178-8

Satz: Hildegard Kobler, München
Druck: Clausen und Bosse, Leck
Umschlaggestaltung: Elisabeth Petersen, Netterndorf
Umschlagfoto: Luisa Francia, Ambach

Ilse Zambonini (Hg.)

ENGLAND
SCHOTTLAND – WALES
DER FRAUEN

REISE & KULTUR

Frauenoffensive

Inhaltsverzeichnis

Vorwort

Wir hatten ein wenig Schwierigkeiten mit dem Titel dieses Buches: »England der Frauen«? England impliziert oft für Deutsche »Großbritannien«, für die Frauen der britischen Insel schließt es alle drei keltischen Teile aus: Wales, Schottland und Nordirland. Wir haben Nordirland nicht eingeschlossen. Nordirland und Eire sollten eine geographische Einheit bilden, da sie schon politisch getrennt sind. Hier ist also »England, Schottland und Wales der Frauen«.

Wir versuchten, ein möglichst umfassendes Gesamtbild zu geben darüber, was es in diesem Land alles gibt – an Gedanken, Geschichten, Diskussionen, Problemen, die Frauen angehen und interessieren. Und Beschreibungen von Städten und Landschaften, geschrieben von Frauen, die diese kennen und lieben, mit tausend Tips von »Insiderinnen«, wie ihr das Reisen und Hiersein am besten genießen könnt. Einiges, was ihr an zusätzlicher Literatur brauchen könntet, steht im Anhang. In dieser Literaturliste sind auch (sehr subjektive) Lesetips für Frauen, die gerne in einer literarischen Phantasiewelt leben.

Unser Hauptanliegen war es, das Bild der »typischen« Engländerin auf den neuesten Stand zu bringen. Keine andere europäische Gesellschaft hat sich in den letzten zwanzig Jahren so sehr verändert wie die britische, und keine Frau hat in einer Machtposition so wenig für Frauen getan wie die Premierministerin Margaret Thatcher. In diesem Buch sprechen Frauen aus allen Teilen der Insel über ihre guten und schlechten Erfahrungen im Großbritannien der achtziger Jahre. Der Akzent liegt auf Realismus. Und auf dem Mit-teilen von Erfahrungen von Frauen in England an Frauen in Deutschland.

Ich möchte all den Frauen danken, die dieses Buch geschrieben haben. Wir alle hoffen, daß dieses Buch viele von euch herüberlocken wird!

London, im Juli 1988 — Ilse Zambonini

1
Politik und Alltag

Ilse Zambonini

Warum England?

Seit zwölf Jahren lebe ich in England, und ebensolange ist mir diese Frage immer wieder gestellt worden, von meinen Lieben in München, von befreundeten und neugierigen EngländerInnen, denen Deutschland aus der Ferne ein Paradies der Ordnung, der pünktlichen Züge und luxuriöser Krankenversorgung ist, und nicht zuletzt frage ich mich das auch hin und wieder selbst.

Als ich 1976, nach jenem sagenumwobenen heißen Sommer, nach London zog, zog ich in eine Stadt, in der alles am Brodeln war, nach den ersten größeren Aufständen der schwarzen Jugendlichen auf dem Carnival in Notting Hill und den Anfängen der Punkbewegung. Punk, diese Revolution gegen die Schönheit, ließ das Land und die Fernsehshows erbeben. »Rock against Racism« brachte Hunderttausende von Musikfans und Rassismusgegnern, Alt-Hippies und Jung-Punks auf die Straßen und in die Parks von London, Manchester, Birmingham und Liverpool.

Ich spielte mit 28 zum erstenmal in einer Band, wohnte in einem besetzten Haus, das etwas später durch Mietvertrag mit der Stadt respektabel gemacht wurde, in einer Wohngemeinschaft mit »lauter Engländern.« Isabel war Schottin, aber dieser kleinen Unterschiede wurde ich mir erst später bewußt, zuerst fiel mir nur auf, daß ich kein Wort verstand von dem, was sie sagte.

Die Häuser, in denen wir wohnten, bezauberten mich. *Upstairs, downstairs,* vorne ein Garten, hinten ein Garten, und das Ganze nur zwanzig Minuten mit der U-Bahn vom Zentrum entfernt. Bei meinen vorherigen London-Besuchen hatte ich von der Existenz dieses Stadtteils, in dem ich seit 1976 lebe, nichts geahnt – Archway war eine Station auf der *Northern Line,* irgendwo ganz weit draußen. Jetzt weiß ich, daß ich für Londoner Verhältnisse in einer begehrenswert zentralen Lage wohne; aber als ich zum erstenmal die lange, häßliche »Holloway Road« hinauffuhr, dachte ich: Nein, hier will ich nicht wohnen, das ist ja gar nicht mehr London.

London waren für mich die hohen, edlen weißen Häuser mit Treppchen und Säulenaufgang in Holland Park, die Pubs und Cafés am Shepherds Market, vielleicht noch Bloomsbury, wo ich auf den Spuren von Virginia Woolf wandeln konnte.

Inzwischen verstehe ich, daß Mayfair und Knightsbridge, Belgravia und Holland Park auch London sind, aber nicht das der Normalverbraucher. Dieses London ist die Schutzzone einer immer kleiner und immer reicher werdenden Elite, und die Stadtteile unmittelbar um *Central London* herum werden zunehmend vom neuen Geldadel, den Yuppies oder Dinkies *(double income, no kids)* besiedelt. Dieser Prozeß der Verdrängung der ursprünglichen Arbeiter, Handwerker und Geschäftsleute ist als »Gentrification« bekannt. Und manchmal wache ich nachts schweißgebadet auf, weil mir träumte, daß unser Haus von der Stadt, die den »Housing Coops« wie unserer lebenslängliche Mietsicherheit versprochen hat, an die Spekulanten verkauft worden ist. Manchmal witzeln wir auch im Haus, daß wir einfach ein Schild vor's Haus stellen, wo drauf steht: *»For Sale. Cash only, used fivers«*, und uns aufs Land zurückziehen.

Seit die Thatcher-Regierung an der Macht ist, geht es bergab mit dem England, das mich damals herüberlockte. Die Armen werden immer ärmer, die Stadt immer verwahrloster. Nach einer windigen Nacht watet man morgens durch Berge von Unrat und Papier; immer mehr Krankenhäuser, öffentliche Bäder und Schulen werden geschlossen – nicht in Mayfair, Kensington oder Dulwich, sondern in den *inner cities,* den armen Stadtteilen Londons, Liverpools, Manchesters.

Jetzt soll sogar in England die amtliche Meldepflicht eingeführt werden; die letzte Bastion der *civil liberties* soll abgebaut und jede/r Engländer/in amtlich erfaßt werden, um der Regierung das Eintreiben der *Poll Tax* zu erleichtern, die ab 1990 eingeführt wird. Diese neue sogenannte *Community Tax* soll jeden Wahlberechtigten einzeln besteuern, was zu dem absurden Schluß führt, daß ein alleinstehender Adeliger auf seinem Schloß weniger zahlen wird als eine Familie mit sechs Kindern in einer Zweizimmerwohnung in Hackney. Dies ist das krasseste Beispiel der neuen sozialen Ungerechtigkeit in »Thatcher's Britain«, und es gibt viele andere.

Warum also?

London hat alles, was ich von einer Großstadt erwarte – aber wir lebenmitten in der Stadt im Grünen. London ist eine Weltstadt, mit Londonern, die aus Afrika und Australien, aus Jamaica und Italien, aus Portugal und Zypern und aus England, Schottland, Irland und Wales kommen. Die Vielfalt an Kultur, die tagtäglich auf den Straßen, in den Läden, Bussen, Restaurants, Theatern und Konzerthallen und in den vielen *Community Arts Centres* geboten ist, läßt mir München trotz der manchmal ersehnten Sauberkeit, Übersichtlichkeit und Lebensfreude zu eintönig erscheinen. Gerade wegen der endlosen Vielfalt an Stil und Kultur fällt es Frauen in London leicht, ganz sie selbst zu sein. Es gibt keine vorherrschende Art, schön zu sein – es ist Platz für alle Arten von Kleidung, Frisuren und Hautfarben.

Die Lebensqualität läßt oft zu wünschen übrig, aber die englische Lebensart, diese Mischung aus Reserve und Freundlichkeit, gewürzt mit Galgenhumor, und ohne übertriebene Dramatik, hat mich wohl in ihren Bann gezogen.

Das alte Sprichwort *»An Englishman's home is his castle»* oder *»An Eng-*

lish Person's home is their castle«, wie es im *non-sexist newspeak* heißen würde, trifft den Nagel auf den Kopf. Nirgends erlebt man diesen Grad an Privat-Süchtigkeit wie in London: an den Türen keine Namensschilder, auf Briefen keine Absender – eine Nation, die wie die Spione bei Le Carrée keine Spuren hinterläßt. Der Stellenwert des Wortes *Privacy* gleicht dem des deutschen Wortes »Gemütlichkeit«, und in der U-Bahn zur Stoßzeit trägt jeder sein unsichtbares *castle* mit sich herum. Sally Vincent sagt in einer Buchbesprechung in der Zeitschift »New Society«: »Inselratten müssen lernen, mit angezogenen Ellbogen auf und ab zu springen, vor Angst, sich gegenseitig über die Klippen zu stoßen«.

So reserviert sie in der täglichen Konfrontation mit der Welt sind, so besessen ist diese Inselrasse von Sex. Englisch ist die einzige mir bekannte Sprache, in der »es« tun, *»to do it«*, eine sexuelle Tätigkeit bezeichnet oder wo unschuldige Worte wie *»a pair«* im Munde lüsterner Männer zu einer Obszönität werden. Zum Glück beschränken sich die durchschnittlichen Engländer auf anzügliche Reden, und völliges Desinteresse von Seiten der Frau nimmt ihnen den Wind aus den Segeln. Außerdem empfiehlt es sich für Frauen, sich von geballten Ansammlungen englischer Männlichkeit, etwa am Ende eines Fußballheimspiels, fernzuhalten, aber das sagt ja der gesunde Menschenverstand.

Vieles im englischen Humor dreht sich um sexuelle Ambiguitäten. Eine der erfolgreichsten Komikerfiguren ist Dame Edna Average, ein Australier, der als Frau verkleidet Talkshows im Fernsehen und auf der Bühne führt und ungeheuer populär ist, anzüglich, nicht frauenfeindlich, sondern einfach menschenverachtend. Eine inzwischen zum Klassiker gewordene Filmserie, die »Carry On«-Filme (auf deutsch: »Ist ja irre... «), benutzen diese Zweideutigkeit und Flexibilität der englischen Sprache erbarmungslos, um billige Lacher zu erzeugen, und haben einige der besten britischen Komikertalente unsterblich gemacht. Sex ist Thema Nummer 1, und die Debatte um die nackten Frauen auf der Seite drei der Boulevardzeitung »Sun« wird wohl weiterlaufen.

Auf der anderen Seite diese freundliche Nettigkeit – ihr werdet überall, ob im Bus oder im Zeitungsladen, im Café oder auf der Post, mit *»dear«*, *»love«*, *»darling«* oder manchmal sogar *»flower«* oder *»lovely«* angesprochen – Männer ebenso wie Frauen. All dies wird großzügig gesagt, ohne vorherige Einschätzung, wer nun diese Anrede auch verdient.

In Schottland kann es Frauen übrigens geschehen, mit *»hen«* angesprochen zu werden. Es empfiehlt sich, darüber nicht in einen feministischen Blutrausch zu geraten – dies ist eine freundliche schottische Anrede, und Frauen sprechen selbst von *»hen parties«*, wenn sie einen Frauenabend planen. Die Anrede *»bird«* oder gar *»bitch«* dagegen verdient mindestens einen strafenden Blick und vielleicht die passende Antwort *»dickhead«*.

Die englische Sprache müht sich redlich ab, Frauen mehr Platz zu schaffen. In fast allen Firmen, die den Übergang ins zwanzigste Jahrhundert erfolgreich vollzogen haben, ist der Begriff *»Chairman«* (Vorsitzender) inzwischen zu *»chair«* verkürzt worden, und ein Kind wird nicht mehr selbstverständlich als *»he«* bezeichnet. Der Weg zur *»non-sexist language«* ist zwar noch lang, aber in der englischen Sprache, vielleicht dank ihrer größeren Flexibilität, scheint es schneller voranzugehen.

Überhaupt – die Sprache. Schon als Schulkind bezauberte mich das Potential in der englischen Sprache, in der Verben zu Substantiven werden können und umgekehrt, in der die meisten nützlichen Worte kurz und bündig sind und in der ich mich als Ausländerin frei bedienen durfte. Durch meinen immer noch hörbaren deutschen (oder bayerischen) Akzent bin ich klassenlos und deshalb nicht einzuordnen, während es für Einheimische zwei Schubladen gibt: akzentfrei mit der BBC- oder Queens-English-Intonation, oder ein regionaler Akzent. Dazu kommen nun auch die verschiedenen Englisch-Interpretationen der Westinder, Afrikaner, Inder. Und es ist nicht schwer zu erraten, welcher Akzent in den Machtpositionen dieses klassenbewußten Landes zu hören ist. Die Sprache von Virginia Woolf, Jane Austen, George Eliot, Emily Brontë hat ihre chauvinistischen Seiten. Aber obwohl Engländer sehr nationalstolz sind, sehen sie sich doch gerne auch als Weltbürger; ihr Herz ist in Südfrankreich, auf den griechischen Inseln und in Spanien, wohin sie im Sommer ihre Völkerwanderung machen, der Sonne nach.

Sonne ist auf den britischen Inseln Mangelware. Es gibt sie – ich bin schon aus Dorset und Schottland mit einer fast karibischen Sonnenbräune nach Hause gekommen. Das Problem ist, daß sie nicht in Ferienpläne einzuplanen ist. Ein alter Gentleman in Cornwall sagte zu uns: *»We have good weather at the most inconvenient times«* (»Wir haben zu den unpassendsten Zeiten gutes Wetter«). Es gibt Tage in London, die lichtlos, graubraun, feuchtwarm sind, und »fünfzig solche Tage können manchmal einen englischen Sommer ausmachen«, wie die Krimi-Schriftstellerin Ruth Rendell sagt. Das Gute an der Englandbewohnerin ist, daß sie nie aufgibt. Meine Freundin Geraldine plant beharrlich jedes Sommerwochenende eine *»barbecue«* im Garten, und wenn's regnet, wird eben draußen gebraten und drinnen gegessen.

»Es gibt kein schlechtes Wetter, es gibt nur unzureichende Kleidung«, ist eine der Maximen der klimageprüften (heißt das auf englisch etwa *»climate-proof«?)* Nation. Im feuchten Klima altert man nicht so schnell, *»and it is good for the garden«*. Wenn die Sonne dann doch rauskommt, genießt England die unerwartete Freude mehr als eine verwöhntere Bevölkerung. Wenn es zu lange heiß ist, wird sie gar unruhig. Extreme sind unpopulär, und wenn im Winter wieder mal unerwartet Schnee fällt (was ja im Winter nicht selten vorkommt), bricht sofort der gesamte Nah- und Fernverkehr zusammen. *Any excuse for a tea break!*

Diese Haltung, alles nicht so tierisch ernst zu nehmen, ist ein weiterer Pluspunkt für Großbritannien. Der Mangel an Bürokratie hat Schattenseiten, ist aber durchaus auch charmant. Ein extremes Beispiel, das nicht als Vorbild dienen darf, aber wahr ist, passierte meiner Freundin Debbie. Ihr Zug war ausgefallen, sie schimpfte mit dem Bahnhofsvorstand und verlangte, sofort nach Hause befördert zu werden, ihr Kind warte auf sie. Als es dem Bahrhofsvorstand zu viel wurde, rief er einen Lokführer aus der Teepause und sagte, er solle doch einen Zug rausfahren. So fuhr Debbie allein im Sonderzug von Gunnersbury nach Gospel Oak in London. Und wer auf der U-Bahn ohne Fahrschein erwischt wird, zahlt nach, nicht Strafe – bei guter Begründung.

Die Thatcher-Regierung arbeitet emsig daran, das Land gleichzuschalten, angefangen von der bevorstehenden Ausweispflicht bis zum Abbau der geliebten roten Telefonzellen – sie sollen durch neue funktionale Kästen ersetzt werden. Und das neue Geld verwandelt Originales in ein saniertes Museum, aber wer sucht, findet dieses freundliche, lässige Land auch unter dem Neuanstrich.

Ich las neulich im »Guardian« (meines Erachtens die beste englische Tageszeitung – die neue »Independent« ist mir zu Yuppie-Börsen-orientiert), daß die »British Polite Society« Norwich im Nordosten des Landes zur *Courteous Community of the Year 1988* gekürt hat (also zur höflichsten Gemeinde des Jahres), und eine schwarze Freundin von mir zog die Augenbrauen hoch und sagte: »Höflich zu wem?« Trotz der fast vierzig Jahre dauernden Präsenz schwarzer Einwanderer, die in der zweiten und nun dritten Generation zu schwarzen Engländern geworden sind, tun viele englische Städte und Dörfer außerhalb Londons beharrlich so, als hieße »englisch« automatisch »weiß«. Die meisten Großstädte haben Viertel, die hauptsächlich schwarz sind – Tiger Bay in Cardiff, St. Paul's in Bristol, Moss Side in Manchester oder Toxteth in Liverpool, und in all diesen Städten findet ein langsamer, schmerzhafter Prozeß der Integration statt. Die westindische Kultur hat großen Einfluß auf Musik und Mode und fängt ganz langsam an, ihren Niederschlag in den Medien zu finden. Indischer, bengalischer und pakistanischer Einfluß beschränkt sich aufs Geschäftliche – die meisten Zeitungsläden, viele *Chemists* (Apotheken), Optiker und Nebenpostämter werden von dieser Minderheit geführt, die sich kulturell sehr zurückhält, aber auch das größte Ziel für rassistische Attacken bildet.

Die Gleichberechtigungsgesetzgebung bedeutet für die ethnischen Minderheiten (ebenso wie für Frauen), daß nicht mehr offen diskriminiert werden darf und daß es zumindest Gesetze gibt, auf die farbige Engländer und Frauen sich berufen können – erfolgreich, wie der vielgefeierte Prozeß bewies, den im Juni 1988 eine Frau gewann, die gleichen Lohn für gleiche Arbeit forderte in einem Job, der normalerweise nur von Frauen gemacht wird und wo ein Alibi-Mann eingesetzt wurde, um zu beweisen, daß auch Männer Niedriglöhne bekommen. Sie forderte und gewann Anspruch auf den gleichen Lohn wie Männer in einem vergleichbaren Job und machte somit Frauengeschichte in diesem Land.

Wenn es ein Motto gibt, das ich diesem Buch voraussetzen möchte, ist es der Titel eines Artikels von Ruth Chigwada: »Weder Opfer noch Superfrau«. Das gilt für die Frauen in England, die sich durch alle Schwierigkeiten ihren Mutterwitz bewahren. Ich möchte hier meine geliebte Fernsehkritikerin im »Guardian«, Nancy Banks-Smith, zitieren. (An manchen Abenden sehe ich mir das Fernsehprogramm nur an, um ihren Kommentar darüber am nächsten Morgen zu lesen.) Sie schreibt über jenen Krimi, in dem eine Frau geprügelt und mit Mord bedroht wird; aber sie bleibt *»jolly British«* in der Situation und sagt: »Ihr könnt mich ruhig umbringen, aber eine andere wird an meine Stelle treten.« Diese literarischen Schöpfungen, von Miss Marple bis zu der alten Dame in Hitchcock's »Eine Dame verschwindet«, diese Frauen, zäh wie ein alter Lederstiefel, gibt es hier wirklich.

Exzentrisch ist in England kein Schimpfwort – frau lese Nancy und Jessica Milford, Dora Russell, Agatha Christie und Fay Weldon. Wie die meisten guten Dinge im Leben ist diese Art von Exzentrik zumeist in den »Upper Classes« zu finden, zumindest in ihrer literarischen Form; aber auch Marktfrauen haben manchmal ihren eigenen surrealistischen Witz. Meine Freundin Ros drückte ihre Enttäuschung darüber aus, daß ein Kleidungsstück nicht in ihrer Größe da war: *»What makes you think you should always have what you want?«* bekam sie zur Antwort.

Mir hat England (und Schottland und Wales) jedenfalls viel von dem gegeben, was ich wollte. Ich bin hier erwachsen geworden, während ich auf Busse warten lernte, ohne auszuflippen. Ich ging zum Schluß einfach zu Fuß.

Have a nice holiday!

Liz Heron

Heimkehr

Noch nie seit Marco Polo ist es der Reiseschriftstellerin so gut gegangen. Während die Welt vor unseren Augen immer kleiner wird, werden die Möglichkeiten für die literarische Reisende immer weiter: Reportage, Autobiographie, Abenteuer, Gesellschaftssatire und aktuelle Geschichtsschreibung. All dies ist schon immer Bestandteil eines Reisebuches oder -essays gewesen – nun können sich jedoch auch Schriftsteller damit einen Namen machen.

Eine Reise wird zum Vorwand dafür, an einer Unzahl von Themen herumzufeilen. Vielleicht könnte man das Nachhausekommen zu einem solchen Thema machen. Es gibt auf der Erde kaum noch unentdeckte Fleckchen, dafür wird es zu Hause immer unstabiler. »Zuhause« ist kein sicherer Hafen mehr.

Ich reise gerne, und das schon seit meiner Kindheit, als wir regelmäßig auf den sogenannten »Kontinent« fuhren; ich liebe das Gefühl von kultureller Verfremdung, das sich beim Reisen einstellt, die energiespendenden neuen Perspektiven. Nein, damit meine ich nicht die zwei Pauschalwochen in einem Hotelneubau, sondern etwas anderes, Seltsameres.

Das »Seltsame« scheint man mir nach einem Urlaub immer anzumerken. Als ich das letztemal in Heathrow ankam, redete der Mann am U-Bahnschalter mit mir in der übertrieben langsamen Art, in der man Ausländer anspricht. Das desorientierte mich nun vollkommen. Immer der gleiche Schock. Ich bin Schottin; ich habe in Frankreich gelebt, bevor ich nach England zog – für mich genauso Ausland. Wenn ich also nach England zurückkehre, nähere ich mich schon der ersten kulturellen Identitätskrise – bin ich hier wirklich zu Hause? Noch weniger verlockend wird dieses Nachhausekommen, wenn ich mir überlege, was mir hier alles fehlen wird: Essen, Wein, Sonne, Genuß als Teil des Alltagslebens.

Früher hatte sich in dieses widerwillige Heimkommen auch ein Teil Erleichterung gemischt. Wenn die Zugtüren zugefallen waren und ich die Landschaft von Kent an mir vorbeiziehen sah, hielt ich meine Tasse Tee von »British Rail« wie einen Zaubertrank und fühlte mich warm und behütet in dem Gefühl, zu Hause zu sein. Diese Heimatgefühl ist kostbar, es entsteht aus einem kulturellen Einfühlungsvermögen, das wir aus Kleinigkeiten in uns aufnehmen und das man im Ausland beim besten Willen schwer erlernen kann.

England war damals auch ein freundlicheres Land, ein Land, das für seine Leute sorgte, wo das Wohlfahrtssystem felsenfest verankert war und wo viele grundsätzliche Dinge nicht mit Geld aufgerechnet wurden. Im Vergleich zum »Kontinent« funktionierten öffentliche Einrichtungen recht gut, die Züge fuhren pünktlich und waren bequem, das Telefonnetz war zuverlässig, die Umwelt sauber.

Heute ist unser »National Health Service«, von dem wir immer glaubten, er sei der beste auf der Welt, in Gefahr, privatisiert zu werden. Es ist kaum zu glauben, daß viele britische Institutionen in Gefahr sind. An Äußerlichkeiten merkt man, wie es bergab geht. Die Züge werden immer schmutziger; wenn ich jetzt in einem Zug der »Southern Region« sitze, erinnert mich das an Frankreich oder Italien vor zwanzig Jahren – schmutzige Fenster und kein Wasser in den Toiletten. Verglichen damit sah England damals richtig modern aus. Es ist fast zum Lachen, heute in einem der komfortablen, schnellen Züge von Paris nach Südfrankreich zu fahren und sie mit englischen Zügen zu vergleichen. England fährt im Rückwärtsgang aus der Zivilisation.

Wenn man vom Festland nach London kommt, erfaßt einen eine Welle von Depression. Als ich von einer Reise nach Norditalien zurückkam, fiel mir auf, wie schmutzig die Straßen hier sind und wieviel höher inzwischen der Lebensstandard dort ist. So richtig bewußt wurde mir der Zustand in London eigentlich erst, als die Stadtzeitung »City Limits« eine Umfrage unter prominenten Londonern machte, was sie in ihrer Stadt verbessern würden. Peter Hall, Theaterregisseur, bezeichnete London als die schmutzigste und schäbigste Hauptstadt Europas. Smiley Culture, Reggaesänger, behauptete – und damit war er sich mit allen anderen Befragten einig –, daß es überall im Ausland sauberer sei. Saubere Straßen und zuverlässige öffentliche Verkehrsmittel sind das Mindeste, was eine Stadt ihren Bürgern als Zeichen der Achtung bieten muß. Keines von beiden ist bei uns garantiert, und dazu stinkt auch noch anderes zum Himmel.

Wenn man von einer Reise zurückkommt, sieht man einiges klarer, bevor der Schein der Normalität wieder einsetzt. Und was immer deutlicher sichtbar wird, ist ein Land, in dem bestimmte Abgrenzungen immer enger gezogen werden – zwischen Rassen und sozialen Klassen, zwischen Norden und Süden –, und wo Privilegien wild wuchern: die traditionellen wie auch die neuen, die auf Geld statt Landbesitz gegründet sind. Sogar »Style«, der in den siebziger Jahren zur subkulturellen Subversion emanzipierte, ist inzwischen ein Instrument für supercoole Snobs geworden.

Der »Heimat«-Begriff wird immer mehr zu einer Phantasievorstellung: Dir gehört immer weniger an dem Ort, wo du dachtest hinzugehören. Natürlich muß man nicht auf eine einsame Insel reisen, um zu solchen Schlüssen zu kommen. Aber erst dort merkt man, wie schnell man lernt, sich an niedrigere Standards anzupassen. Das Alltagsleben hat für die meisten Menschen etwas Unausweichliches, und es scheint so lange normal, bis es für die ganz am Rande dieses Alltages Lebenden unerträglich wird.

Für viele unter uns sind die achtziger Jahre das psychologische Gegenstück zu einem chronischen Schnupfen – es wird allmählich unmöglich, sich ein Leben ohne Schnupfen vorzustellen.

Kein Wunder, daß jedes Jahr mehr Leute sich die zweiwöchige Flucht in den Urlaub gönnen (die, die sich's leisten können). Nicht nur das Wetter lockt, sondern das Gefühl, woanders zu sein, wo man wieder durchatmen kann und einen klaren Kopf bekommt.

Die Phantasievorstellung, in einem Camper in Griechenland zu leben, wird immer übermächtiger. Zu Hause ist es am schönsten.

Melissa Benn

Schwestern und Slogans

Was bedeutet heutzutage sozialistischer Feminismus? Worin drückt er sich aus? In der Schwierigkeit, diese Frage zu beantworten, spiegelt sich die Zersplitterung der feministischen Politik der achtziger Jahre insgesamt. Jede Definition einer »sozialistischen Feministin« – als einer Frau, die sich aktiv in sozialistischer oder linker bzw. radikaler Politik engagiert oder damit sympathisiert und gleichzeitig eine entschieden feministische Position vertritt – ist ungenau und schwer faßbar. Eine sozialistische Feministin ist in den verschiedensten politischen Gruppierungen denkbar. Sie kann sich in der Ortsgruppe der Sozialistischen oder Kommunistischen Partei engagieren; sie kann aktiv an einer Kampagne gegen Deportationen teilnehmen oder in der Anti-Apartheids-Bewegung; ihr Platz ist gleichermaßen im Betriebsrat der Gewerkschaften wie in dem Zeltlager vor den Toren von Greenham; vielleicht gehört sie der CND (Kampagne für nukleare Abrüstung) an; oder sie ist einfach eine Frau, die viel denkt und liest.

Ganz anders die Fauenbewegung der siebziger Jahre. Wesentlich schwungvoller führte sie den ideologischen Angriff gegen die Gesellschaft, und in sich geschlossener hielt sie bis 1978 landesweite Treffen ab. Innerhalb dieser Bewegung trat die Identität des sozialistischen Feminismus deutlich hervor. Bis 1980 trafen sich die sozialistischen Feministinnen auf Landesebene.

Privatisierung, Überakademisierung und Pessimismus ergriffen weite Bereiche des sozialistischen Feminismus. Und in seinen Gedankengängen fehlen häufig die Berührungspunkte mit der feministischen Politik der achtziger Jahre.

Das möchte ich an drei Beispielen detaillierter ausführen: der Diskussion über Sexualität innerhalb der Frauenbewegung, der Beziehung der unterschiedlichen feministischen Richtungen zueinander und der neuen Beteiligung der Frauen an der Politik für die Massen.

Zur Sexualität ist als erstes zu sagen, daß die meisten heterosexuellen Feministinnen überhaupt nicht mehr darüber sprechen. Wenn in den Achtzigern irgendeine Auseinandersetzung über Sexualität stattgefunden hat, dann unter den Lesben. Fast hat es den Anschein, als wären die linken Frauen, was dieses Thema angeht, zu einer Situation zurückgekehrt, wie sie vor den siebziger Jahren herrschte: Das Unbeschreibliche wird als belanglos verkleidet, und das, was sie zerreißt, übergehen sie als bloße Behinderung. Dennoch wurden sozialistische Feministinnen durch die feministischen Diskussionen über Sexualität beeinflußt, und viele von ihnen haben sie in einzelne politische Kampagnen oder theoretische Bereiche hineingetragen. Nur zwei Beispiele dafür: der Kampf gegen sexuelle Belästigungen am Arbeitsplatz und die Entwicklung von Ideen zur Psychologie von Frauen in den achtziger Jahren. Es ist Lynne Segal hoch anzurechnen, wie sie die Thematik ausführlich in ihrem Buch »Is the Future Female? Troubled Thoughts on Contemporary Feminism« behandelt hat, obwohl ich glaube, daß auch sie sich mehr auf die Vergangenheit als auf die Gegenwart bezieht.

Unter den Feministinnen, wie unter den Frauen allgemein, ist das Verständnis für die verschiedenen Formen der Sexualität gewachsen. Gerade das Scheitern der revolutionären feministischen »Moral« gegenüber der Heterosexualität hat aber bewirkt, daß nur wenige Frauen sich noch für ihre Heterosexualität verteidigen. Ich erinnere mich an einen kommunistischen Arbeitskreis an der Londoner Universität über Sexualpolitik und

an die riesige Diskussion dort über Frauen, die mit Männern schliefen. Dem gegenüber steht die »Woman Alive«-Veranstaltung 1986, von der mir eine Freundin über den Sexualitätsworkshop erzählte, es sei alles »ein bißchen sanft« gewesen.

Es könnte scheinen, als beschränke sich dieser Wandel auf ein paar hundert Londoner Feministinnen. Aber es bedeutet weitaus mehr. Frauen haben ganz allgemein das Gefühl, die freie Wahl ihrer Sexualität weit weniger erklären oder rechtfertigen zu müssen. Die Furcht vor der sexuellen Macht der Männer ist viel geringer als früher, und gleichzeitig sind die

Frauen sensibler für die potentiell zwanghafte und verletzende Veranlagung der männlichen Sexualität. Ich glaube, daß besonders für junge Frauen Männer einfach nicht mehr die Rolle spielen, die einmal üblich war. Sie sind da oder auch nicht. Na und?

Andererseits hatte das Wachsen einer Frauenkultur in den letzten zwei Jahrzehnten noch eine andere Wirkung. Es wurden – und werden immer noch – zahlreiche Orte geschaffen, die nur für Frauen sind, von Bars über Tanzräume, Buchläden und Friedenslager bis hin zu Lese- und Studiengruppen. Dort haben Frauen die sexuellen (und nicht sexuellen) Möglichkeiten miteinander schätzen und genießen gelernt. Junge Feministinnen gehen mit Frauen in sexueller Leichtigkeit um, auch wenn sie keine lesbischen Beziehungen haben.

Wenn ich sage, daß es unter den Frauen eine neue Vielfalt sexueller Praktiken gibt, meine ich damit nicht, daß dies auf eine sanfte Bisexualität bei den Frauen hinausläuft. Diese Veränderungen stehen in einem besonderen Zusammenhang: In den letzten zehn Jahren haben Feministinnen immer mehr erkannt, was es in dieser Welt heißt, lesbisch zu sein. Das Bewußtsein dafür, daß die Entscheidung, als Lesbe zu leben, nicht nur rein privat ist, ist heutzutage viel weiter als 1970. Es ist eine Entscheidung, die alle möglichen Schwierigkeiten und Gefahren (aber eben auch Freude und Vergnügen!) in der Welt mit sich bringt.

Die Haltung der sozialistischen Feministinnen zu der Entwicklung der Frauenpolitik in den achtziger Jahren ist der zweite Punkt, den ich kritisch beleuchten möchte. Charakteristisch für die feministische Politik der siebziger Jahre war die Polarität zwischen zwei politischen Strömungen: dem radikalen und dem sozialistischen Feminismus. In groben Zügen umrissen sahen die radikalen Feministinnen den gesellschaftlichen Hauptwiderspruch in dem Gegensatz der Geschlechter, während die sozialistischen Feministinnen das Verhältnis der beiden Herrschaftssysteme, Kapitalismus und Patriarchat, analysierten. Diese zwei politischen Linien waren unvereinbar.

Lynne Segal verstärkt in ihrem Buch diese Polarität, indem sie das Image und die Argumente der »schlechten Radikalfeministinnen« durch die Bank angreift und niedermacht, veranschaulicht an den Arbeiten von Mary Daly und Dale Spender. Ihre Kritik an der Arbeit dieser Frauen mag nicht falsch sein, vor allem was die Vorstellung betrifft, Frauen wären ihrem Wesen nach von »höherer« Natur als Männer. Aber indem Lynne Segal sich auf solche Ideen konzentriert, vereinfacht sie auch und vernachlässigt dabei die komplizierte Entwicklung feministischer Politik und die Beziehung der verschiedenen Strömungen zueinander.

Viele sozialistische Feministinnen sind durch den Radikalfeminismus stark beeinflußt worden, haben z. B. erkannt, daß Männlichkeit an sich schon ein Problem ist. Dazu kommt, daß viele sozialistische Feministinnen sich an Projekten, die von Radikalfeministinnen initiiert worden waren, beteiligt haben. Ich denke hier an all das, was geleistet wurde, um männliche Gewalt zu bekämpfen – Notruf für vergewaltigte Frauen, Frauenhäuser usw. Es waren die radikalen Feministinnen, die – wie zweifelhaft auch immer vieles an ihrer Ursachenanalyse zur Gewalt der Männer sein mag – tatsächlich etwas auf die Beine stellten.

Andererseits wurden auch die Radikalfeministinnen durch die Veränderungen innerhalb der Bewegung herausgefordert. Frauen jeder politischen Couleur haben eine neue Sensibilität in bezug auf Klassenzugehörigkeit entwickelt. Es war wirklich entscheidend, daß weiße Frauen aller politischen Richtungen durch die Kritik der schwarzen Frauen, die sehr vieles am Feminismus der siebziger Jahre als »weiß« und auf Europa ausgerichtet empfanden, aufgehalten und verändert wurden.

All dies hat zur Entwicklung in den achtziger Jahren beigetragen, zu der Vorstellung, die Unterschiede zwischen Frauen anzuerkennen. Diese Entwicklung ist in sich widersprüchlich: wichtig und gefährlich zugleich. Wichtig daran war und ist, daß der persönlichen Geschichte jeder Frau Glauben geschenkt wird, die individuelle Erfahrung einer Frau ihre Berechtigung erhält. Das gilt besonders für die Frauen, denen die Fähigkeit, ihre Erfahrungen auszusprechen und zu erklären, fehlt. Daran hat es der Frauenbewegung der siebziger Jahre ganz offenkundig gemangelt. Die behauptete Einheit der politischen Kategorie Frau wurde von den Lesben, den Arbeiterinnen, den schwarzen Frauen reihenweise angegriffen, mit dem Argument, sie alle hätten ihre eigene ökonomische, soziale und politische Geschichte und deshalb auch unterschiedliche politische Prioritäten, denen der Feminismus Rechnung tragen muß, wenn er eine sinnvolle Politik verfolgen will.

Einer der Gründe dafür, daß die sozialistischen Feministinnen sich an feministischer Politik nicht beteiligten, liegt in ihrer Einbindung in der Linken. Dies ist der dritte Punkt, über den ich sprechen möchte: das neue Engagement der Frauen in der linken Politik und besonders in der »Labour Party«.

Es gibt viele Gründe dafür, gerade jetzt feministische Thematiken über eine sozialistische Partei zu vermitteln. Frauen haben zur Zeit gute Chancen in der Partei. Alle linken Gruppen haben erkannt, daß der Feminismus ein wichtiger Impuls ist. Frauen rücken in Machtpositionen und Einflußbereiche auf, wie es in den Siebzigern noch nicht denkbar gewesen wäre. In den Ortsgruppen der »Labour Party« gibt es jetzt viele Führungsfrauen, Stadträtinnen und Amtsträgerinnen. Aber wenn sich in der Partei eine wirkliche Sensibilität dafür entwickeln soll, daß Frauenthemen auf der Tagesordnung stehen, dann müssen die Parteifrauen zu irgendeiner Form von feministischer Politik eine Beziehung haben und sich dafür verantwortlich fühlen. Es gibt z. B. echte Probleme bei den Frauen, die auf örtlicher oder nationaler Ebene Macht haben und entfalten. Wir müssen auch ein Gefühl für die Personalpolitik innerhalb des Labour-Party-Feminismus behalten.

Lynne Segal und andere sozialistisch-feministische Autorinnen scheinen in ihren Büchern die Zukunft des Feminismus und der Linken sehr pessimistisch einzuschätzen. Dabei unterschätzen sie die tatsächlichen Erfolge »ihres« Feminismus: Die Wege, die die Politik der siebziger Jahre und danach eingeschlagen hat, haben die Art und Weise, wie Frauen sich selbst einschätzen, für immer gewandelt. Feministische Sprache ist tief in unserer Kultur verankert – auf zugegeben oft individualistischen Wegen. Auch Feministinnen sprechen jetzt anders über Frauen. Die Tendenz, Frauen als Objekt – von Unterdrückung und Diskriminierung – zu betrachten, hat sich zu einer komplexeren Sicht gewandelt, zu einer Sicht der Frau als Subjekt, als aktiver, kraftvoller Gestalterin von Veränderungen. Viele junge Frauen sind nachgerückt, im Alltag wie in der Politik. Sie wollen viel vom Leben: eine Arbeit, die sie befriedigt, gute Beziehungen und Kinder, dann, wenn sie dafür bereit sind. Und sie erwarten, daß sie all das auch bekommen.

Julie Bindel

Zur Lage der Bewegung

Da Lesben stets Vorreiterinnen der Frauenbewegung waren, befaßt sich dieser Artikel hauptsächlich mit der Lage der Lesben innerhalb der Frauenbewegung.

Das Persönliche ist zu politisch.

Erinnert sich irgendeine an früher? Als es noch wichtig war, wie wir im einzelnen lebten und nicht wie wir uns benannten? Jene Zeiten, in denen wir darüber nachdachten, was wir anzogen, wie und wo wir lebten, was wir aßen, welche Musik wir hörten, was wir im Bett veranstalteten usw.

Und was ist jetzt los? Es scheint, als ob drei verschiedene Typen von Frauen die Führung innerhalb der Frauenbewegung übernähmen.

1. Femokratinnen (auch als Luppies oder bezahlte Feministinnen bekannt). Eine professionelle Feministin lebt ihre Politik nur zwischen 9 und 17 Uhr. Kommt sie von ihrem mit 15000 Pfund pro Jahr dotierten Job in einer örtlichen Verwaltung nach Hause, hängt sie ihre Politik wie ihren Designermantel an den Nagel und fühlt sich sehr erleichtert, daß sie ihren Anteil an Arbeit für die Bewegung für diesen Tag geleistet hat. Außerhalb ihrer Arbeit geht sie auf Einkaufstour, stattet ihr neues Haus aus, spielt Squash und unterscheidet sich überhaupt nicht mehr von irgendeiner anderen Verwaltungskraft. Ganz sicher findet man sie nicht mit einer Farbpistole – nicht einmal, um damit ihren neuen Porsche aufzufrischen.

Was hat die Femokratie also für die Frauenbewegung geleistet? Statt der Kollektive bekamen wir Management-Komitees. Sie verpaßte uns ein halbes Arbeitsethos: Wir werden dafür bezahlt, professionelle Lesben zu sein, Dinge zu tun, die wir früher ganz gern freiwillig taten. Gleichwohl behalten wir das lässig unwirksame Auftreten der Voluntarist in. Wir bekamen Sitzungen und Konferenzen, die ausschließlich von Vertreterinnen der Organisationen besucht werden – unabhängige interessierte Ehrenamtliche sind *out.* Wurden sie denn alle hinausgeekelt? Wir wissen auch nicht mehr, wie frau Unterstützungsgelder auftreibt; wir bewerben uns einfach um Stipendien und achten dabei darauf, daß das Wort Lesbe nicht in der Bewerbung auftaucht. Ob das den Lesbianismus vorantreibt? Und jetzt reagieren alle panisch bei dem Gedanken an das Ende der staatlichen Zuschüsse. Was haben uns denn die Zuschüsse wirklich gebracht, außer daß sie uns offiziell normalisierten? Das ist wirklich die letzte unserer Sorgen über den Artikel 28.

2. Die Aussteigerinnen. Wär' es nicht schön, wenn wir alle solch entsetzlichen Realitäten wie der männlichen Vorherrschaft entfliehen könn-

ten? Viele Frauen versuchen dies, indem sie mit ihren Geliebten aufs Land ziehen, Kinder kriegen, vegetarisch leben und von Frauen hergestellte Schuhe tragen. Dabei glauben sie, dies allein sei schon ein revolutionärer Akt – vergleichbar dem Niederbrennen von Sexshops. Stadtbesucherinnnen, die mit dem falschen Schuhwerk auftauchen, erregen ihren tiefsten Zorn.

Wir können verstehen, wie attraktiv das Landleben für ausgebrannte Stadttypen erscheinen mag; aber diese selbstgefällige Selbstgerechtigkeit mancher Aussteigerinnen hat in den heutigen Zeiten eigentlich keine Berechtigung. Wir müssen die Reaktion bekämpfen und nicht vor ihr davonlaufen. Der Kampf muß auf dem Land genauso wie in den Städten weitergehen. Männliche Vorherrschaft finden wir schließlich überall.

3. »Scheißpolitik – gehen wir lieber in die Disco«. Spaß zu haben scheint wichtiger geworden zu sein als eine Demonstration zu veranstalten. Wenn 500 Frauen bei der Eröffnung der neuesten Disco auftauchen, wie viele protestieren dann gegen den neuesten frauenfeindlichen Film? Fünf Frauen und ein Hund, wobei der Hund mehr Engagement zeigt als die Frauen.

Der allgemeine Rückzug aus der Politik ließ einige von uns glauben, daß nur noch Identitätspolitik etwas bringt. Politik der Identität heißt: bei sich selber anfangen, der eigenen Identität – Schwarze, Jüdin, Arbeiterin, Behinderte usw. Dabei sollten wir erkennen, daß unsere Fähigkeit, andere zu unterdrücken, nicht dadurch ausgelöscht wird, daß wir selber unterdrückt sind. Die Identitätspolitik versäumt es meistens, unsere Privilegien genauso wie unsere Unterdrückung anzuschauen. Unsere Identität sollten wir nicht als Ausrede benutzen. Wir müssen auch gegen unsere eigenen Unterdrückungsmechanismen ankämpfen. Wenn beispielsweise eine Weiße sagt: »Nenn mich nicht Rassistin, ich bin Arbeiterin« – als ob sie das automatisch jeglichen Vorwurfs enthebe. Worauf dann bei diesem Beispiel die Frauen der Mittelklasse schuldbewußt ihren Mund halten und nicht weiterbohren – falls sie überhaupt jemals angefangen haben. Und aus Angst, sich selbst zu diskreditieren, packen sie ihre Schuld zusammen und tragen sie zu ihrer Therapeutin.

»Ich hatte eigentlich keine Ahnung, daß ich ein Problem mit meiner Mutter hatte – bis ich in die Therapie ging«.

Früher – so wissen wir doch alle – sprach niemand über das, was eine weiße Frau aus der Mittelschicht »Rasse, Klasse und sonstiges Zeug« nannte. Rasse, Klasse, Behinderung und ähnliches auf die Tagesordnung zu bringen, gereichte der Frauenbewegung in den letzten Jahren durchaus zum Vorteil. Gleichwohl hat sich das unterstützende Netzwerk, das wir hatten, aus den verschiedensten Gründen und auf unterschiedliche Weise aufgelöst. Individuelle Lösung heißt nun die Parole. Während bis vor kurzem noch deine Selbsterfahrungsgruppe oder sogar deine Mitbewohnerinnnen sich bestens in all deinen Problemen auskannten (wenn nicht sogar in deiner Beziehung – erinnere dich der Auflösung der Monogamie), besteht heute die Antwort auf ein Problem darin, zur Therapie zu gehen, um dort den Gefühlen Wert zu verleihen.

Hier geht es nicht darum, eine Problematik zu verniedlichen, die professioneller Hilfe bedarf, die nicht von Freundinnen kommen kann, sondern um jenen besonderen Typ der Therapiekonsumentin. Das ist die gut ausgebildete weiße angelsächsische Protestantin der Mittelklasse, die sich vernachlässigt fühlt und der Bestätigung durch die Therapeutin bedarf, die diese nur zu bereitwillig für 15 Pfund die Stunde gewährt: »Ja, ich spüre deinen Ärger. Bleib bei deinem Gefühl.«

Ein anderes Beispiel für den Trend zur individuellen Lösung ist die Zunahme der Kurse in Selbstsicherheitstraining. Die meisten Konsumentinnen dieser dem Aufbau des Selbstvertrauens gewidmeten Gruppen entstammen der weißen privilegierten Klasse – es sind die Frauen, die es eigentlich am wenigsten brauchen. Viele Frauen in dieser Position benutzen es denn tatsächlich auch eher, um weniger privilegierte Frauen zu unterdrücken. Ein Beispiel für Selbstsicherheitsübung:

Eine erschöpfte lesbische Mutter fragt, ob du auf ihre Kinder aufpassen kannst. Was erwiderst du?

a) Ja natürlich.

b) Vielleicht morgen, ich muß erst in meinen Terminkalender schauen.

c) Nein, kommt nicht in Frage. Dabei fühle ich mich gar nicht gut. Ich möchte mein Buch lesen. Du versuchst mir Schuldgefühle einzureden.

Die Antwort hängt natürlich davon ab, wie weit du im Selbstsicherheitstraining schon fortgeschritten bist.

Das Persönliche ist nicht professionell.

Wo ist das Lob geblieben? Es wurde durch die ewig negative Kritik ersetzt. Eine Zeitschrift, die es sich früher zugute hielt, keine persönlichen Angriffe zu drucken, würde heute eher nur persönliche Kritik abdrucken können – denn etwas anderes wird nicht eingeschickt. Früher konnten Feministinnen für andere Frauen schreiben, ohne daß erst fünfzehn andere Redakteurinnen ihre Zustimmung geben mußten oder eine blöde Ziege eine Zeile auf Seite 12 herausschmeißt, ohne zu sagen, daß sie den Rest gut findet. Auch konnten wir Kabarettstücke schreiben, die nicht total platt und professionell waren, ohne daß wir ausgebuht oder ignoriert wurden. Heutzutage können wir ungestraft rassistische, anti-lesbische oder ähnliche Sachen auf die Beine stellen, solange sie nur von irgendeinem Kunstsachverständigenrat gebilligt werden.

Zeitschriften müssen gebunden, glatt und voller Glanzfotos sein, damit sie überhaupt gekauft werden. Produkte, die vom alten Vervielfältigungsapparat stammen, werden nur mild belächelt, egal wie aufregend der Inhalt sein mag. Sie passen halt einfach nicht auf den feinen Kiefernholztisch zum Kaffee.

Dies alles spiegelt nur die Tatsache, daß Experimente, Diskussionen und Auseinandersetzungen in unserer Bewegung heute keinen Platz mehr haben. Ein kleiner und beinahe unbedeutender Nebeneffekt dabei ist, daß auch fast keine Kommunikation mehr stattfindet. Weil die Gleichgültigkeit natürlich keine Zeitschriften produziert und die Angst davor, keine Hochglanzleistung zu Papier zu bringen, auch nicht sehr ergiebig ist, weiß eigentlich niemand mehr, was denn nun los ist. Uns bleiben nur die Hefte der Homosexuellen, wenn wir die nächste Demo herausfinden wollen; diese Ankündigung finden wir dann natürlich gut verpackt zwischen den Bildern männlicher Hinterteile.

Die heterosexuelle Parade

Lesben kümmern sich heute mehr um ihr Aussehen als je zuvor. Früher, ja, da verbrachten wir Stunden vor dem Spiegel, um herauszufinden, ob der Riß in unserem Arbeitsanzug auch genau an der richtigen Stelle saß, und kaum eine von uns wäre im glänzenden Lurexanzug gesehen worden. Jetzt, wo der absteigende Trend der späten siebziger und frühen achtziger Jahre wieder aufwärts zeigt, kannst du bei jedem x-beliebigen Besuch im neuesten Schickerialaden mehr lesbische Freundinnen finden als auf einer Anti-Porno-Demo.

Kleider machen Lesbierinnen, nicht Politik, so scheint es, besonders die, die viel Geld verdienen. Es wird immer schwerer, Lesben zu erkennen, seit sie sich derart in den Moderummel stürzen. Es steckt auch keine mehr irgendwelche Abzeichen an. Das fügt sich wunderbar in den allgemeinen Trend der Assimilation der Lesben. Warum wollen immer mehr von uns unerkannt bleiben?

Feminismus: vorbei, vorbei...

Der Feminismus wird ausverkauft. Das Wort bedeutet überhaupt nichts mehr, seit Sadomasochistinnen, Abgeordnete der Labour-Partei und irgendwelche andere Leute sich als Feministinnen bezeichnen. »Feminismus« kann alles mögliche bedeuten vom Schreiben lesbischer Erotika bis hin zur Unterstützung der MinenarbeiterInnen. Deshalb ist es so wichtig, daß wir genau den Typ Feminismus definieren, mit dem wir uns identifizieren. Radikal oder revolutionär könnte das Wort sein, so daß wir wissen, wer unsere Verbündeten sind. Sonst wird leicht eine konservative Abgeordnete, die an gleichen Lohn für gleiche Arbeit glaubt, mit Andrea Dworkin gleichgesetzt.

Wir tun nicht so, als ob wir alle Antworten schon hätten, noch schliessen wir uns von der obengenannten Kritik aus. Gleichwohl haben wir das

Gefühl, daß es an der Zeit ist, daß jemand über diese Dinge spricht und damit möglicherweise wieder die ganze Diskussion ins Rollen bringt. Oder vielleicht sogar eine neue Debatte beginnt? Einige von uns, die diese Themen wieder auf den Tisch brachten, sind es leid, von Liberalen der Gedankenkontrolle bezichtigt zu werden – jene, die so lang auf dem Zaun saßen, daß sie bereits Splitter im Po haben. Wir haben unseren Schrank nach blauen Uniformen abgesucht und keine gefunden.

Unserem Gefühl nach braucht die Bewegung, um wieder in die Gänge zu kommen statt zu verschwinden, folgendes: mehr Diskussionen, Debatten und Selbsterfahrung, weniger Schuldgefühle und mehr Aktionen sowie Ehrlichkeit. Wie wär's damit, Schwestern?

Noch ein paar Fragen:
1. Warum ist Separatismus unmodern?
2. Hat die Beziehungskiste die Politik ersetzt?
3. Was haben drei Legislaturperioden Thatcherismus damit zu tun?
4. Warum gilt der Begriff »Vorwärts« mittlerweile als Schimpfwort?
5. Warum gehen so viele Feministinnen in eine Therapie?
6. Warum gibt es so wenige Kollektive?
7. Warum haben wir aufgehört, füreinander zu schreiben?
8. Was passierte mit der Selbsterfahrung?

Ros Brunt

Der Mann im Kabinett ist eine Frau

Margaret Thatcher – was für eine vertraute, scheinbar dauerhafte Persönlichkeit in der politischen Landschaft. Kaum jemand erinnert sich heute noch daran, was für eine Erschütterung ihr Aufstieg zur Macht zunächst auslöste: Sie schien irgendwoher aus dem Niemandsland zu kommen, und, was am verheerendsten war, sie war eine Frau. Die Tories waren betreten angesichts dessen, was sie da angerichtet hatten: Sie hatten ihren ersten demokratisch gewählten Aufsteiger, »Krämer Heath«, lediglich durch »des Krämers Tochter« ersetzt. Doch die Schmährufe verstummten bald aufgrund der guten Tory-Manieren und der üblichen Geschlossenheit der eigenen Reihen. Außer der zur Schau gestellten Ritterlichkeit war da noch das allgemeine diebische Vergnügen, die neue Führerin werde alle Labour-Bestrebungen nach Chancengleichheit lächerlich machen.

Viele von den Linken ließen ihrer Frauenfeindlichkeit dennoch freien Lauf. Die ansonsten »progressiven« Männer sahen in dem Geschehenen einen weiteren Beweis dafür, daß die Büchse der Pandora von der Frauenbewegung allzu hastig geöffnet worden war. »Seht nur, was ihr jetzt angerichtet habt! Schaut, wohin das alles führen kann!« Wenn die linken Männer auch allmählich begriffen, daß Thatcher selbst wohl kaum zum Kristallisationspunkt des Feminismus taugte, so hatten sie doch eine heftige Furcht im Bauch, was eine Frau an der Macht bedeuten könne. »Ditch the Bitch«, hieß der Slogan (»Weg mit dem Weib«).

Seit den späten siebziger Jahren haben die Männer der Linken ihre Anti-Thatcher-Haltung aufgegeben. Stattdessen verbinden sie heute klug eine totale Opposition gegen die Thatcher-Politik mit ehrerbietiger Bewunderung für Thatcher selbst als »Überzeugungs-Politikerin«. Wer ausschließlich ihre Politik betrachtet, könnte in der Tat unterschätzen, in welchem Ausmaß der Thatcherismus zu dem in Beziehung steht, was Thatcher als Frau verkörpert. Es ist nur scheinbar ein Widerspruch, daß Thatchers Politik absolut nichts mit Frauen, mit Frauenpolitik oder der feministischen Bewegung zu tun hat, aber alles damit, daß sie eine Frau in der Politik ist.

Thatchers politische Laufbahn ist ideologisch wie materiell ganz und gar von Männern gestaltet. Da ist zunächst die in jeder Beziehung günstige Ehe mit Denis Thatcher, die seit 1951 für den emotionalen Unterbau gesorgt hat. Sie ist die ideologische Hülle für normales Frau-Sein und naturgegebene Mutterschaft und bietet die Gewähr, sich von der Kindererziehung mittels Kindermädchen und Internatsschule freikaufen zu können. Die Heirat lieferte auch die ökonomischen Mittel für die juristische Karriere, die 1959 zum erfolgreichen Eintritt ins Parlament führte, und sie ölte anschließend das politische Räderwerk – denn, wie sie selbst sagt: »Das Leben in der Politik ist teuer, man muß so viel reisen, man hat gepflegt auszusehen, und man muß Einladungen geben.« Dann ist da das Angebot für den Tory-Vorsitz unter der Schirmherrschaft von Edward du Cann und Sir Keith Joseph und unter der geistigen Führung von Airey Neave, dem erfahrensten Drahtzieher der Rechten. Für die premierministerliche Imagepflege gibt es Gordon Reece, der für seine Verdienste um Haartracht, Kleidung und stimmliche Ausdruckskraft in den Adelsstand erhoben wurde. Das gesamte Geschehen duldet keinen weiblichen Einfluß, keinen mütterlichen Rat, keine Mädchen-Meetings.

Thatcher war immer die »Einzelgängerin«, die außergewöhnliche und einzigartige Frau, die in einer Männerwelt arbeitete. Sie hat bewußt jedwede Identifikation mit vorhandenen Modellen der Tory-Politikerin zurückgewiesen.

Es gibt zwei Typen von Frauen in der Tory-Politik, die, anders als Thatcher, üblicherweise wenigstens den Versuch unternehmen, sich um Frauenfragen zu kümmern. Da ist zunächst der traditionelle Frauentyp, der auf eine reaktionär-populistische Glaubensrichtung spekuliert, kleinbürgerliche Ängste anspricht, aber eben auch Frauenfurcht vor männlicher Gewalt, und Themen aufgreift wie Pornographie, Fußball-Rowdytum und die Wiedereinführung der Todesstrafe. Dann ist da jene auffällige Tory-Frau, die Frauen unter dem Blickwinkel der »Hüterinnen und Bewahrerinnen moralischer Werte« betrachtet, jeglichen engstirnigen »Provinzialismus« verabscheut, in der Begleitung von Männern aufblüht und auffallendem Konsum frönt. Doch diese Frau erkennt auch, daß Vergnügen und Privilegien ihren Preis haben. Deshalb stellt sie sich in den Dienst oft unpopulärer Angelegenheiten.

Als Politikerin hat Margaret Thatcher niemals den Anspruch erhoben, die Frauen zu »repräsentieren« oder in irgendeiner Weise für sie zu sprechen. Tatsächlich hat sie auch nie etwas für Frauen getan, außer der Mehrheit das Leben noch viel schwerer zu machen. In den zwölf Jahren an der Spitze des britischen Kabinetts bestätigte sie lediglich, was 1975 in einem Leitartikel von »Spare Rib« stand: »Margaret Thatcher ist keine Schwester.«

Gleichzeitig hängt in ihrer Politik alles mit der Geschlechterfrage zusammen, ist untrennbar verbunden mit Vorstellungen von Frauen, die in Konkurrenz und Konflikt mit ihren männlichen Widerparts stehen. Margaret Thatcher gelang es nicht nur, den Thatcherismus »durchzuziehen«, sondern auch alle Folgeprobleme auf eine Art wegzuschieben, die sie »unbesiegbar« werden ließ. Obwohl alles auf das Gegenteil hinweist, gilt sie immer noch als die Verteidigerin des Einen Britannien, als personifizierte Britannia. Ich denke, ihre Handlungsweise ist eng verwoben mit der Geschlechterpolitik.

Der Zusammenbruch der anfänglichen inneren Tory-Opposition gegen den Thatcherismus war auch so etwas wie »Impotenz«, ein Versagen der gewohnten Strategien einer glatten Oberklassen-Männlichkeit. In dem beliebten Bild des »schlappen« Tory wird deutlich, wie es Thatcher schaffte, die Öffentlichkeit zu überzeugen, daß Widerstand gegen sie sowohl politisch wie auch sexuell töricht sei. Diese Männer konnten sich nicht einmal einer Frau gegenüber behaupten. »Gehören Sie zu uns?« ist das erste, was Thatcher bei irgendeinem politischen Herausforderer fragt. Für sie gehören die »Schlappen« nicht zu »uns«, sind einfach »alte Weiber«. Umgekehrt erwarb sie sich den Ruf, »der beste Mann im Kabinett« zu sein. Maskuline Eigenschaften wurden in solchem Maße angeheftet, daß sie gleich doppelt stark erschien. Der von den Sowjets geprägte Beiname »Eiserne Lady« und ihr eigener Wahlspruch »The Lady's Not For Turning« (etwa: »Die Lady hat sich nicht zu ändern«) offenbarten sie als eine Frau mit mehr Schneid als irgendein jämmerlicher Mann.

Mal abgesehen von der Frauenfeindlichkeit: Das Etikett »bester Mann im Kabinett« läßt außer acht, daß der Thatcherismus vermutlich keinen Erfolg hätte haben können, wenn der Premierminister ein Mann gewesen wäre. Denn die »Schlappen« haben buchstäblich eine andere Sprache als Thatcher. Sie bevorzugen die ironischen Förmlichkeiten, die Nuance und das Understatement, die verschlüsselten Bemerkungen von Leuten, die gewohnt sind, Anweisungen zu geben, ohne die Stimme zu heben. Im Gegensatz dazu ist Thatcher konfrontativ direkt, ihre Rede monolithisch geradlinig. Die »Schlappen« wurden schlicht ausmanövriert von einem Typ Frau, bei der sie keine Erfahrung hatten, wie sie mit ihr umgehen sollten, nur wußten, daß sie sie nicht schlagen konnten.

Ihre anerkannte Stellung verdankt sie stark dem Bild, das die Öffentlichkeit von Denis Thatcher hat. Zwar ist in dieser Ehe die Frau eindeutig der Boß; aber so ganz schlecht kann diese Frau nicht sein, wenn so ein umgänglicher und anständiger Kerl wie Denis ihr weiter die Stange hält.

Dabei hat es nicht einmal eine Rolle gespielt, daß sie nicht besonders anziehend ist, auch nicht, daß sie aufgrund von Herkunft und Erziehung bei der Königin keinen Stein im Brett hat. Ausschlaggebend ist, daß eine Frau, die so redet wie sie, auf der Stelle vertraut und verständlich ist. Du weißt, wie du dran bist mit Margaret Thatcher: Sie macht die Dinge klar und durchschaubar, und was sie zu sagen hat, beruht auf einer nachvollziehbaren Alltagserfahrung: »Mach das Beste aus dir«, »komm zurecht«. Es ist die Sprache, die zur Hausfrau gehört, zum Gute-Miene-Machen, zum Auskommen mit dem Haushaltsgeld, zum tadellosen Outfit, elegant, aber praktisch.

Die berühmten Thatcher-Vergleiche von Privat- und Staatshaushalt sind auf einer analytischen Ebene eindeutig lächerlich und unwirklich. Auf einer anderen Ebene aber ist das, was sie sagt, so klar, daß es den An-

TO
BACKSTREET
ABORTION

schein hat, als müßte man darüber gar nicht mehr reden. Es richtet sich nämlich an den allereinfachsten gesunden Menschenverstand: »Meine Politik stützt sich nicht auf irgendeine Wirtschaftstheorie, sondern auf die Dinge, mit denen ich und Millionen wie ich aufgewachsen sind. Ein anständiger Tagesverdienst; leb nicht über deine Verhältnisse; leg dir etwas zurück für schlechte Zeiten; zahl deine Rechnungen rechtzeitig; unterstütz die Polizei.« Hinter der Banalität der Thatcher-Sprüche verbirgt sich eine Art Ursehnsucht der Nation: Wenn wir nur alle wieder zurückkehren könnten zu einer Welt, die so einfach war, so einig.

Der einzig positive Aspekt von Thatchers Weiblichkeit ist, daß sie politische Führerschaft von Frauen überhaupt denkbar gemacht hat. Zumindest hat sie sie den Frauen nicht »vermasselt«. Im Gegenteil. Sie hat sich den Anforderungen ihres Berufs äußerst wirkungsvoll gewachsen gezeigt; sie hat in der Tat überzeugt Selbstvertrauen ausgestrahlt und die Fähigkeit, ihre Rolle gut zu spielen. Gleichzeitig ist die politische Strategie, die sie repräsentiert, so unannehmbar in ihren sozialen und wirschaftlichen Konsequenzen, daß es wirklich »einer Frau bedarf«, ihr erfolgreich entgegenzutreten.

Judith Williamson

Wie wir und zugleich ganz anders – Die königliche Familie

Sie sind Menschen wie du und ich und doch ganz anders. Das ist das Geheimnis der großen Popularität und Bedeutung des Königshauses. Die Familie als Institution liefert die Hauptidentifikationsstruktur, die es uns möglich macht, sie für unseresgleichen zu halten: Auch »bei Königs« wird geheiratet, sie bekommen Kinder, haben Sorgen mit ihrem Teenie-Sohn, lieben ihre Oma usw. Die Regenbogenpresse sorgt dafür, daß uns die Informationen nicht ausgehen. Andererseits sind sie ganz offensichtlich doch anders als wir: Sie sind reich und berühmt – eben Könige, die Herrscher des Volkes. Der springende Punkt bei der königlichen Familie ist aber, daß sie, im Unterschied zu allen anderen Menschen, die reich und berühmt sind, nichts dafür getan haben, außer daß sie geboren wurden – sie sind es einfach.

So gesehen sind sie tatsächlich nichts Besonderes: Sie sind weder ungewöhnlich begabt noch in irgendeiner Sache außerordentlich erfolgreich, sie müssen nicht irre attraktiv sein oder umwerfend originell. Keine andere Menschengruppe, die so beständig im Licht der Öffentlichkeit steht, ist so rundum gewöhnlich. Boy George oder Arthur Scargill sind berühmt, weil sie etwas machen, aber sie haben sich das selbst ausgesucht. Kein Mitglied der königlichen Familie hat einen existentiellen Drang nach Berühmtheit. Wenn sie nicht von königlichem Geblüt wären, ließe sich an ihnen absolut nichts Besonderes finden. Die »Durchschnittlichkeit« der königlichen Familie ist also nicht nur ein publizistischer Trick, um die »kleinen Leute« einzufangen, sondern, was ihre persönlichen Eigenschaften betrifft, durchaus wahr.

Nur aufgrund des Standesunterschieds spielt die königliche Familie eine ganz einzigartige repräsentative Rolle in der Gesellschaft: Sie sind wir selbst – großgeschrieben, sie sind die, für jeden sichtbare, Orientierung am Mittelmaß. So gesehen ist das Königshaus ein Spiegelbild, aber damit ist noch nichts darüber gesagt, wie sie eigentlich dargestellt werden, etwa auf Bildern. Die Verbindung von Ähnlichkeit/Verschiedenheit ist die grundsätzliche Bedeutung jeder Art von Repräsentation (1): Mit dem Bild eines Baumes ist ein Baum gemeint, es muß kein Baum sein, aber es muß aussehen wie ein Baum. Das Bild muß dem, was es darstellt, ähnlich sein oder damit assoziiert werden, ohne es tatsächlich zu sein. Diese Vorstellung, daß etwas an Stelle von etwas anderem steht (2), schafft eine sinnvolle Verbindung zwischen dem für uns unter Repräsentation zu verstehenden Bedeutungsvorgang und dem, was wir allgemein mit Repräsentation verbinden, z. B. bei den Mitgliedern des Parlaments, die unsere Anliegen im Parlament vertreten (sollten). Repräsentation in diesem doppelten Sinne findet sich auf allen Ebenen gesellschaftlichen Lebens. Das Besondere an den Mitgliedern der königlichen Familie ist, daß sie, obwohl oder besser weil sie an der Spitze der Gesellschaftspyramide stehen, sie die breite Schicht der Bevölkerung repräsentieren, die völlig »normal« ist.

Die Amerikaner sagen, daß jede(r) Präsident werden kann. Das bedeutet, daß ihr Staatsoberhaupt nicht nur für den Durchschnittsmenschen steht, sondern gleichzeitig vorführt, was dieser erreichen kann. Der Präsident fungiert als »Index« oder Maß für irgend etwas (3). Die königliche Familie ist jedoch weder gewählt noch austauschbar, und »wir« können niemals »sie« sein: Sie repräsentieren uns als reine Analogie, als bildhaftes Zeichen (4). Darin, wie uns die königliche Familie, mit dem nötigen Abstand, entspricht, liegt die eigentliche Bedeutung ihrer Repräsentationsaufgabe. Die Königin ist sehr beliebt und populär, und das Volk, das weit davon entfernt ist, sie mit der Oberschicht gleichzusetzen, obwohl sie ja als die Allerhöchste gelten kann, identifiziert sie mit der gewöhnlichen Bevölkerung, mit dem Durchschnittsmenschen.

»Adel verpflichtet« – dies gilt auch und in ganz besonderem Maße für die königliche Familie. Niemand weiß, was die Königin über politische Fragen wirklich denkt, aber sie kann es sich erlauben, Betroffenheit zu äußern, wie kürzlich einer ziemlich zweideutigen Presseerklärung aus dem Palast über den Streik der Bergleute zu entnehmen war. Die Tatsache, daß die Frauen der streikenden Arbeiter eine Petition im Buckingham-Palast vorgelegt haben, in der sie um Unterstützung für ihre Angelegenheiten nachsuchten, zeigt, daß keineswegs nur die Mittelschicht oder der rechte Flügel der Bevölkerung davon überzeugt sind, der Königin lägen ihre Interessen am Herzen. Prinz Charles äußert sich häufig öffentlich über gesellschaftliche Probleme und sieht sich dabei interessanterweise als Sprachrohr der öffentlichen Meinung. In einem Interview zu seiner umstrittenen Rede, in der er den Architekten vorgeworfen hatte, sie ignorierten die Wünsche und den Geschmack des »gewöhnlichen« Volkes, erklärte Prinz Charles, er spräche vor allem für die, die zwar wie er empfänden, aber nicht seine Möglichkeiten hätten (5). Am extremsten wird die Verbindung von Königshaus und Volk wohl in dem Bild von Prinzessin Anne und den verhungernden Kindern in Afrika oder auf anderen Stationen ihrer Reisen für das Kinderhilfswerk. Prinzessin Anne ist schwerlich persönlich für die Entbehrungen in der Dritten Welt verantwortlich zu machen, und doch liegt in dem Bild der Privilegierten, die betroffen ist von der Armut, die nicht zuletzt die Grundlage ihres eigenen Reichtums ist, etwas tief Beunruhigendes. Es scheint so, als ob das Verantwortungsbewußtsein einer »fürsorglichen« Gesellschaft, die man einmal am besten im Wohlfahrtsstaat aufgehoben glaubte (wer empfindet eigentlich noch, daß der Staat sich um etwas kümmert?), verlagert worden wäre auf die Oberhäupter, auf Prinz, Prinzessin und Königin, die in Wirklichkeit kaum etwas ausrichten können. Wie dem auch sei, die meisten Menschen haben immer noch das Gefühl, daß jene auf »unsrer« Seite stehen.

Diese Art von Volkstümlichkeit, bei der sich die niedersten Gesellschaftsschichten mit den allerhöchsten identifizieren können, mit dem nötigen Abstand natürlich, ist nicht das Ergebnis einer kapitalistischen Klassengesellschaft, sondern wie die Familie ein Relikt alter Feudalordnungen. In einem feudalen System war die Familie nicht nur eine soziale Einheit, sondern nach ihrem Muster war die gesamte Gesellschaft strukturiert. Nicht die eigene Anstrengung, sondern Gottvater selbst verteilte in dieser Hierarchie der Väter die Plätze: »Den Reichen auf dem Schloß, den Armen am Straßenrand, Er schuf sie, hoch wie niedrig, ihr Stand liegt in Seiner Hand« (6). Obwohl auch in einer modernen Gesellschaft Klassenunterschiede durch Geburt bestimmt werden, scheint es so, als würde dies nur bei der königlichen Familie akzeptiert. Man »vergibt« ihnen ihre Position, was bei anderen Führungsfiguren nie so geschehen würde. Im Grunde ist es ja ein Zufall, daß ausgerechnet Prinz Charles als Thronfolger geboren wurde und nicht mein Bruder. Bei Politikern hingegen hat man oft das Gefühl, daß ihre Ellbogen auf dem Weg an die Spitze ihnen hilfreich waren.

Ideologisch gesehen ist das ein »Vorbeimogeln« an den Verhältnissen des modernen Kapitalismus. Dieses System ist, da es auf Wettbewerb und Expansion beruht, von Natur aus unstabil. Die Königliche Familie schaffft nicht nur eine Verbindung zur Vergangenheit und schließt die ganze Nation zu einer großen Familie zusammen (»die Oma von uns allen« – die Königinmutter), sondern bietet in einer »liberalen Demokratie«, in der das Schlagwort vom »mündigen Bürger« offizielle politische Ideologie ist, eine anachronistische und ganz einzigartige Form der Volksnähe, die sowohl Zuneigung (aufgrund der Identifikation) als auch Gehorsam (aufgrund der Unterschiede) enthält. Die Paradoxie des Ganzen liegt darin, daß es die gewöhnlichen Menschen erhebt und gleichzeitig das hierarchische Gefüge und die Privilegien bewahrt.

Das Gewöhnliche und das Besondere der königlichen Familie wird in der Art und Weise offenkundig, wie sie uns nahegebracht werden: auf der einen Seite die Intimsphäre ungezwungenen Privatlebens, auf der anderen das Schauspiel der Staatsereignisse, der Glanz des Reichtums und nationaler Tradition. In der einen Form sind sie wie wir, in der anderen so herrlich anders. Den formalen, offiziellen Aspekt königlicher Repräsentation kann man/frau nicht nur in den eher »herrschaftlichen« Porträts und Photographien großer Zeremonien erkennen, sondern auch in der modernen Art von Prunkentfaltung mit ihren Hunderten von Gedenkmünzen, Bechern, Emblemen, Postern usw. Krönungen und königliche Hochzeiten werden auf Haushaltsartikeln verewigt, deren Reiz in der

Verbindung des Bedeutenden mit dem Alltäglichen liegt. Umgekehrt sind die ungeheuren Anstrengungen, die die Photographen von »Sun« unternommen haben, um ein Bild von der schwangeren Prinzessin Diana beim Baden im Urlaub zu erhaschen, in Hinblick auf die Banalität des Produkts, wirklich bemerkenswert: Es ging einzig und allein darum, Bilder von einer Frau zu bekommen, die sich in nichts von irgendeiner anderen schwangeren Frau unterscheidet.

Die Überschriften zu solchen Bildern schlagen häufig in die gleiche Bresche. Die königliche Familie wird so vertraut angeredet, als wären sie unsere nächsten Nachbarn: Randy Andy soll doch, bitteschön, seine Mama nicht so viel ärgern, und Diana soll endlich aufhören mit dem Nägelkauen. Hinter den Fotos und den Texten steht zum Teil der Wunsch, zu zeigen, daß Prinz und Prinzessin nicht wirklich über uns stehen.

All dies zusammengenommen erfüllt mehr die Aufgabe, eine Norm zu repräsentieren, die Norm des durchschnittlichen Familienlebens und Treibens, als es Oberschichtswerte vermittelt und die Distanz wahrt. Die königliche Familie stellt zwar rein formal gesehen die höchste Oberschicht im Lande dar, aber der Lebensstil, den sie repräsentiert, ist untere Mittelschicht (7). Prinzessin Diana liebt zwar bei ihren Ball- und Hochzeitskleidern den Griff in die Märchenkiste, aber das durchschnittliche Erscheinungsbild der königlichen Familie (Charles, wann hast du diesen Anzug bekommen?) hat nichts mit einem durchgestylten Jet-Set-Outfit gemein. Wir stellen uns vor, daß sie zu Hause gemütlich am Kamin sitzen und sicherlich eher im Radio Kanal 4 hören als »Finnegan's Wake« lesen. Ihr neutrales kulturelles Image ist entscheidend für die modernen Pflichten des Königshauses. Königin Viktoria hat als erste dieses Image geprägt. Sie und Prinz Albert waren das Paradebeispiel mittelständischen (viktorianischen) Familienlebens; während ihrer Regierungszeit begann die Photographie eine wichtige Rolle in der Repräsentation dieser Kultur zu spielen. Heutzutage sind Schnappschüsse von der königlichen Familie im Wohnzimmer vor dem Kamin oder beim Picknick mit ihren Hunden die Bilder, die man am häufigsten in »Sammelalben« und Zeitschriften finden kann.

Zwei Punkte sind besonders wichtig bei diesem Phänomen. Der eine betrifft das Nationalitätsgefühl, welches die königliche Familie vermittelt. In der Boulevardpresse wurde sehr viel Aufhebens darum gemacht, daß Prinz Andrew im Falkland-Krieg »wie jeder andere Junge« diente: Seine Mutter kam fast um vor Angst und hoffte, daß er sein Bestes tat, und doch konnte sie es kaum erwarten, ihn wieder sicher zu Hause zu haben. Obwohl sie den höchsten Rang in der Armee bekleiden – die Queen ist letzten Endes Oberbefehlshaberin der gesamten Streitkräfte –, wird im Dienst kein Unterschied gemacht – sie müssen einrücken wie jeder andere auch. In einem Album der Königinmutter wird uns erzählt, daß

»Prinzessin Elizabeth während des zweiten Weltkriegs ihre Eltern überredete, sie, wie andere Mädchen in ihrem Alter, dem Vaterland dienen zu lassen.« Wichtig an dem Satz war nicht so sehr, daß Prinzessin Elizabeth »dem Vaterland diente«, sondern daß sie es »wie andere Mädchen in ihrem Alter« tat. Dem unterliegt, daß ihr Verhältnis zu ihren Eltern genauso war wie bei anderen Mädchen ihres Alters – damit wird ganz subtil das Bild einer völlig normalen Familie gezeichnet. In diesem Familienbild sind die Werte der »Nation« verwahrt.

Der zweite Punkt betrifft die Klasse. Die königliche Familie ist aristokratisch; ihre Mitglieder beschäftigen sich mit typischen Oberschichts-Vergnügen wie Jagen oder Schießen, und sie leben auf großen Besitzungen. Trotzdem haben sie ein ganz solides unteres Mittelschichts-Image. Das Königshaus der nachviktorianischen Zeit scheint sowohl die Strukturen der Feudalaristokratie als auch die Kultur des kapitalistischen Bürgertums und Kleinbürgertums zu vereinen und dabei die konservativsten Elemente beider Systeme zu vertreten. Gerade dem Kleinbürgertum – der Schicht, deren Stellung im Kapitalismus am wenigsten definiert ist – entspricht diese Gelegenheit, sich an der Vergangenheit zu orientieren, am meisten, ist also die königliche Familie ein besonders wichtiger Fixpunkt.

Wie wichtig die Klassenanalyse ist, um das Königtum und seine Repräsentationsformen zu verstehen, wird in der Tatsache deutlich, daß Frau Thatcher versucht, genau diese Loyalität, die der königlichen Familie entgegengebracht wird, für sich zu gewinnen. Die Queen verbindet eine Kleinbürgerkultur mit einem milden Feudalismus, Margaret Thatcher hingegen zielt mehr auf ein Kleinbürgertum, gekoppelt mit einem skrupellosen Kapitalismus, ab. Es heißt, daß die Queen kein Vertrauen zu Margaret Thatcher hat und befürchtet, daß die Premierministerin versucht, ihre Privilegien und Einflußbereiche zu beschneiden. Ein deutliches Beispiel lieferte Margaret Thatcher, als sie nach dem Falkland-Sieg die Parade der Soldaten abnahm, und zwar in einer Weise, wie es sonst die Königin tat – diese jedoch war überhaupt nicht anwesend. Folglich schien es so, als hätte sich Margaret Thatcher mit dieser »Sache der Nation« weitaus mehr identifiziert als die Königin. Das ist an sich schon interessant, aber es wurde außerdem noch berichtet, daß es Spannungen gab, als die Queen sich weigerte, einer Empfehlung der Regierung, in Zeiten der Spannungen nicht in bestimmte Commonwealth-Länder zu reisen, nachzukommen.

Die Queen und die königliche Familie identifizieren sich sehr mit dem Commonwealth – einem Gefüge, das praktisch nicht mehr existiert und für die Regierung kaum mehr von Interesse ist. Die Beziehung des Königshauses zum Commonwealth ist natürlich ein Relikt aus der Kolonialzeit und, auch wenn sie sich nicht so mildtätig darstellt, alles andere als progressiv. Es ist tatsächlich ein Zeichen der Zeit, daß der Queen die Menschen in den Ländern des Commonwealth offenbar näherstehen als der Regierung, mit ihrer ausgesprochen rassistischen Einwanderungspolitik und Frau Thatchers bodenloser Rede über die »fremden Kulturen« (»wir werden von ihnen überrollt«). Man kann sich Margaret Thatcher nur schwerlich vorstellen, wie sie mit schwarzen Stammeshäuptlingen tanzt und an den Zeremonien »fremder« Kulturen teilnimmt, etwas, was wir, wenn auch sehr gönnerhaft, von der königlichen Familie immer wieder zu sehen bekommen.

Aus all dem läßt sich auf keinen Fall der Schluß ziehen, daß die königliche Familie in irgendeiner Form eine fortschrittliche Kraft darstellt. Nur hat die jetzige Regierung eine derartige Härte in das politische Geschehen gebracht, daß die königliche Familie in diesem Klima geradezu liberal wirkt. Die politische Verbindlichkeit, die die Königin scheinbar repräsentiert, gibt es nicht mehr. Das Königtum gehört mit seinen alten Feudalstrukturen wie mit seiner modernen Ideologie des »Wohlwollens« einer anderen Welt an. Das verschafft uns gleichzeitig eine Fluchtmöglichkeit aus dem wirklichen Leben und Rechtfertigung dafür: In einer Zeit, in der die gewählte Regierung immer unmenschlicher wird, zeigt eine ererbte Herrschaft ein menschliches Gesicht.

Anmerkungen

(1) Ähnlichkeit mit dem Objekt ist das häufigste Mittel bildlicher Darstellung, während in der geschriebenen oder gesprochenen Darstellung eines Objektes (z. B. eines Baumes) die Assoziation des Schriftbildes oder des Klanges den Bezug zum Objekt (Baum) schafft. (Vgl. Saussure, *Couse in General Linguistics,* Kap. 1)

(2) C. S. Peirce definierte ein Zeichen als »etwas, das in den Augen von jemandem, in gewisser Hinsicht oder Eigenschaft, für etwas anderes steht«. *(Collected Papers)*

(3) Peirce unterschied außerdem zwischen drei Arten von Zeichen. Die beste Erläuterung seiner Definitionen findet sich bei Peter Wollen, *Signs and Meaning in the Cinema,* S. 122f.: »Ein Index ist ein Zeichen auf Grund einer wesenhaften Zusammengehörigkeit zwischen ihm selbst und seinem Objekt« – in dem Sinne, wie Rauch ein Zeichen für Feuer ist oder Fußstapfen auf einen Fuß hinweisen.

(4) Ein Abbild ist nach Peirce ein Zeichen, »welches sein Objekt vor allem durch die Ähnlichkeit darstellt... so wie z. B. das Porträt eines Menschen diesem ähnelt« (Wollen). Die dritte Art Zeichen ist nach Peirce das Symbol, welches er darüber definiert, daß es eine willkürliche Beziehung zu dem hat, was es darstellt.

(5) Vgl. das Interview im Daily Mirror vom 6. Mai 1984.

(6) Aus dem Kirchenlied *»All Things Bright and Beautiful«.*

(7) Von der Queen wird nicht erwartet, daß sie eine ähnlich auffallende »First Lady« ist wie etwa Jackie Kennedy oder Nancy Reagan; sie braucht nicht so zu sein. Das Wesentliche in dem britischen Klassensystem ist, daß je höher die Stellung ist, die man/frau darin einnimmt, desto weniger erwartet wird, daß man/frau etwas »versucht«. Es ist wichtig, sich vor Augen zu halten, daß die öffentliche Aufmerksamkeit, die sich auf Prinzessin Diana und ihre Erscheinung konzentriert, nur möglich ist, weil die »Grundwerte« des Königshauses fest in der Gestalt der Königin verankert sind und sich deswegen die Oberflächlichkeit woanders austoben darf.

Sheila Rowbotham

Im Herzen der Nation nichts Neues

Die Feststellung, daß unsere Freiheiten in alarmierender Weise abbröckeln, ist fast schon ein Allgemeinplatz. Die Erosion läßt sich beobachten in der anwachsenden Staatsgewalt, in Gesetzesänderungen, im Umfang des polizeilichen Eingreifens, überhaupt im gesamten Sicherheitsbereich und im Zugang zu Informationen.

Aber wenigstens können diese Eingriffe in die Freiheit belegt und überprüft werden. Viel weniger einfach ist es, ihre Rückwirkungen auf Wahrnehmungsvermögen und Bewußtsein darzustellen. Doch der Versuch, diese Auswirkungen zu verstehen, ist eine wesentliche Voraussetzung dafür, den gestreckten Gelopp nach rechts aufzuhalten, den die linke oder liberale Opposition in seinem Ausmaß noch gar nicht wahrgenommen hat.

Die einfachste Reaktion darauf ist, romantisierend die eigene Machtlosigkeit in einer gespaltenen Gesellschaft zu bedauern – entsprechend den Aussagen des Films »Sammy und Rosie tun es«. Aber das trifft nicht den Nerv des Unbehagens. Es zeichnet ein Melodrama von der Innenstadt, hat aber wenig zu sagen zu den Problemen von Driffield oder Faversham.

Das brennende Auto ist nur zum Teil ein Symbol für das, was in den Thatcher-Jahren passiert ist. Schwieriger ist es, das dumpfe Schweigen darzustellen, das sich in unserer Kultur festgesetzt hat. Ein solcher Verlust von Freiheit kennzeichnet ebenso einen Angriff auf demokratische Kraft und menschliche Fähigkeit zu gesellschaftlicher Kreativität wie die gesetzgeberische Verweigerung von Rechten oder polizeiliche Übergriffe. Nur ist er weniger leicht zu beschreiben.

Ein Meinungsklima ist entstanden, in dem viele Gruppen verfemt werden. Ihre Zeugenaussage wird als unzulässig zurückgewiesen. Das betrifft Iren, die aufgrund der Vorbeugeklausel im Terroristengesetz in Haft genommen wurden, ebenso wie pazifistische Bischöfe. In der Tat muß man heutzutage mindestens ein ehemaliger Polizist oder MI5-Mitglied sein, um als kritischer Zeuge in Betracht zu kommen, der es verdient, angehört zu werden – dem sie gerade noch Achtung entgegenbringen.

Protest von der Linken kommt nur noch gedämpft, zum Teil auch deshalb, weil die Wiederholungen müde machen. Es ist einfach mühsam, sich über Jahre hinweg immer und immer wieder über dasselbe aufzuregen. Das ist wie bei jenem angelsächsischen Chronisten, der beklagte, daß die Verhältnisse in dem Reich irgendeines Königs schlecht und schlechter wurden, und jahrelang die gleiche Klage wiederholte.

Nach einem Jahrzehnt fehlender Alternativen spüren die Gegner der

Regierung ein Glaubwürdigkeitsproblem, und sie haben den Glauben an sich selber verloren. All jene, die gegen die gegenwärtige Regierung eingestellt sind, klingen nicht mehr überzeugend, und sie haben sich an ihre eigene Wirkungslosigkeit gewöhnt.

Als es noch die Möglichkeit einer praktischen, wenn auch begrenzten Wirkung gegeben hat, hat sich das Kräfteverhältnis dramatisch verschoben – so wie in der frühen Phase der radikalen Bewegung in örtlichen Führungsgremien. Aber es ist eben besonders schwierig, auf die Erfahrung aufzubauen, die in solchen Zeiten gewonnen wurde.

Es ist natürlich schwer, kreativ und aufgeschlossen zu denken, wenn man von allen Seiten fertiggemacht wird und sich Gedanken macht, wie der Karren aus dem Dreck zu ziehen ist. Das sind auch keine guten Voraussetzungen für interne Auseinandersetzungen und Uneinigkeiten.

Allein auf einer Insel, die langsam, aber sicher im Ozean versinkt, umgeben von einer Bande wilder Piraten, die nur darauf warten, daß du untergehst – unter solchen Umständen kann niemand grandiose Pläne zur langfristigen Sanierung des Landes entwerfen.

Es ist nicht nur so, daß Dinge, die du für selbstverständlich hältst, plötzlich unsicher werden, auch die Spanne dessen, was möglich oder erreichbar scheint, wird unmerklich kleiner. Sich gegen diese Einengung zu wehren, erfordert ein Bewußtsein für ihre innere Wirkung. Doch ein Teil des Problems ist, daß wir uns trotz unseres Widerstands an die Verletzung von Freiheiten und die Vernichtung gesellschaftlicher Grundlagen gewöhnt haben.

Am deutlichsten erkenne ich das langsame Schwinden meiner Reaktionsfähigkeit, wenn ich außerhalb von Großbritannien bin. Ereignisse, die hier kaum mehr Beachtung finden, daß zum Beispiel die Polizei während des Streiks der Minenarbeiter Menschen daran hinderte, von einem Bezirk in den anderen zu gehen, rufen nachdenkliche Ungläubigkeit bei den Menschen in anderen Ländern hervor, die Großbritannien noch mit Freiheit gleichsetzen. Nachrichten über polizeiliche Durchsuchungen bei BBC und »New Statesman« werden mit Bestürzung und Entsetzen aufgenommen.

Nicht nur die geographische, auch die zeitliche Distanz macht einem das Nachlassen der eigenen Aufnahmefähigkeit bewußt.

Unmittelbar nach den letzten Wahlen schrieb ich einen Artikel über den Sozialisten Edward Carpenter, der in den neunziger Jahren des letzten Jahrhunderts für die Frauenbewegung eingetreten war und offen seine Homosexualität bekannt hatte. Als ich zum ersten Mal seinen Ideen begegnete – ich hatte einen Aufsatz von E. M. Forster über ihn gelesen –, erschienen sie mir recht interessant und radikal. Vergangenen Sommer aber, als selbst Liberale dabei waren, wüst über den »verrückten

...professional &
taff... therapists
taff... nurses &
administrator
... technicians
L VITAL
NHS
NALGO
NALGO
says
DON'T
RUN
DOWN
OUR
NHS

Linken« herzuziehen, kamen mir die Bekenntnisse von Carpenter und Forster viel verblüffender und mutiger vor.

Tatsächlich müssen wir gar nicht so weit zurückgehen, um zu erkennen, in welch überraschendem Umfang Ansichten links von der Mitte bedingungslos verdammt wurden. So getraute sich die neue Linke beispielsweise, in den sechziger Jahren noch Fragen über Sinn und Inhalt von Arbeit zu stellen. Heute hingegen, in einer Zeit unterbezahlter Arbeit und verstärkter Arbeitslosigkeit, sind selbst in den besser bezahlten Berufen Stellungnahmen dazu selten geworden, wie sehr die Arbeiter unter Druck gesetzt werden. Solange es nicht zu einem wirklichen Aufstand kommt, wie im Gesundheitswesen, scheint die Frage, wer denn nun die Kosten für die Umstrukturierung der Wirtschaft trage, völlig belanglos zu sein. Es ist eine Schwäche des modernen Sozialismus, daß er sich so wenig damit beschäftigt, wie er Arbeitsbedingungen verändern könnte.

Selbst die Frage nach der Arbeitsbelastung scheint bei der gegenwärtigen Geringschätzung von Empfindungen und emotionalen Reaktionen etwas ausgefallen. Pläne zur Mitbestimmung der Arbeiter und zu neuen Organisations- und Verwaltungsstrukturen liegen heute weit jenseits der Grenzen, innerhalb derer noch ernsthaft nachgedacht werden kann. Solche Themen werden nur noch auf der Ebene von Phrasen behandelt.

Es ist sicherlich wahr, daß viele der linken Schlagworte kaum oder gar nicht zu Ende gedacht wurden. »Mitbestimmung« beispielsweise läßt viele Fragen zu den Produkten und den Bedürfnissen von Verbrauchern und Benutzern offen. Aber die Probleme bei der Bekämpfung autoritärer und rechtsgerichteter Tendenzen gehen tiefer als Vorstellungen und Strategien.

Im Grunde sind die Vorstellungen der Tories unausgegoren und genauso widersprüchlich wie die der Linken. Die Folgen bei vielen ihrer politischen Entscheidungen sind verheerend gewesen. Aber sie setzten etwas in Bewegung.

Ebenso wie es einen Ruck auf der Skala der politischen Möglichkeiten gegeben hat, so haben sich auch die gewohnten emotionalen Beziehungen, die in den zehn Jahren vor Thatcher noch funktionierten, verschoben. Die Grundlagen für die Denkweise und den Rahmen von politischem Handeln und Verhalten sind brüchig geworden.

Wenn die Bewegung der Rechten aufgehalten werden soll, dann dürfen wir nicht nur die spürbaren Ungerechtigkeiten, die Ungleichheiten und die Eingriffe in Freiheiten bekämpfen. Der weniger sichtbare Untergrund muß ebenfalls regeneriert werden. Das bedeutet, die Zerstörung der Fähigkeit aufzuzeigen, auch außerhalb der immer enger werdenden Grenzen zu denken. Und es bedeutet eine Überarbeitung von Voraussetzungen und Reaktionen, nicht als eine Anpassung an die Denkweise der Rechten, sondern in der Erkenntnis, daß sich die Rollen geändert haben.

Deborah Burnett

Section 28 – ein Angriff auf die Bürgerrechte

»Stadt- und Gemeindeverwaltungen dürfen nicht:

a) absichtlich Homosexualität unterstützen oder schriftliches Material publizieren, das Homosexualität in irgendeiner Weise fördert;

b) zulassen, daß in staatlich geförderten Schulen Homosexualität als eine akzeptierbare Familienbeziehung beschrieben wird.

Diese oben genannten Anweisungen beziehen sich nicht auf die Verhütung und Behandlung von Krankheiten.«

Section 28 (vorher *Clause 28* oder Paragraph 28) des *Local Government Act* (Gesetz für Stadt- und Gemeindeverwaltungen) trat um Mitternacht am Dienstag, den 24. Mai 1988, gesetzlich in Kraft. Dieses Gesetz, das verhindern soll, daß Bezirksverwaltungen irgend etwas tun »in der Absicht, Homosexualität zu fördern«, wurde jetzt schon von Anwälten als in der Praxis undurchführbar erklärt, weil die Formulierung so vage ist, daß sie es fast unmöglich macht, den Tatbestand des »Förderns« nachzuweisen.

Aber die Einführung dieses Paragraphen 28 ist mehr als nur ein schwacher Versuch, Kommunalregierungen daran zu hindern, die Rechte von homosexuellen Männern und lesbischen Frauen zu stärken. Es ist ein weiteres Beispiel dafür, wie die Regierung Thatcher demokratisch gewählten Kommunalregierungen Maulkorb und Handschellen anlegen will, und spiegelt den Haß und die Furcht gegen Schwule und Lesben in der Gesellschaft wider. Im Unterhaus fand dieser Paragraph wenig wirkliche Opposition, außer einigen Hinterbänklern der Labour Party, die ihre Parteigenossen daran erinnerten, daß die Labour Party auf einer Politik der Gleichberechtigung aufgebaut ist, die auch die Rechte von lesbischen Frauen und homosexuellen Männern einschließt.

Die Einführung des Paragraphen letzten September und sein Weg durch das Parlament waren begleitet von einem breiten Spektrum an öffentlichen Reaktionen: auf der einen Seite die sensationslüsternen Reaktionen der Skandalpresse, die in AIDS-Hysterie schwelgt, und auf der anderen die riesigen Demonstrationen in London und Manchester, die ein Ausdruck der Solidarität gegen dieses Gesetz waren.

Obwohl der Widerstand gegen *Clause 28* das Gesetz nicht aufhalten konnte, verbreitete die Mobilisation dagegen ein Gefühl der Stärke und brachte Lesben, Schwule, heterosexuelle Kritiker der Regierung, Gewerkschaftler, linke Politiker und ethnische Gruppen zusammen. Diese politische Allianz war neu und nicht sehr stabil, aber ihr Ergebnis war eine starke Organisation, die viele Personen des öffentlichen Lebens, Medienprominenz, Abgeordnete, Schauspieler und Schriftsteller mitzog, die endlich mit ihren politischen Ansichten klar Stellung bezogen.

Trotz der Schwierigkeiten, dieses Gesetz legal praktikabel zu machen, stellt es doch eine gesetzlich verankerte Rückkehr zu Zeiten dar, die Probleme von Homosexuellen und Lesben aus der Öffentlichkeit in den Untergrund verbannten und ihre Unterdrückung legitim machten.

Natürlich geht die Opposition gegen *Section 28* weiter; eine Kampagne dagegen organisiert eine ständige Überwachung der neuesten Entwicklungen. Diese Kampagne überprüft Kommunalregierungen und vergewissert sich, daß diese ihre Gleichberechtigungsgesetze einhalten und daß nicht aus Angst vor den Folgen eine Art Selbstzensur stattfindet. Es besteht natürlich die Gefahr, daß die konservativen Kommunalregierungen das Gesetz bewußt auf ihre Weise interpretieren und damit Veranstaltungen blockieren, die ihnen nicht genehm sind. Die Kampagne versucht ebenfalls, im Oberhaus eine Berufung gegen das Gesetz durchzubringen.

Eine große Anzahl von nichtstaatlichen Organisationen und Gruppen haben sich öffentlich gegen *Section 28* ausgesprochen und ihren Willen bekundet, auch weiterhin das Prinzip der Gleichberechtigung zu befolgen, was in diesem Fall bedeutet, daß die auch für Lesben und Schwule gilt. Diese Zusicherung kam von 350 Organisationen, wie z. B. Beratungszentren, Kunstprojekten, *Law Centres* (gesetzliche Beratungsstellen), Rentnergruppen, schwarzen und anderen ethnischen Minderheitsgruppen, sowie von *Housing Associations* (Hanskooperativen) die in England sehr verbreitet sind.

Die Kontaktadresse für die Kampagne ist:
Stop the Clause Campaign
c/o City of London Polytechnic
Fairholt House
102 Whitechapel High Street
LONDON E1
Tel. 01-247 1441 extension 22

Beatrix Campbell

Übernehmen wir selbst die Kontrolle – Aids

Aids steht auf der Tagesordnung: nicht mehr nur bei den Homo-, auch bei den Heterosexuellen. Aids hat sich gewandelt von der »Schwulenpest« zur sexuell übertragbaren Krankheit.

Den Frauen steht damit etwas noch nie Dagewesenes ins Haus: Männer könnten anfangen, Verantwortung für ein risikofreies, sexuelles Vergnügen zu übernehmen. Sie sind bisher relativ immun gegen Verantwortung gewesen, besonders im Westen, seit die Pille zum Massenkonsumartikel aufgestiegen ist.

Die Pille mag die immerwährende Gefahr unerwünschter Schwangerschaft für Millionen von Frauen gebannt haben, doch das bedeutet noch nicht, daß Frauen ihr Wollen und ihre Lust selbst bestimmen. Sie befreite die Männer von der Angst der Frauen, und sie ließ sie in ihrer Gleichgültigkeit unberührt gegenüber einem anderen Denken, das Frauen, die unglücklich waren und enttäuscht von ihren Erfahrungen mit »normaler« Heterosexualität, seit Jahrzehnten untergründig entwickelt und weitergegeben haben.

Diese schon historische Enttäuschung, der auch in der sogenannten sexuellen Revolution in den sechziger Jahren kein Trost zuteil wurde, blieb weiter das politische Problem der Heterosexualität und wurde zu einem Hauptthema in der Frauenbewegung. Diese war in den siebziger Jahren eine Reaktion auf nichts Geringeres als die Krise, in der die Frauen aufgrund ihres anderen Denkens über Sexualität und ihrer Unzufriedenheit steckten.

Wenn Aids die sexuellen Geheimnisse der homosexuellen Männer aufgedeckt hat, so enthüllte es auch ganz schnell das Ausmaß, in dem heterosexuelle Männer unverantwortlich mit ihren Frauen umgingen und immer noch umgehen. Die Spuren ihrer bislang so sorgfältig versteckten Eskapaden und Abenteuer mußten aufgedeckt werden. Ihr Treueverhalten wurde Gesprächsthema; und wieder einmal ergab die Untersuchung der männlichen Sexualität eher ein Problem der Quantität denn der Qualität. Zum ersten Mal seit Beginn der Pillenära sind heterosexuelle Männer dazu aufgerufen, Rechenschaft abzulegen.

Die sexuelle Revolution der sechziger Jahre legitimierte die Zügellosigkeit des männlichen Sexualverhaltens. Die sexuelle Revolution der siebziger Jahre blieb zwar auf die Frauenbewegung beschränkt, war aber nichtsdestoweniger eine Revolution, sie erhob die Wünsche der Frauen zum zentralen Thema. Die dritte sexuelle Revolution in den Achtzigern hätte nunmehr feministische Kritik breit darstellen können, doch stattdessen rehabilitierte sie nur diese unverbrüchliche männliche Vormachtstellung – die Penetration.

Trotz der Alternativen, die der »Safe Sex« aufzeigt, drehen sich die Gespräche weiterhin um den Mann und darum, wohin er seinen Schwanz stecken soll. »Safe Sex« taugt wohl kaum dazu, Lust aus einer ganz anderen Erfahrung heraus neu zu überdenken, solange man sich dabei weigert, einmal voll und ganz den Standpunkt von Frauen einzunehmen. Das war auch bei Bob Geldorf und seinem Beitrag zum »Safe Sex« in der laufenden Kinowerbung zu beobachten. Da fordert er die Männer auf, Gummis überzustreifen, was prompt zu einer widersprüchlichen Sexualdiskussion führte.

Eine Diskussion über Sexualpraktiken in aller Öffentlichkeit und in allen Einzelheiten ist wirklich außergewöhnlich. Außergewöhnlich ist es aber auch, daß sich der tolle Typ Bob nicht aufraffen konnte zu sagen: »Komm, sei wirklich toll, was willst du dein Ding immer in sie reinstecken?«

Es geht nicht darum, sich gegen die Anwendung von Kondomen auszusprechen. Vielmehr ist es wichtig, darauf hinzuweisen, daß nicht einmal Geldorf es fertigbrachte, aufzuzeigen, daß es da vielleicht noch andere Möglichkeiten gäbe, es miteinander zu tun. Und daß vielleicht die Männer, die ihm zuhören, die Frauen fragen sollten, was für Möglichkeiten das denn wären.

Einer der großen Verdienste des Feminismus war, daß er vielen Frauen dazu verhalf, einen Weg zu ihrer Lust zu finden, unabhängig von dem penetrierenden Schwanz, von dem sie in all den Jahren nur gefickt und frigid wurden. Und der Feminismus verhalf zu einer Kultur, die sich loslöste von dem einzigartigen »Sexualakt«, den Gesetz und »gesunder Menschenverstand« festgeschrieben hatten.

Die kulturelle Revolution fand ihre Ergänzung in den Untersuchungen von Shere Hite gegen Ende der siebziger Jahre – ein weiteres Buch über die Liebe ist erschienen, »Frauen und Liebe« (Bertelsmann, Frühjahr 1988) –, in denen sie aufdeckte, daß »das, was wir für ein individuelles Problem hielten, weder ungewöhnlich ist noch ein Problem. In anderen Worten: Keinen Orgasmus zu haben beim Geschlechtsverkehr, ist die Erfahrung der Mehrheit der Frauen.«

Shere Hite stellt weiter fest, daß »Geschlechtsverkehr« und »Penetration«, beendet durch den männlichen Orgasmus, »fast immer unter der Kontrolle des Mannes stehen, daß die Frau dabei häufig unmenschlich gequält wird und daß jeder Ausdruck weiblicher sexueller Gefühle kurzerhand ausgeschaltet wird mit Ausnahme von denen, die den Bedürfnissen des Mannes entgegenkommen«.

Die Aids-Debatte fordert zu einem Überdenken des körperlichen Verhaltens, wenn nicht gar des Wunschverhaltens, auf. Was die Aids-

Aufklärung nicht will, ist eine Kritik an der Grundeinstellung, mit anderen Worten eine sexuelle Revolution, die sich um die Klitoris dreht und um die weiblichen Wünsche.

Der Schwanz wird einen anderen Platz finden müssen im Lexikon der Liebe. »Penetration« könnte dann auch ersetzt werden durch neue Stichwörter wie »Verführung« oder »Umarmung«, jedenfalls eher durch eine vaginale als einfach durch eine »penile« Handlung. Das Wort »Sexualakt« würde ersetzt werden durch viele Begriffe, durch mannigfaltigere und vergnüglichere als das, was sich in diesem tumben und primitiven Auf und Nieder zeigt.

Exakt zu demselben Zeitpunkt, als die Regierung ihre Anzeigenkampagne für Kondome in den Massenmedien beschloß und eine große öffentliche Debatte darüber, was wir im Bett tun, verordnete sie auch eine Schweigepflicht zu der notwendigen Folgerung aus dieser Diskussion – nämlich zur sexuellen Erziehung.

Wenn gegen eine Veränderung der sexuellen Erziehung gemauert wird, dann doch aus der Angst heraus, daß sie ihre Aussage der sexuellen Reproduktion zugunsten der sexuellen Lust wandeln würde. Das würde zu einem Denkprozeß und zu positiven Gedanken über schwule und lesbische Liebe führen. In Frage gestellt würde die »Missionarsstellung« im Geschlechtsverkehr. Frauen könnten dann auch selbst anfangen, die Kontrolle zu übernehmen über diese große Debatte.

Peggy Gerling

Greenham Common

Im September 1981 endete ein Friedensmarsch von Cardiff nach Greenham Common zur geplanten amerikanischen Raketenbasis mit einer Belagerung der Tore. So entstand das Frauenfriedenscamp in Greenham Common, das dem Protest gegen die Stationierung von 96 Cruise Missiles durch die amerikanische Regierung Nachdruck verleihen sollte. Wir kamen in Greenham an und hatten das Gefühl, daß wir nicht gehört wurden. Also blieben wir. Angesichts der drohenden Auseinandersetzung mit Polizei und Militär wurde beschlossen, daß ein Frauen-Friedenscamp errichtet werden sollte.

Damals konnten sich die Menschen unter diesen Atomraketen wenig vorstellen, und die schrecklichen Auswirkungen auf unser Land waren noch weniger bekannt. In den Jahren des Friedenscamps sind unzählige Frauen aus aller Welt gekommen, um sich mit der Bedrohung durch Atomraketen auseinanderzusetzen und dagegen zu kämpfen.

Immer neue bedrohliche Gegenmaßnahmen wurden getroffen. Einmal kam eine Planierraupe, dann ein Bagger, schließlich kamen die Raketen, die in Untergrundsilos gelagert wurden und für Übungen dann und wann ausgefahren werden. Wir wurden attackiert, von Polizei umzingelt, Feuer wurde um unser Camp gelegt, wir wurden überfallen und verleumdet. Die Presse startete eine üble Hetze gegen uns und packte vor ihren Lesern Details über unser Leben aus. Zeitweise taten sie einfach so, als gäbe es kein Friedenscamp und keinen Widerstand in Greenham. In dieser Zeit ist den meisten Frauen ein Licht aufgegangen, wie Unterdrückung und Aufrüstung weltweit zusammenhängen und funktionieren. Viele Frauen aus anderen Widerstands- und Friedensbewegungen kamen zu uns, und Greenham Common hat viele Bewegungen inspiriert.

1984 wurde das Landfriedensgesetz wieder eingeführt, das bedeutete, daß jede Frau, die auf dem Gebiet von Greenham aufgegriffen wurde, wegen krimineller Handlungen verhaftet und eingesperrt werden konnte. Zwei Frauen strengten dagegen eine Prozeß an, mit Erfolg. Das Land um die Raketenbasis hat seinen Status »common«, das heißt Gemeindeland, das für alle Menschen frei zugänglich ist, wieder erhalten.

Trotz der Abrüstungsvereinbarungen werden die Raketen immer noch spazierengefahren und bei Manövern eingesetzt. Sie kommen dann in einem Convoy aus der Raketenbasis heraus. In Greenham gibt es keine Anzeichen dafür, daß abgerüstet oder irgend etwas aufgelöst wird.

Was aus dem Frauen-Camp wird, ist unklar. Wir haben darüber nachgedacht, zu den Raketenbasen auf den Pazifikinseln zu gehen.

Aber bis die Basis in Greenham Common aufgelöst wird, ist es weiter-

WORK
NOT
WEAPONS

hin wichtig, daß Frauen kommen, nicht nur als Besucherinnen. Bleibt ein, zwei Tage oder eine Woche oder länger. Unterstützt die Frauen dort und informiert euch über den Stand des Friedenscamps. Es besteht derzeit aus mehreren kleinen Gruppen an den verschiedenen Toren.

Die Frauen dort leben, kochen, diskutieren zusammen. Sie machen Ausflüge in die umzäunte Raketenbasis, denn nach dem neuen Gesetz ist es nicht strafbar, auf dem Gelände der Raketenbasis zu sein. Strafbar ist zum Beispiel, beim Aufschneiden des Zauns erwischt zu werden.

Die Frauen haben immer wieder mit dem Gerichtsvollzieher zu tun, der ihre persönlichen Sachen einziehen und das Lager auflösen will.

Der wahre Ferieneffekt entsteht, wenn die Friedensfrauen die Raketenconvoys durch die schöne englische Landschaft verfolgen und dann bei einer guten englischen Tasse Tee erzählt, gelacht und gesungen wird. Die Nächte im Frauen-Friedenscamp sind wirklich magisch.

Greenham Common Women's Peace Camp liegt in Berkshire in der Nähe von Newbury. Von London aus ist Newbury per Bus oder Bahn zu erreichen (ab Victoria Station). Am Busbahnhof in Newbury fahren Busse zum Camp, es ist aber auch möglich, zu Fuß zu gehen, vom Bahnhof Newbury sind es etwa fünf Kilometer. Mit dem Auto ist Greenham Common über die Autobahn M4, Ausfahrt Newbury oder Thatcham, zu erreichen. Wir freuen uns, wenn ihr kommt!

Alison Fell

Die »Hallowe'en«-Hexe

Für die Draht-Schnitterinnen in Greenham Common, 31. Oktober 1983

Sie die herauschlüpft
aus den Türen in der Stunde
zwischen Blindheit
und Heiterkeit
muß Strandgut sein
oder Störfaktor

Wenn der Mond untergeht
die Kameras schlafen
flattert sie wie ein Schmetterling
zu nächtlicher Stunde
wenn das Wetter sich sammelt

Sicher hinter verschlossenen Türen
wartet sie, während im Raum
die Soldaten in ihren Betten murmeln
wie Katzen an den Decken nuckeln
und von einem großen Auge träumen
die Wand weit geöffnet

Nur am Morgen
ist sie eifrig, macht sich klein
und sie werden sie nicht erkennen
wenn sie die Sonnenstrahlen
wie Staub von sich
und ihren schwarzen Kleidern wischt
und sich im Stadtgekrümel versteckt

Deborah Cameron

Das Jahr des Rippers

1988 ist das Jahr von »Jack The Ripper« – oder genauer, sein 100. Gedenktag. Zwischen August und November 1888 lebten die Frauen im East End von London in Furcht vor einem Mann, bei dessen brutalen sexuellen Überfällen fünf von ihnen ermordet und fürchterlich zugerichtet wurden. Die Identität des Rippers wurde nie aufgedeckt; er bekam seinen Spitznamen von einem Brief, der, unterzeichnet mit »Jack«, bei der Polizei eingegangen war und die schreckliche Mitteilung enthielt: »Ich hab eine Wut auf Huren und werde nicht aufhören, sie zu zerstückeln, bis ich alt und krumm bin.«

Eine bedrückende, bekannte Geschichte, könnte man meinen – gewiß kein Anlaß zu Feiern und nostalgischer Erinnerung. Aber genau das passiert: Die Legende um »Jack« übt eine ausdauernde Faszination aus, und um ihn herum ist eine ganze Kulturindustrie entstanden. Er taucht in zahllosen Horrorfilmen, Illustrierten und Comics auf und steht in allen Wachsmuseen des Landes. Das »Trocadero Centre« am Picadilly Circus bietet seinen Besuchern das echte »Jack-The-Ripper-Erlebnis«, im East End kann man die Stationen seiner Verbrechen abklappern mit einem belesenen Führer, der einen mit all den blutrünstigen Details vollstopft. Die Jahrhundertfeier hat neue, bislang unerforschte Tiefen erschlossen mit Ripper-Computerspielen, Abzeichen und T-Shirts. Auf der seriöseren Seite des Marktes stehen ein längerer Fernsehfilm mit Michael Caine in der Hauptrolle und ein Schwung neuer Bücher, die den Fall noch einmal aufrollen.

Die Vermarktung von Mordfällen als Massenunterhaltung geht zurück auf die Anfangszeit der Drucktechnik mit den Flugblättern und Balladen, die anläßlich öffentlicher Hinrichtungen verkauft wurden. Aber die kommerziellen Auswüchse der gegenwärtigen Jahrhundertfeier werfen zu diesem ganzen traditionellen Geschehen unbequeme Fragen auf. Besonders Feministinnen weisen nachdrücklich darauf hin, daß es nicht bloß geschmacklos, sondern kriminell ist, Sexualmorde auf diese Weise zu verherrlichen. Nicht nur, daß dabei das Leiden von Frauen verharmlost und Mord als Stimulanz oder Scherz betrachtet wird; bestärkt werden auch genau jene männlichen Haltungen, die zu sexueller Gewalt führen. Gewalt und Sex, der Prickel des Verbrechens, die Verachtung des weiblichen Körpers – dies alles gehört zu den dunklen Seiten des westlichen Mannes, und die finden in der Ripper-Geschichte ein kräftiges Echo.

Dies Echo hallt wider in anderen Geschichten, Geschichten von neuen und weniger gefeierten Totschlägern. Bei manchen Männern hat es den Anschein, daß »Jacks« Taten den gebrauchsfertigen Rahmen für ihre eigenen sadistischen Phantasien liefern. So findet es der Biograph des Frauenmörders Peter Sutcliff erwähnenswert, daß Sutcliff regelmäßig die Schreckenskammer im Wachsfigurenkabinett besuchte, wo selbstverständlich auch ein Modell des Rippers ausgestellt war. Der anonyme Übersender des Yorkshire-Ripper-Tonbandes, das die Polizei über ein Jahr lang irreführte, war offensichtlich vertraut mit den Taten von »Jack The Ripper« und hatte sich vorgenommen, einige Details davon nachzuahmen. Und was war mit dem Mann, der Suzy Lamplugh entführte, die Londoner Häusermaklerin, deren Schicksal immer noch unbekannt ist? Er vereinbarte ein Treffen unter dem Namen »Mr. Kipper« – ein bedrückender Reim, der da aus der Umgangssprache entnommen wurde, denn ein »Kipper« ist im britischen Slang ein »Kerl«. Diese Art männlicher Identifikation mit dem Ripper ist nicht begrenzt auf tatsächliche Mörder und auch nicht auf die roheren Formen volkstümlicher Kultur. Es fällt peinlich auf, wieviel davon in die ernst zu nehmenden Schriften über die East-End-Morde einfließt.

Es gibt Massen von Büchern über »Jack The Ripper«; mindestens ein halbes Dutzend neuer Titel ist zum Zeitpunkt der »Jubiläumsfeierlichkeiten« erschienen, verfaßt von namhaften Autoren und achtungsvoll rezensiert in den führenden Zeitungen. Die Bände sind eine Mischung von historischen Details, Populärpsychologie und hochtrabender Spekulation. Einiges davon ist auch bizarr: Hatte der Ripper Beziehungen zum Königshaus? War der ganze Fall eine Freimaurer-Verschwörung? Bemerkenswert ist, daß all diese Bücher von Männern geschrieben wurden, mit einer männlichen Sicht für das, was eine Rolle spielt in diesem Fall. Für die Autoren ist »Jack The Ripper« ein klassischer Kriminalfall nach dem Muster: Wer ist der Täter? Bei der viel wichtigeren Frage nach dem Motiv nehmen sie Zuflucht zu volkstümlichen Stammtischweisheiten. Obwohl sie ein einschlägiges Interesse an den Einzelheiten erkennen lassen, wissen sie augenscheinlich wenig über die Triebkraft sexueller Gewalt. Colin Wilson und Robin Odell vermerkten zum Beispiel zu ihren Schwierigkeiten, die Motivation des Rippers zu verstehen: Seit dem neunzehnten Jahrhundert könne »jeder Mann Sex gewiß in ausreichendem Maße auch ohne Mord bekommen«. Was in dieser Literatur klar zutage tritt, ist eine Schuljungen-Kameraderie aller Mit-Schwärmer, die sogar den Ripper selbst miteinschließt. Ein Autor widmet sein Buch gerührt »den Ripperologen überall – vergeßt Jack nicht, der uns zusammengebracht hat«.

Das hoffnungslose, besessene Bemühen, »Jack The Ripper« die Maske herunterzureißen, lenkt unsere Aufmerksamkeit von dem ab, was in die Augen fallen sollte: Die extremen Wünsche und Phantasien, die Sexualmörder bewegen, werden bis zu einem gewissen Grad von sehr vielen Männern geteilt, die wie jene in einer Kultur aufwachsen, die solche Wünsche und Phantasien fördert, nicht zuletzt durch ihre Darstellung von Mördern als Helden. Wenn wir etwas gegen Sexualmorde tun wollen, müssen diese Kultur und ihre geistigen Einstellungen verändert werden.

Die verschiedenen Veranstaltungen zum Ripper-Gedenkjahr werden von einer starken Opposition feministischer Gruppen begleitet. Schon haben Frauendemonstrationen vor dem »Jack-The-Ripper-Pub« im Londoner East End die Watney's-Brauerei zu der ernstgemeinten Ankündigung veranlaßt, daß der Name geändert und die Verbindung zum Ripper in Zukunft heruntergespielt wird. Für die Demonstrantinnen ist das aber nur die Spitze des Eisberges; sie haben schon neue Ziele, der Kampf wird weitergehen. Die Botschaft, die sie mit ihrer Kampagne zu übermitteln hoffen, ist die, daß jedes Jahr ein Ripper-Jahr ist mit einem gleichbleibend hohen Maß an sexueller Gewalt. Hundert Jahre nach den Morden von »Jack The Ripper« haben Frauen keinen Grund zu Geburtstagsfeiern.

Suzie Fleming und Gloden Dallas
Bella – die Kämpferin

»Du bist eine prima Kämpferin, aber du hast den falschen Namen. Ich denke, wir sollten dich Bella, die Kämpferin, nennen.«

In dieser Form, so Jessie Stephen, vergibt die Labour-Bewegung ihre Spitznamen an die, die sie wirklich achtet. Jessie ist jetzt 81. Ihr ganzes Leben lang war sie Sozialistin und Pazifistin und vor dem Ersten Weltkrieg eine militante Suffragette – eine politische Hinwendung, die, wie sie sich erinnert, typisch für viele Frauen in jener Zeit war. Sie ist heute noch sehr engagiert in der Gewerkschaftsarbeit, und sie glaubt unerschütterlich an die volle und echte Gleichberechtigung der Frau. Sie war die erste Präsidentin der Handelskammer von Bristol, ein Amt, das sie erst vor einigen Jahren aufgab.

Als ältestes von elf Kindern einer fürsorglichen, wenn auch überarbeiteten Mutter und eines geschickten Schneiders, der nichtsdestotrotz sehr häufig arbeitslos war, wuchs sie in ziemlicher Armut auf. Schon in jungen Jahren nahm Jessie die verschiedensten Aushilfsarbeiten nach der Schule an, um die Familie mit durchzubringen. Ihr Vater war von Anfang an Mitglied bei der »Independent Labour Party« (ILP), die 1893 gegründet worden war, um speziell für und durch die Arbeiterklasse im Parlament aufzutreten. In der Praxis freilich deckte sie in ihren frühen Jahren ein breites Meinungs- und Tätigkeitsspektrum von Labouranhängern und Sozialisten ab.

Im folgenden wird Jessies frühe politische Laufbahn in Auszügen aus ihrer unveröffentlichten Autobiographie und aus Tonbandgesprächen mit Suzie Fleming und Gloden Dallas wiedergegeben, die das Material sammelten und herausgaben.

»Meine Güte, als ich vierzehn war, gab mir mein Vater Darwin zu lesen. Es kam mir alles ziemlich spanisch vor; aber als ich einige Jahre älter war, las ich es noch einmal, und es gefiel mir sehr gut. Er las gewöhnlich alle Presseveröffentlichungen der Rationalisten und Sachen von Engels und Tom Paine. Und das, obwohl er schon mit acht von der Schule abgegangen war.

Ich besuchte die Sozialistische Sonntagsschule. Mein Vater bestand darauf, daß wir alle dahin gingen, und was sie uns da beibrachten, war in keiner Weise minderwertiger als irgendeine Sittenlehre, die sie anderswo predigten. Es waren alle Religionsarten vertreten – wir hatten Katholiken, Protestanten, Judenkinder. Wir gingen alle gemeinsam dorthin. Zwei von unserer Familie wurden da getauft. Wir waren etwa fünfzig oder sechzig Jungen und Mädchen jeden Sonntagmorgen, aber nachmittags mußte ich regulären Religionsunterricht besuchen, denn meine Mutter war sehr fromm in dieser Hinsicht. Sie war anglikanisch und Vater natürlich Agnostiker, mehr oder weniger, und immer wenn uns die Pfarrer besuchten, ging es ganz schön rund.«

Jessie war gut in der Schule und gewann ein Stipendium, doch es war ihr klar, daß sie ohne einen richtigen Lohn nur eine Belastung für die Familie darstellte. So verdingte sie sich als Hausangestellte und fing schon damals an mit dem Versuch, das übrige Personal sozusagen unter der Treppe zu organisieren.

»Mit 15 wurde ich Junglehrerin und war ganz stolz darauf, denn es war schon immer mein Traum gewesen zu unterrichten. Unglücklicherweise nahm damals die Arbeitslosigkeit zu, und es blieb mir nichts anderes übrig, als die Schule zu verlassen. Ich hatte die Wahl zwischen irgendwelchen Arbeiten, die eine halbe Krone und vier Schillinge in der Woche einbrachten, und der Aussicht, wieder als Hausangestellte zu gehen, wo zum Lohn noch Essen und Unterkunft kam. Freilich wußte ich aus Erfahrung, daß allzu viele Herren des Hauses ihr Personal wie Sklaven behandelten. Und die Söhne dachten, es wäre ihr Recht, zu den Hausmädchen in die Schlafkammer zu kommen. Wenn ein Mädchen schwanger wurde, setzten sie sie auf die Straße, und wenn ein Sohn schuld daran war, schickten sie ihn woandershin. Aber Geld bekam das Mädchen nie zu Gesicht. Wenn sie nicht zu ihrer Familie zurückgehen konnte, blieb ihr nichts anderes übrig, als auf die Straße zu gehen, und viele von ihnen machten das, Mädchen von vierzehn, fünfzehn Jahren.

Dabei waren diese Hausmädchen viel klüger, als ihnen die Leute damals zutrauten. Die Hausherren redeten über sie nur als dumme Hochländerinnen und so weiter. Doch sie waren nicht dumm. Als ich anfing, über Wege und Mittel nachzudenken, wie wir Hausangestellten uns organisieren könnten, und begann, in meiner Freizeit dafür zu werben, war ich wirklich angetan von dem Interesse, das die Mädchen zeigten. Ich versuchte, ihre Unterstützung für eine Gewerkschaft zu bekommen. Und diese Arbeit hatte erste Erfolge, als ich Mitglieder für die neue Schottische Hausangestellten-Vereinigung anwarb, Mitgliedsbeitrag drei halbe Pence wöchentlich. Ich ging immer an die Hintertüren der großen Häuser und sah zu, daß die Mädchen der Gewerkschaft beitraten.«

Zur selben Zeit, Jessie war noch keine 20, war sie sehr in der Sozialisten- und Suffragetten-Bewegung in Glasgow engagiert. Durch diese Aktivitäten kam sie mit John Maclean in Berührung, dem vielleicht Bedeutendsten unter den Clydeside-Sozialisten, und auch mit Helen Crawfurd, einer militanten Sozialistin von der Sozialen und Politischen Frauen-Gewerkschaft (WSPU), die wie Maclean eine kompromißlose Gegnerin des Weltkriegs war.

»Also, ich erhielt meine politische Ausbildung, als ich erst zwölf Jahre alt war. Ich verkaufte die ›Labour Woman‹ vor der St. Andrew's Hall in Glasgow. Das war ein ganz kleines Magazin, das damals nur einen halben Penny kostete. Keir Hardie trat als Redner in der Halle auf, und als er herauskam und mich sah – ich war noch sehr klein damals –, sagte er: ›Ah, sehr gut, Kleine, du wirst der Bewegung noch viel Ehre machen.‹ Ich war unheimlich stolz darauf, rannte den ganzen Weg nach Hause und erzählte es meinem Vater, und der sagte: ›Vielleicht wirst du das wirklich tun, ja, gut möglich.‹

Als ich sechzehn war, wurde ich Vize-Vorsitzende von meinem ILP-Ortsverein in Maryhill. Das war das Mindestalter, in dem sie einen als Vollmitglied aufnahmen, und etwa um diese Zeit trat ich der WSPU in Glasgow bei und nahm, sooft ich konnte, an Ortsvereinssitzungen und Demonstrationen teil. Das muß zu einer Zeit gewesen sein, als ich noch in Dienst stand. Ich weiß das genau, denn ich konnte damals, ohne irgendeinen Verdacht zu erregen, Säure in die Postbriefkästen schütten. Denn wenn ich so daherkam, von dort, wo ich angestellt war, in meiner Mütze und der Schürze, ihr wißt schon, so eine Musselinschürze, schwarzer Rock, also niemand hätte mich verdächtigt, Säure in Briefkästen zu schütten.

Versteht ihr, wir in der WSPU gebrauchten Gewalt gegen Sachen, aber nie gegen Menschen. Was diese Gewaltgeschichten anbelangt, so glaube ich nicht, daß die normale Arbeiterin gar so ängstlich mit diesen Sachen umging. Es machte ihnen nichts aus, Fensterscheiben einzuwerfen, aber bei anderen Sachen, zum Beispiel bei Brandanschlägen auf Schlösser, da fühlten sie Menschenleben in Gefahr, und da waren sie dagegen. Ihr seht, es gab da eine gewisse Meinungsverschiedenheit bei der Ausweitung von Gewalt.

Wir hatten diese regelmäßigen Veranstaltungen, im Freien und in Sälen. Und wir gewöhnten uns daran, große Veranstaltungen zu machen. Wir brauchten uns nicht zu verstecken. Das waren Frauen, die den Sprung geschafft hatten. Und die hatten nichts mehr mit der Liberalen Partei, die praktisch alles tat, was sie konnte, um die ganze Idee zu ruinieren, hinter der die Frauen standen. Ich weiß, die Liberalen fordern immer, progressiv zu sein, aber sie waren unsere erbittertsten Feinde. Sie hätten uns schon 1910 das Wahlrecht geben können, aber sie wollten nicht, und wir mußten warten, bis der Krieg vorbei war, und dann bekamen wir es mit dreißig anstatt mit einundzwanzig.

Alle möglichen Leute kamen zu unseren großen Veranstaltungen, Arbeiterinnen, ja sogar Arbeiter, und ich glaube, die Männer aus der Mittelklasse stellten sich vor, daß das nicht so weitergehen durfte; deshalb gab es dann all die Störungen bei den Veranstaltungen und so weiter. Eine verlief ziemlich gewalttätig, als Mrs. Pankhurst dabei war, sie hatten sie freigelassen unter diesem ›Katz-und-Maus-Gesetz.‹ Das war schon ziemlich gewalttätig in dieser Nacht, weil die Polizei so sorgfältig darauf achtete, daß sie nicht in die Halle kam. Sie saßen auf dem Dach, standen in der Halle, waren über den ganzen Platz verstreut. Als dann die Vorsitzende verkündete, sie habe die überaus große Freude, die Ankunft ihrer geschätzten und geliebten Führerin anzusagen – und weil gefühlsbetonte Worte gebraucht wurden –, dachten alle, es wäre ein Scherz. Nur wir nicht, denn wir wußten, daß irgend etwas geschehen war. Die Rednerbühne war ganz mit Stacheldraht umgeben, mit Fahnen darüber und mit Blumentöpfen und allen möglichen Sachen, und eine Frau hatte einen von diesen Platzpatronen-Revolvern. Und als Mrs. Pankhurst nach vorne ging, hättet ihr die Gesichter von den Polizisten sehen sollen. Sie trauten ihren Augen nicht.

Niemand erzählte ihnen, wie sie reingekommen ist, aber wir erfuhren später, daß sie in einem Korb der städtischen Wäscherei hereingekommen war. Die Organisatorinnen der WSPU trafen da auch einige von unseren Labour-Stadträten – ja, das waren Leute von der ILP damals –, die waren sehr gut. Und als dann die Polizei versuchte, die arme Mrs. Pankhurst fortzuschleppen, da stürzten sie nach vorn zu den Fahnen und rissen sich alle die Hände auf. Wir warfen derweil mit Blumentöpfen, und es gab noch eine Menge Zeug, was gegen die Polizisten flog. Keine dachte daran, daß das Gewalt war, wir wollten bloß die Frau schützen, die wir hergebracht hatten. Die Polizisten waren richtige Schläger damals, und die Daily Mail und andere solche Zeitungen inszenierten eine regelrechte Hetze gegen uns; uns waren die Kleider vom Leib gerissen und die Haare vom Kopf, noch ehe wir überhaupt gewalttätig werden konnten. Einige von den gewöhnlichen Männern waren noch schlimmer als die Polizisten. Sie drohten mir einmal, mich in den Fluß zu werfen, und ich sagte: ›Gut, wenn einer mich hineinwirft, dann nehm ich ihn mit.‹ Das sollte mutig klingen, aber, wißt ihr, ich war zu Tode erschrocken.«

Um solchen Feindseligkeiten entgegenzuwirken, konnten die Glasgower Suffragetten und in ähnlicher Weise auch die aus anderen Provinzstädten auf ein ganzes Netzwerk von Unterstützung bauen, die zum Großteil aus der örtlichen Sozialistenbewegung kam.

»Ah ja, da waren meine Kameraden im Ortsverein. Drei oder vier von denen waren Hafenarbeiter, die waren wirklich scharf. ILP-Mitglieder, wirklich scharf. Auf ihr Wort war hundertprozentig Verlaß, und wenn die Veranstaltung stattfand, dann standen sie da, nebeneinander an die Wand gelehnt. Es hatte natürlich niemand gedacht, daß da irgend jemand diesen armen, schwachen Frauen helfen würde. Dabei bekamen wir damals eine ganze Menge Hilfe von einfachen Arbeitern und Arbeiterinnen. Dann war da Mr. Austin, der besaß eine Kette von Teestuben, die gewöhnlichen billigen Teestuben in der Stadt, und er überließ sie mir üblicherweise umsonst für meine Veranstaltungen. Das war die Art von Hilfe, die wir immer bekamen.

Mary Miller, die Frau des Herausgebers des ›Glasgow Herald‹, sympathisierte sehr mit der Sozialistenbewegung und auch mit den Hausmädchen. Sie glaubte an die Arbeit der WSPU, wenn sie sich auch nicht offen dazu bekennen konnte. Wir hatten eine seltsame Verbindung. Da gab es ganz reiche Frauen, Frauen aus der Oberschicht, und normale Arbeiterinnen, aber wir kamen gut miteinander aus. Ich erinnere mich an Helen Crawfurd von der ILP. Sie kam ins Gefängnis, weil sie Fensterscheiben eingeworfen hatte, und war eingesperrt während des Kriegs, so wie John Maclean. Guter alter John, ich kannte ihn gut, weil er gewöhnlich auf irgendeiner von unseren Veranstaltungen und Demonstrationen sprach. Sie behandelten ihn schlimm. Er stand in sehr hohem Ansehen in der Sozialistenbewegung, da gibt es keinen Zweifel.«

Aufgrund ihrer feministischen Überzeugungen hielt Jessie loyal zum militanten Flügel der Frauenbewegung, der sich ganz eingleisig die Durchsetzung des Frauenwahlrechts zum Ziel gesetzt hatte, weil er sich darin ein Allheilmittel für die gesellschaftlichen Probleme der Frauen versprach. Doch ihre sozialistische Einstellung und ihr Einfühlungsvermögen für die ganz »normalen« Frauen, die sie aufgrund ihrer Arbeit und ihres gesellschaftlichen Hintergrundes täglich traf, verschafften ihr die Gewißheit, daß das Wahlrecht alleine keine Lösung für die Frauenprobleme sein konnte.

»Es gab viel mehr als das Wahlrecht. Seht, die meisten dieser Bücher – ich habe eine Menge davon zu verschiedenen Zeiten gelesen – gehen wirklich nicht in die Tiefe. Sie behandeln nicht die Diskussionen, die wir immer führten, die Ziele, über die jedes gewöhnliche WSPU-Mitglied nachdachte. Über all diese Dinge wurde bei uns diskutiert. Ich wußte nicht viel davon, wohl aber einige dieser Frauen. Eine von ihnen war eine geschiedene Frau, eine Sozialistin, die sehr hart arbeitete, und die brachte solche Dinge auf den Tisch, die sehr interessant waren für Leute, die etwas davon wußten.

Die Sozialistinnen unter uns waren freilich viel mehr an wirtschaftlichen Zusammenhängen interessiert, als uns zugetraut wurde. Einige von diesen Frauen, die wirklich aktiv in der WSPU waren, hatten klare Ansichten über die wirtschaftliche Lage der Dinge in einer Gesellschaft. Da gab es das Thema Wohnungsbau, die Verbesserung der Lebensbedingungen für Hausfrauen und Mutterschaftsbeihilfen. Das Wahlrecht war nur ein Mittel zum Zweck, zu einem neuen gesellschaftlichen Status, wo Frauen menschenwürdig behandelt würden und nicht als Bürger zweiter Klasse.«

Wohl im wesentlichen aufgrund ihrer politischen Aktivitäten bekam Jessie schließlich eine passende Arbeit, die in Glasgow schwer zu finden war. Sie ging nach London, wo sie mit der Englischen Hausangestellten-Gewerkschaft Verbindung aufnahm und mit deren Hilfe eine Stellung bei Leuten fand, die nichts gegen ein Gewerkschaftsmädchen einzuwenden hatten.

Nach dem Ausbruch des Krieges kehrte sie nach Glasgow zurück und nahm eine Reihe von Jobs an, die bis dahin als Männerarbeit angesehen worden waren. Hunderte von Hausangestellten hatten damals versucht, Beschäftigung in der Kriegsproduktion zu finden. Während dieser Zeit in Glasgow traf Jessie Sylvia Pankhurst, die für das Wahlrecht und ein Ende des Kriegs kämpfte. »Natürlich stellte ich mich Sylvia vor. Sie fragte mich, was ich so täte, und erzählte mir eine Menge über ihre Arbeit bei der Arbeiterinnen-Wahlrechts-Vereinigung (WSF) in London. Zum Abschied sagte sie plötzlich: ›Wie wäre es, wenn du kommst und für mich arbeitetst?‹ Ich sagte, ich würde gern nach London kommen, aber ich hätte das Fahrgeld nicht und müßte erst meinen Vater fragen. Der war pessimistisch. Es sagte zu mir, ich sollte nicht dumm sein und bleiben, wo ich war, aber Mutter war ganz angetan. Eines Abends, als wir allein waren, gab sie mir Geld und sagte, ich sollte niemandem erzählen, woher ich es hätte. Bis heute habe ich das Geheimnis bewahrt, wie ich zu meinem Fahrgeld gekommen bin. Sylvia hatte ihren Hauptsitz in Bow. Dort hatte sie eine Kinderkrippe und eine Klinik eingerichtet, und obwohl ihre streng pazifistischen Anschauungen nicht sehr populär waren, war ihre Arbeit im Bezirk doch sehr anerkannt, und sie selbst wurde fast verehrt.«

Als Sylvia glaubte, daß Jessie in London genug Erfahrung in Organisations- und Propagandaarbeit gesammelt hätte, schickte sie sie in die Provinz, um neue Ortsgruppen für die WSF aufzubauen und Geld für die Arbeit in Bow zu sammeln.

»Wir waren zu zweit, außer mir noch Mrs. Boyce, eine Arbeiterin, die zwölf Kinder großgezogen hatte und jetzt im Land herumzog, genau wie ich. Sie gab mir haufenweise gute Tips. So sagte sie: ›Hab immer ein Pfund Kerzen dabei, denn wenn du irgendwo kein Licht hast und willst noch lesen im Bett, dann kannst du nicht.‹ Sie war eine liebe alte Seele, das muß ich sagen. Sie war in der WSPU gewesen, und natürlich war sie auch Sozialistin. Sie war eine feine Arbeiterin. Fünfzig Jahre alt. Ich denke an einige von diesen Frauen da im East End.

Als ich für Sylvia arbeitete, bekam ich dreißig Schilling die Woche, und das reichte manchmal nicht einmal, um mein Zimmer zu bezahlen, wenn ich herumreiste. Aber ich ging dann immer auch zu den ILP-Vereinen – als freie Mitarbeiterin natürlich, denn niemand von uns erhielt einen Lohn – wir waren halt auf das angewiesen, was uns die Vereine bezahlen konnten. Manche schafften es, dir drei Pfund in der Woche zu geben, andere konnten das nicht aufbringen. Sie gaben dir nur Unterkunft und zahlten deine Auslagen.

Für das Geld konntest du dir keine neuen Kleider kaufen. Ich ging einmal zum Burnley-Markt und kaufte mir einen Stoffrest für sechs Schilling, um mir selbst eine Bluse zu nähen. Meine erste Station auf der WSF-Tour war Sheffield, wo ich das Glück hatte, bei Mrs. Manion unterzukommen. Die freundliche Atmosphäre dort half mir gewaltig bei meiner ersten Unternehmung in der Provinz. Der Schriftsteller Edward Carpenter lebte dort außerhalb von Sheffield, und Mrs. Manion erzählte mir, wie sehr ihr seine Bücher gefielen. An den Titel ihres Lieblingsbuches kann ich mich nicht mehr genau erinnern, ich glaube, es hieß ›The Coming of Love‹ [Love's Coming of Age]. Dafür konnte sie sich richtig begeistern und ganze Passagen daraus auswendig hersagen. In der sozialistischen Bewegung wurde er sehr viel gelesen.«

Jessie war als Geldbeschafferin sehr erfolgreich. Das lag zum Teil an ihrer Fähigkeit, mit denen, »die man das niedere Volk nannte«, gut auszukommen. Trotz ihrer Nützlichkeit bekam sie einige Male Krach mit Sylvia, die »bezaubernd sein konnte, wenn sie wollte, aber im Grunde ihres Wesens zur Selbstherrlichkeit neigte wie ihre Mutter und ihre ältere Schwester Christabel«.

Sie arbeitete bis zum Frühjahr 1917 weiter bei der WSF, als sie in die ILP-Organisation von Bermondsey gewählt wurde, ein Ortsverein, den der Quäker Dr. Salter anführte.

»Der Doktor meinte, wir müßten die Frauen und Mädchen in den örtlichen Fabriken anwerben – kurz, so hatte ich auch noch als Industrieorganisatorin zu fungieren. Aber weil die ILP sah, daß meine Arbeit in den Fabriken zu belastend für mich wurde, stellte sie noch zwei andere Frauen auf, um beim Aufbau der politischen Organisation zu helfen.

Es waren zwei Ex-Suffragetten, Mary Richardson, die das Velazquez-Bild zerschnitten hatte, und Ada Broughton. Zwischen all meinen anderen Aktivitäten stand ich an den Fabriktoren und verteilte Flugblätter für die Gewerkschaft. Zuerst hatte das keinen Erfolg, obwohl eine Lohnerhöhung, die die Gewerkschaft für die Lederarbeiterinnnen herausgeholt hatte, viel Aufsehen erregte. Aber im Herbst 1918 waren über 5000 Mädchen eingetreten [in die Nationale Gewerkschaft der Arbeiterinnen].«

Die meiste Zeit ihres Lebens hat Jessie seitdem als Funktionärin in Partei und Gewerkschaft mit dem Schwergewicht auf Frauenproblemen gearbeitet. In den zwanziger Jahren war sie in der Bewegung der Arbeiterinnen-Geburtenregelung aktiv.

»Es kamen Frauen zu meinen Veranstaltungen, um sich meinen Rat zu holen, weil sie wußten, ich gehörte zu dieser Gruppe. Ihr habt sicher von einigen Tragödien gehört. Es war nicht so, daß sie Kinder wollten, sie wußten vielmehr nicht, wie sie sie verhindern sollten. Die Frauen von der Arbeiterinnen-Geburtenregelung leisteten wirkliche Pionierarbeit. Sie hielten Propaganda-Veranstaltungen ab und gaben kleine Flugblätter heraus.

Damals war ich auch Sekretärin bei Leonora Eyles, die für ›Women's Own‹ schrieb, als das noch eine Zwei-Penny-Zeitschrift war. Und es war schon komisch: Immer wenn sie einen Artikel über Geburtenregelung schrieb, dann bekamen wir eine Flut von Anfragen noch Wochen später.

Die Methoden waren etwas primitiv damals. Da gab es das, was man ›Käfig‹ nannte, oder einen kleinen Schwamm mit einem Seidenfaden daran. Der wurde mit Chinin und Oliven- oder Leinsamenöl getränkt, meist mit Olivenöl, weil es nicht so roch. Die Frauen führten sich das ein, und sofort nach dem Verkehr zogen sie es wieder heraus. Das Zeug war spermientötend und verhinderte so die Empfängnis. Meine Mutter redete immer mit mir, weil ich die Älteste war. Sie sagte: ›Weißt du, ich wollte, ich hätte nicht all diese Babys.‹ Ich sagte: ›Warum sprichst du nicht mit Vater, daß er etwas tut dagegen?‹ Sie antwortete: ›Ach nein, er meint, das ist wider die Natur.‹ Ein Sozialist, versteht ihr, und hat keine Ahnung von diesen Dingen. Es geschah dann, daß mir ein paar Monate später ein Buch mit all den Informationen darüber in die Hände fiel; ich gab es meiner Mutter und sagte: ›Hier, Mutter, das ist deine Chance, lies es.‹ Sie war zweiundvierzig zu der Zeit und hatte noch nicht ihre Menopause, erst mit fünfundvierzig. Doch sie bekam jetzt keine Kinder mehr. Manchmal müssen wir halt noch einer alten Hündin das Beißen beibringen.«

Für ein junges Mädchen in ihrer Zeit war das Leben, das Jessie führte, unabhängig und unkonventionell. Es konnte weder für sie persönlich leicht sein noch so ohne weiteres von der Gesellschaft insgesamt akzeptiert werden.

»In dieser Zeit war es ungewöhnlich für eine Frau, besonders für eine junge Frau, ein unabhängiges Leben zu führen. Und eine Frauensprecherin war Freiwild, das lernte ich in der Zeit der Wahlrechtskampagne. Ein Zwischenrufer in Sheffield brüllte mir zu: ›Schläfst du lieber mit einer Frau oder einem Mann?‹ Ich erinnerte mich an eine ähnliche Frage, die einer bekannten Suffragette gestellt worden war, und antwortete wie sie: ›Mit einer Frau, du nicht?‹ Da brachen alle in Gelächter aus, und der Typ schlich sich ohne ein weiteres Wort davon.

Einige der Frauen lebten zusammen, aber die normalen Arbeitermädchen kamen niemals in diese Lage. Sie waren von Anfang an geistig gar nicht vorbereitet dafür und hätten es sich auch nicht leisten können, so zu leben. Das ist heute noch so. Es fehlt das Geld dazu. Sie wären bereit dazu, etwas auszuprobieren, wenn sie die Mittel dafür hätten. In meiner Jugend gab es bei der sozialistischen Bewegung auch so eine Richtung hin zu freier Liebe, aber wir wollten uns nicht zu sehr darauf einlassen.

Was mein öffentliches politisches Leben anging, war mein Vater eigentlich ganz stolz auf mich. Er ging gewöhnlich zu den Veranstaltungen mit, meine Mutter war nicht so wild darauf. Sie sagte zu mir: ›Du solltest daran denken, dir ein eigenes Heim zu schaffen, anstatt überall herumzuschwirren.‹

Das war eine komische Sache mit meiner Mutter. Sie war so ruhig und eigentlich das genaue Gegenteil von meinem Vater. Aber als die Diakonissenschwester einmal zu ihr kam und vom Frieden predigte und sagte: ›Mrs. Stephen, Sie müssen ja so betrübt sein über Ihre älteste Tochter und deren Bruder. Wenn das Land schon im Krieg ist, sollten sie ihren Beitrag leisten.‹ Da antwortete meine Mutter: ›Ich schäme mich nicht wegen meinem Sohn und meiner Tochter. Sie tun, was sie von ihrem Vater gelernt haben, als sie jung waren. Ich bin sehr stolz auf sie. Ich wünschte, alle meine Kinder würden so für ihre Sache einstehen.‹ Und beim nächsten Umzug am Tag der Arbeit, da war Mutter mit dabei. Noch nie vorher in ihrem Leben war sie am Tag der Arbeit zu einem Umzug gegangen, aber da marschierte sie mit, mit einer kleinen Fahne.«

Bloß weil wir uns auf Ereignisse von vor mehr als fünfzig Jahren konzentrieren, soll hier nicht der Eindruck entstehen, daß Jessie in der Vergangenheit lebt. Das wäre ungenau und ungerecht. Wie beurteilt sie den Fortschritt der Frauen, seit sie das Wahlrecht haben?

»Den größten Teil meiner öffentlichen Arbeit hat die Organisation von Frauen und die Vertretung ihrer Forderungen auf gleiche Rechte wie die Männer eingenommen. Zu viele glaubten, daß der Sieg im Kampf um das

Frauenwahlrecht automatisch weitere Zugeständnisse mit sich bringt. Als die Frauen über diese neugefundene sogenannte Freiheit jubelten, waren wir gerade erst am Anfang. Für die von uns, die nach vorne sahen, schien es der Anfang des eigentlichen Kampfes zu sein, und sie behielten recht, auch wenn es kleine Erfolge auf dem Weg zu verzeichnen gab. Nehmen wir diesen Mythos um die Büstenhalter-Verbrennungen, den die amerikanische Presse erfunden hat. So ein Vorfall hat niemals stattgefunden, und dennoch werden männliche Journalisten und Radio- und Fernsehreporter nicht müde, diese Lüge bei jeder Gelegenheit zu wiederholen, um der Frauenbewegung eins auszuwischen. Du brauchst wirklich Sieben-Meilen-Stiefel, um eine Unwahrheit einzuholen. Für mich und andere, die meine Sicht teilen, ist das ein weiteres Beispiel für die Voreingenommenheit in unserer Männerwelt, die so schwer auszurotten ist.«

Alison Fell

Phantasie für Mary Wollstonecraft

1791 schrieb Mary Wollstonecraft ihr berühmtes »Vindication of the Rights of Women«, in dem sie für wirtschaftliche Unabhängigkeit und gleiche Erziehung und Rechte als Voraussetzungen für ein freies und würdevolles Leben für Frauen eintrat. Sie wurde damit zur berühmtesten Feministin ihrer Zeit. »Frauen«, schrieb sie, »mögen bequeme Sklavinnen sein, doch wird Sklaverei stets den Herrn ebenso wie die ihm Unterworfenen erniedrigen.«

Marys Denken war eine Weiterführung des radikalen Denkens von Zeitgenossen wie Paine, Condorcet und Godwin – den sie später heiratete –, doch ihr Feuer und ihr Feminismus stammen von ihr allein, entfachten sich in zermürbenden finanziellen und emotionalen Kämpfen. Mit nichts als ihrem Verstand als Existenzgrundlage gründete sie eine Mädchenschule auf Newington Green, damals ein Tummelplatz von Dissidenten, und unterstützte ihre Schwestern durch ihre Tätigkeit als Lehrerin und schließlich Schriftstellerin. Später, als alle revolutionären Wege nach Frankreich führten, zog es auch sie dorthin, obwohl sie ein Kind erwartete. Sie durchlebte die jakobinische Schreckensherrschaft, sah die Zerschlagung des aufkeimenden französischen Feminismus und vollendete (unter Gefahren) ihre »Historical and Moral View of the French Revolution«. Neununddreißigjährig heiratete sie 1797 William Godwin und starb tragisch am Kindbettfieber. Ihre Tochter, Mary Shelley, war die Autorin von »Frankenstein.«

Marys freies Denken trug moralisch und schöpferisch reiche Früchte, doch es hatte auch seinen Preis – ein uneheliches Kind, bittere Enttäuschungen in der Liebe, schlechter Ruf, ein Selbstmordversuch. Aber trotz allem sehen wir die Energie und Persönlichkeit der Frau: impulsiv, doch hartnäckig; gebieterisch, doch verletzlich; autark, doch eifersüchtig und fordernd – alles in allem eine Frau, mit der frau sich identifizieren kann. Besonders für mich, die ich hier auf Newington Green lebe, auf die unitarische Kapelle blicke und mir vorstelle, wie sie mich unruhig und unzufrieden an der Schulter zieht.

Es ist dieselbe Aussicht:
gefleckte Bäume, die niedrige
Kapelle, Frühling –
auf den Straßen

die Jungen, noch heiser
und schwarzglänzend wie Amseln,
schreien sie einfach
irgend jemandem zu
und oh
waghalsige Mary
wie wir uns drehen
auf dem großen Rad des April,
zu fliegen oder zu zerschellen,
herausgeschleudert zu werden
noch mit den Striemen des Jochs,
unsere Haut
durchsichtig bis zum Blut.

Hier bist du, alter Quälgeist
an meinem rechten Ohr,
stürmst, ohne Rücksicht auf Verluste,
hoch zu einem zerklüfteten blauen Ort
wo Mädchen aufwachsen werden
auf unvorstellbare Weise zu sich selbst
deine Feder springt über
diesen blühenden blendenden Tag
in der Stadt,
und der Traum ist
alles herauszufordern – Pferde,
Niederlagen, Blutrache –
zu handeln mit offener Klinge.

Denn sonst bleibst du hungrig,
und deine Gedanken
haben die Farbe von Spinnen –
jenes Kichern in der Ferne,
diese graue Frau
mit ihrem Lehrerinnenlächeln,
wagt sie es?

Er ist wieder bei jener Schauspielerin,
jenem pfeffer-und-salz-farbenen
Schminktiegel, alle
wissen es;
doch du grämst dich nicht
wenn dein Geist ein Messer ist
mit dem du schneidest.

In den Fluß dann,
in einer trüben Nacht ohne Sterne,
unter den Sparren der Brücke
bläht sich dein blöder Kleidersaum,
ellenlange Unterröcke vereiteln deinen Plan,
halten dich über Wasser,
und nicht einmal deine geballte Energie
zieht dich nach unten.

Unzerstörbare Mary,
wie du seufzst
auf deinem trockenen Strand,
die Tage
liegen in deinem Mund wie Steine.
Sagen, du bleibst nur
für höhere Aufgaben am Leben –
all deine herausgeputzten Schwestern
verlangen geradezu nach einer neuen Ordnung,
und auch das hitzige Frankreich,
das an dir zerrt wie eine rote
Trompete
du willst neue Kraft,
die Möglichkeiten von Männern
und Barmherzigkeit, und willst geben
und geben, Liebe sehen
und schwelgen in ihrem Recht
und Unrecht, sie ganz genau
betrachten. Keine Masken
jetzt oder jemals.

Furchtsamer Godwin
zittert zu deiner Wonne –
all dies
unter dem Frauenrock,
Begehren
strömt silbrig ihre Wirbelsäule hinunter,
und tanzt sie nicht
auf seinen Wunden,
spottend und grinsend?

Streitend rauft ihr euch zusammen,
ein dickköpfiges Treffen
von zwei freidenkenden Eseln

die sich dann und wann beißen –
wer zum Teufel hätte gedacht,
er würde Ehemannallüren bekommen
und du würdest stillhalten
und beschwichtigen
um des Kindes willen?

Träumende Mary
endlich eine Gewinnsträhne,
diese nächste Geburt
wird anders sein.
September-dunstig
und von Liebe umgeben,
wird es eine wilde Frucht sein,
eine fröhliche
Entbindung.
Sie wird dir auch
Godwin geben, unwiderruflich.
(Dieser Tag mit dem Namen
deines wirklichen Todes.)

Moderne Mary
du bist gereist
und angekommen, doch in der Hitze
inmitten dieser Reise
fesselt ein furchtbares Fieber
dich an dich selbst.
Solch schandbare Kälte –
nichts
sollte je so sein.

Amselflügel
wie ein jähes schnelles Scharren,
und sogar während du
dein Leben abschüttelst
benutzen sie dich
exemplarisch
ihre Mädchen zum Schweigen zu bringen.

O schockierende
Mary, du Hure – du
vielfältige Frau – du
klare Prophetin.

Rebecca West

Emmeline Pankhurst, Suffragette

Eine Frau wie Emmeline Pankhurst hat es noch nie gegeben. Sie war schön. Ihr blasses Gesicht mit dem feingeschwungenen, quadratischen Kinn und den gerundeten Schläfen erinnert von der Form her an einen Schwulen. Auf dem Ausdruck dieses Gesichts lag irgendwie ein samtiger Glanz. Ihren festen, zierlichen Körper kleidete sie in einer Mixtur zwischen der Eleganz einer Französin und der Ordentlichkeit einer Nonne. Sie war mutig; klein und zerbrechlich und nicht mehr jung warf sie sich dennoch vor Pferdehufe, stand im Geschoßhagel auf Rednertribünen, saß hungerstreikend in der Dunkelheit unterirdischer Gefängnisse. Und wenn sie sie wieder herausließen, weil sie sich fast zu Tode gehungert hatte, gönnte sie sich nur einen oder zwei Tage Ruhe, dann erklomm sie wieder die Tribünen, taumelte erneut unter Pferdehufe. Sie tat das wider ihre Natur. Wäre ihr soziales Gewissen zu beruhigen gewesen, hätte sie es wohl vorgezogen, in einem freundlichen Stadtrandhaus zu leben, ihren Freundinnen Tee und dünne Butterbrotscheiben zu servieren und in einem Liegestuhl im Garten herumzusitzen.

Mrs. Pankhurst geriet in diese harten und ungeheuren Umstände nicht als eine, die sich bis zur Mitte ihres Lebens bereits einen Namen gemacht hatte. Sie hatte es in ihrer Jugend nicht leicht gehabt und hatte ihre

Kräfte zurückgehalten, so daß eine wahre Flut hervorschoß, als der Damm gebrochen war. Sie hatte fünf Kinder geboren, war fast verrückt geworden, als sie ihren geliebten Mann verlor, hatte lang gerackert für den Lebensunterhalt und im Dienst der Öffentlichkeit. Sie hatte eigentlich genug durchgemacht, was ihr die Kräfte hätte rauben können. Daß sie nicht erschöpft war, läßt sich zum Teil erklären durch ihre Leidenschaft für die Unterdrückten, die wie eine Art Genius in ihr brannte. Neue Kräfte bezog sie zweifellos auch aus der Wirkung, die sie auf ihre Mitmenschen hatte, aus dem Widerhall, den sie auf ihr außergewöhnliches Wesen fand. Man schätzte sie wegen ihres Mutes, ihres Mitgefühls, auch wegen ihrer Schönheit. Sie hatte eine starke Ausstrahlung. Wenn sie auf der Rednerbühne ihre heisere, süße Stimme erhob, fühlten alle, daß sie zitterte wie Schilfrohr. Nur war das Schilf aus Stahl, und es war ungeheuerlich.

Die Passagiere auf einem Dampfer im Atlantik spüren während eines starken Sturms das Zittern, das durch den Rumpf des Schiffes läuft, wenn sein Heck emporgerissen wird von einer Woge und der Bug noch mitten über dem Wellental in der Luft hängt, und erst die nächste Woge nimmt das Schiff dann wieder mit. Etwa von dieser Art war die Unruhe, der Aufruhr, die Spannung im Innersten von Mrs. Pankhursts Wesen. Sie war keine besonders geschickte Frau. Es gab eine Menge Frauen, die ihr intellektuell überlegen waren. Sie war von Natur aus naiv. Märchen konnte sie verschlingen, aber von dem Bild des Universums, das der Mensch kraft seines Verstandes gezeichnet hat, hatte sie nur eine ungenügende Vorstellung. Sie war einer von diesen Menschen, die von Zeit zu Zeit in der Geschichte auftauchen, bei denen es frivol wäre, ihnen das vorzuwerfen, weil sie nämlich ein Teil von diesem Entwurf sind. Sie war die Verkörperung einer Idee. Ihre Persönlichkeit war besessen von einer Theorie über das Leben, die sie auf die Probe stellte und die sie dann ganz handfest in die Tat umsetzte. Sie schritt voran, balancierte unsicher auf dem, was ihre alte Sicherheit war, und hing in der Luft, bis sie eine neue Sicherheit gewann. Ihre Kraft vibrierte, als ob sie gleich wie Glas in Stücke springen würde, aber sie zersprang nicht, denn sie war aus Stahl.

Gill Davies

Konservierte Geschichte

Manchmal sieht es so aus, als ob die Vergangenheit das einzige wäre, was Großbritannien am Ende des 20. Jahrhunderts noch übriggeblieben ist. Anscheinend befindet sich die ganze Nation in den Fängen einer kollektiven Zwangsvorstellung von der Vergangenheit. Das »Erbe« wurde zu einem heiß diskutierten Thema. Jüngst erschienene Bücher wie Robert Hewison, »The Heritage Industry«, und Robert Lumley, »The Museum Time Machine«, werten Popularität und Verkaufserfolg der Tradition als Beweis für zunehmende Dekadenz und zerstörerische Tendenzen in der gegenwärtigen Gesellschaft. Was also ist das Erbe, und wie läßt sich seine populäre Anziehungskraft erklären?

Eine Erklärung, die in etwa der Argumentation von Hewison entspricht, lautet, die Traditionsindustrie zeige den Todeswunsch einer Kultur, die nicht mehr produziere – seien es nun künstlerisch oder handwerklich gefertigte Gegenstände. Genau dies beschwören auch IdeologInnen des rechten Lagers und des Kapitals herauf. Wiener's Analyse in »English Culture And The Decline Of The Industrial Spirit« führt Großbritanniens gegenwärtige Krise auf den Sieg einer konservativen, gegen die Industrie eingestellten Bewegung um die Mitte des 19. Jahrhunderts zurück. Nach dieser Ansicht weist der verzückte Blick auf die nichtindustrielle Vergangenheit unserer Nation auf eine tiefverwurzelte, einzigartige britische Ideologie. Nach einer dritten Betrachtungsweise (Donald Horne in »The Great Museum«) drückt sich ein solches museales Bewußtsein in allen spätkapitalistischen Gesellschaften aus.

Aus all diesen Elementen läßt sich ein spannendes Szenario erstellen: Wenn das Leben in der Gegenwart Frau Thatcher's Großbritannien meint und die Zukunft hoffnungslos erscheint, läßt sich der Wunsch nach einer Flucht in die Phantasiewelt des Erbes gut verstehen. Aber diese Phantasien bestehen oft typischerweise aus Vergangenheitskonstrukten, die die politischen Themen der achtziger Jahre verstärken – die Unternehmen der frühen Industrierevolution, die Landhäuser einer hierarchischen Gesellschaft, die rassistischen Werte des Empire und die Orientierung der Frauen an Heim, Familie, Küche. Die kulturelle Nekrophilie geht paradoxerweise mit dem Schlagwort der Modernisierung einher – der Demokratie der Aktiengesellschaften und modernen Industrien. Daraus ergibt sich eine Ideologie des Volkskapitalismus, die sich prächtig den viktorianischen Werten anpaßt und gleichzeitig eine schöne, neue Zukunft proklamiert, in der es keinen Platz mehr gibt für so altmodische Zöpfe wie Volkswohl, Gewerkschaftsbünde und Industrie.

In einem solchen Zusammenhang empfiehlt es sich, die verschiedenen

»Erbschaften«, die da angeboten werden, genauer zu beleuchten und die verschiedenen Bedeutungen der Vergangenheit zu untersuchen. Daß Nostalgie eine starke Macht ist, die Freizeitaktivitäten und Konsumverhalten belebt, zeigt sich an der Verbreitung historischer Zentren, Landtagebücher, Laura-Ashley-Läden und der Wiederentdeckung traditioneller Speisen und Getränke. Im großen und ganzen sehen wir eine Bandbreite verschiedener Produkte und Aktivitäten, die eifrig den Pseudomythos der Einheit einer nationalen Größe nähren.

Einige Widersprüche fallen da allerdings auf. Der postmoderne Eklektizismus, der die Menschen dazu verführt, ihre Häuser in verschiedenen Stilrichtungen von der falschen Unschuld der fünfziger Jahre in Amerika bis zur Hochblüte des Edward'schen England einzurichten und zu dekorieren, bleibt ein Traum, den sich nur die Reichen erfüllen können. Es ist alles ein Spiel – ein Kostümfest für die großstädtischen mobilen AufsteigerInnen. Kürzlich sagte die Zeitung »The Observer« den Glanz der vierziger Jahre als Modetrend für 1988 voraus: ein Mantel für 449 Pfund, ein Hut für 92 Pfund – als ob wir alle mit dem Rücken zur Wand am selben Strick zögen und uns in einer Periode des Zitterns nach dem großen Krach befänden.

Wir müssen zwischen solch zynischen Verwendungsformen der Vergangenheit und anderen Traditionsformen, deren Bedeutung noch diskutiert wird, unterscheiden. Beispielsweise brachten Hewison und andere Kommentatoren einige der neuen Sozialgeschichts- und Industriemuseen mit dem allgemeinen Klima von Nostalgie und romantischer Geschichtsverklärung zusammen. Aber das Erbe, auf das sie sich beziehen, und das Publikum, das sie ansprechen, ist weder mit dem in die Vergangenheit gerichteten Stil noch mit der britischen Vorliebe zum Besuch prächtiger Bauten identisch.

»Wie wir sind«, lautete vor kurzem der Titel einer der Ausstellungen im »Wigan-Pier-Museum«. Einen solchen Slogan sollten wir angesichts von Fernsehschnulzen und der Übernahme vormals ärmlicher Hafengegenden durch die Schickeria kritischer betrachten. Wobei das »Wir« in diesem Fall sehr spezifisch ist – es bezieht sich auf die hauptsächlich der Arbeiterklasse angehörenden Menschen in der Gegend von Wigan, und die Welt, die hier wieder aufgebaut wurde, bietet zumindest die Möglichkeit einer radikalen Neubetrachtung. Ein solches Museum verpflichtet sich ebenso neuen Entwicklungen in der Geschichte wie auch der Tradition: der Geschichte der Leute, lokale, regionale und überlieferte Geschichte, der Geschichte der Frauen und der Industriegeschichte. Man könnte sich das Ganze auch noch politischer vorstellen, doch kann die Popularisierung wissenschaftlicher Erkenntnisse über Arbeit und Freizeit der Menschen ein wirkliches Verstehen fördern und sollte daher nicht aus einer Museumsanlage über die Tradition ausgeschlossen werden. Es lenkt die Aufmerksamkeit auf das gemeinsame und individuelle Erinnerungsvermögen und fördert dieses zugleich, und obgleich Läden und Schaufenster die BesucherInnen dazu einladen mögen, die Vergangenheit zu konsumieren, so ist es doch ihre eigene Vergangenheit.

Die Vergangenheit gehört allen Menschen, nicht nur den ManagerInnen und WerbestrategInnen der Traditionsindustrie. Wenn sie es als Trostpflaster für die Gegenwart offerieren, können BesucherInnen gleichwohl ihre eigenen Betrachtungen über die Vergangenheit anstellen und deren Version in Frage stellen. Trotz der pessimistischen Stimmen über den gegenwärtigen Traditionsboom finden wir darin die Möglichkeit, die gemeinsame Geschichte darzustellen, die sonst verborgen bliebe, wie das besonders bei den neuen Museen der Fall ist.

Eine Auswahl neuartiger Museumsgründungen in England:
»Beamish North of England Open Air Museum«, Stanley, Co Durham. Wiederaufgebaute nordenglische Bauwerke, die das Leben im Norden um die Jahrhundertwende zeigen sollen.
»Big Pit Mining Museum«, Blaenavon, Gwent. Ehemalige Bergarbeiter führen in die Grube und erklären, wie es unter Tage zuging.
»Corby Industrial Heritage Museum«, Corby, Northants. Frühe Geschichte der Stahlindustrie.
»Ironbridge Gorge Museum«, Telford, Shropshire. Ein Museumskomplex, der die Industriebauwerke der Gegend umfaßt.
»Jorvik Viking Centre«, York. Am Rande einer Grabungsstätte wird York zur Wikingerzeit dargestellt.
»People's Palace Museum«, Glasgow Green, Glasgow. Geschichte und Entwicklung von Glasgow und seinen EinwohnerInnen; der besondere Schwerpunkt liegt auf Arbeit und Erholung.
»National Museum of Photography, Film and Television«, Bradford Yorks. Geschichte des britischen Fernsehens.
»Southern Industrial History Centre«, Amberley Chalk Pits, Sussex. Freilichtmuseum über die Industrie im Südosten.
»Spitalfields Heritage Centre«, 19 Princelet Street, London E 1. Nachforschungszentrum und Museum für die Geschichte der Einwanderung.
»Wigan Pier Heritage Centre«, Wigan, Greater Manchester. Lokales Leben und Industrie um 1900.
»Museum of Labour History«, Islington, Liverpool. Das Leben der Arbeiterklasse in Merseyside von 1840 bis heute.

Jenny Bourne

Jüdischer Feminismus und die Suche nach Identität

Die Spaltung innerhalb der britischen feministischen Bewegung 1982/83 über der Frage der israelischen Libanon-Invasion und der Unterstützung, die wir den palästinensischen Frauen schuldeten, ist wohlbekannt. Doch der Rückzug jüdischer Frauen aus dem Kollektiv der Zeitschrift »Spare Rib« war nicht nur das Ende einer Saga, sondern auch der Beginn von etwas Neuem: der Artikulation eines eigenständigen *jüdischen Feminismus* in Großbritannien.

Die Invasion von über 100000 israelischen Soldaten im Libanon und das Massaker an der unschuldigen Zivilbevölkerung in den Flüchtlingslagern Sabra und Chatila stellten diejenigen unter uns, die sowohl Feministinnen als auch Jüdinnen waren, vor ein schwerwiegendes Dilemma. Der größte Teil der Frauenbewegung hatte ohne zu zögern Partei für die palästinensischen Schwestern ergriffen. Doch wo standen wir? Unterstützten wir Israel und den Zionismus – und schwammen damit gegen den feministischen Strom –, oder sollten auch wir uns gegen Israel stellen, im Namen einer übergreifenden feministischen Politik? Waren wir in erster Linie Feministinnen oder Jüdinnen? Wie konnten wir sowohl unserem Feminismus als auch dem Wissen von uns selbst und unserer Geschichte treu bleiben?

Unsere Antwort war die Suche nach einem Selbstverständnis, das beides in Einklang brachte: Wir wollten uns so weit wie möglich von Israels Ausschreitungen distanzieren, aber dennoch als Jüdinnen unter dem Dach der feministischen Bewegung bleiben. Und indem wir die Aufmerksamkeit auf uns als die Opfer einer besonderen Unterdrückung – des Antisemitismus – lenkten, bestärkten wir *unseren* Anspruch auf feministische Solidarität und änderten damit die Schwerpunkte der Diskussion.

In einem Zeitraum von fünf Jahren ist eine ganze Subkultur gewachsen – mit unserer eigenen Zeitschrift, *»Shifra«* (zumindest eine Zeitlang), unseren eigenen Konferenzen, Arbeitsgruppen usw. –, die unser »Coming Out« als *jüdische Feministinnen* fordert, uns auffordert, unsere Geschichte zu reklamieren, uns unsere Traditionen und Bräuche wieder anzueignen, unsere Sprache wiederzubeleben, unsere Symbole mit Stolz zu tragen und unsere Heldinnen neu zu entdecken.

Doch durch die Betonung des herrschenden Antisemitismus und der Notwendigkeit, uns unsere doppelte Unterdrückung – als Frauen und als Jüdinnen – bewußt zu machen und eine Identität in dieser »neuen Diaspora« zu finden, umgingen wir es, Stellung zu den entscheidenden Widersprüchen zu beziehen, die durch die Realität des Nahen Ostens aufgeworfen werden.

Die Aussparung Israels

Wenn die Rede auf Israel kam, wichen wir allem aus, was unsere Politik in Frage stellen könnte. Wir argumentierten, daß Israel sich in der Tat barbarisch verhalten hatte, dies aber in erster Linie die Angelegenheit der Israelis, nicht die der Juden/Jüdinnen generell sei. Wir hatten mit der Gründung Israels nichts zu tun gehabt, hatten dort keine Stimme, konnten dafür nicht verantwortlich gemacht werden. Doch damit ignorierten wir, daß Israel sich sehr wohl auf alle Juden/Jüdinnen bezieht, daß es in unserem Namen spricht und seine Handlungen damit rechtfertigt, daß es unser aller Überleben zu sichern gälte.

Unsere fehlende Stellungnahme war in Wirklichkeit selbst eine Stellungnahme; jedesmal, wenn die Bewegung gegen Israel oder für PalästinenserInnen eintrat, konterten wir mit der Forderung nach Solidarität für uns.

Eine andere Weise, als Feministinnen auf Israel zu reagieren, war, es wie jedes andere Land zu behandeln und die massiven internationalen Probleme Israels lediglich unter dem Aspekt der verschiedenen Ausdrucksformen männlicher Macht zu sehen. Wenn wir also die schlechte Behandlung von Lesbierinnen in Israel oder seine Anti-Abtreibungs-Position anprangerten, sahen wir nur, daß damit den Frauen Freiheiten verweigert wurden; es entging uns, daß dies mit Israels grundlegendem Charakter als Kolonialmacht zusammenhängt, die auf hohe Bevölkerungszahl angewiesen ist, um eine *jüdische* Kontrolle Israels und der besetzten arabischen Gebiete aufrechtzuerhalten.

Viele von uns sahen sich gezwungen, sich gegen bestimmte Handlungen Israels – besonders seine Außenpolitik – auszusprechen, doch eine weitergehende Kritik wollten die meisten nicht äußern. Und obwohl einige von uns Sympathie für die Notlage der PalästinenserInnen bekundeten, konnten wir uns nicht entschließen, die Idee von Israel *als ausschließlich jüdischem Heimatland* fallen zu lassen. Der Tenor innerhalb des jüdischen Feminismus war (in Anlehnung an die Bewegung in den USA), Anti-Zionisten, besonders feministische, des Antisemitismus zu beschuldigen.

Antizionismus = Antisemitismus

Für Bev Gold, die im Zentrum der Spaltung in »Spare Rib« stand, war Antizionismus »nichts weiter als ein Deckmantel für Antisemitsmus«.[1] Die US-amerikanische jüdisch-feministische Arbeitsgruppe »Di Vilde Chayes« sah im Zionismus »eine Strategie gegen Antisemitismus und für das jüdische Überleben«; und da »Antizionismus die Auflösung des Staates Israels verlangt, ... (was) dem Anwachsen des Antisemitismus überall in der Welt Tür und Tor öffnen und alle Juden/JüdInnen in Gefahr bringen würde«, sei »jede antizionistische Position antisemitisch.«[2]

Die zentrale Rolle, die das Überleben – das physische Überleben wie auch die Aufrechterhaltung einer spezifischen jüdischen Identität – im jüdischen Denken und Schreiben spielt, fand auch in feministischen Büchern und Artikeln ihren Ausdruck. Deshalb war es nicht verwunderlich, daß das jüdische Establishment in Großbritannien (das sich nicht gerade durch Fortschrittlichkeit oder feministische Prinzipien auszeichnet) eifrig diejenigen jüdischen Feministinnen unterstützte, die ihre nichtjüdischen Schwestern heftig wegen ihres (angeblich) antisemitischen (und deshalb unschwesterlichen) Verhaltens tadelten.

Doch unter Antisemitismus verstanden die jüdischen Feministinnen, die dagegen zu Feld zogen, mehr als nur die antizionistische Haltung gegenüber Israel. Manche fühlten sich an den Rand gedrängt und ausgeschlossen von einer dominanten nicht-jüdischen Kultur, die der jüdischen Realtität zuwenig Beachtung schenkte und ihre eigene Art des Antisemitismus praktizierte. Ein solcher Antisemitismus mußte nicht offen oder physisch sein, er war oft unterschwellig und schwer festzunageln. Die US-Autorin Irena Klepfisz beschrieb ihn als den »Antisemitismus der Nichtbeachtung oder Trivialisierung jüdischer Realität und jüdischer Unterdrückung«.[3] Jede Form des Antisemitismus war gefährlich, das hatte der Holocaust gelehrt, betonten jene Feministinnen. Die Dringlichkeit, eine positive jüdische Identität aufzubauen, war untrennbar verknüpft mit der Aufgabe, Antisemitismus aufzudecken, bloßzustellen und zu bekämpfen. Und die Frauenbewegung wurde aufgefordert, diese Unterdrückung anzuerkennen und uns in *unserem* Kampf zu helfen, so wie sie das bei jedem anderen Fall von Frauenunterdrückung tun würde.

Die Theorie der gleichen Unterdrückung

Als Feministinnen betrachten wir es als falsch, eine Rangordnung der verschiedenen Arten von Unterdrückung aufzustellen. Es ist möglich (und nötig), sich in gleicher Weise gegen Rassismus und gegen Antisemitismus zu wenden. Einige jüdische Feministinnen gingen jedoch weiter und setzten die jüdische Erfahrung von Rassismus der der Schwarzen gleich (was bestärkt wurde durch den Hang linker Stadtverwaltungen, alle ethnischen Gruppen gleichzusetzen, gleich zu behandeln und in gleichem Umfang zu finanzieren und dies dann Anti-Rassismus zu nennen!). Und da der radikale Feminismus den Begriff des Rassismus personalisiert, d. h. auf ein Problem von verinnerlichten Verhaltensweisen reduziert hatte und den Zusammenhang mit institutionalisierten Strukturen staatlicher Macht und Ausbeutung ausklammerte, schien die Gleichsetzung von Rassismus und Antisemitismus plausibel.

Doch wurde dabei nicht berücksichtigt, wie Ideen, auch die bigottesten, durch materielle Erfahrungen geformt werden; noch wurde der Versuch gemacht, anstelle einer abstrakten Gegenüberstellung die jeweils spezifischen Ursprünge, Geschichte und sich wandelnden Ausdrucksformen miteinander zu vergleichen. Denn wenn wir das tun, sehen wir den Unterschied. Die westlichen kapitalistischen Gesellschaften entstanden auf der Grundlage von Rassismus gegen Schwarze – Sklaverei und Kolonialismus – und sind immer noch von der Ausbeutung nicht-weißer Menschen im eigenen Land oder anderen Ländern abhängig. In den meisten westlichen Ländern ist Rassismus in den staatlichen Strukturen institutionalisiert: in den Gesetzen (z. B. Einwanderungsgesetze), im Strafrechtssystem und in staatlichen Dienstleistungssektoren wie z. B. dem Gesundheits- und Ausbildungswesen. Im großen und ganzen sind die Schwarzen der ärmste Bevölkerungsteil, sie haben die schlechteste Ausbildung, die miesesten Wohnungen und die höchste Arbeislosenquote. Die Verarmung nicht-weißer Menschen ist ein anhaltendes weltweites Phänomen, das seinen Ursprung in einem Weltsystem hat, das auf der symbiotischen Verbindung von Rassenunterdrückung und Ausbeutung basiert und davon profitiert.

Obwohl wir in vielen Jahrhunderten und in vielen Ländern massiv verfolgt wurden, bis hin zum »modernen« europäischen Antisemitismus und versuchtem Völkermord, sind wir zum jetzigen Zeitpunkt in den westlichen Gesellschaften nicht mit dieser Art systematischer Ausbeutung konfrontiert, die Schwarze und Menschen aus der Dritten Welt zum »Bodensatz« der Gesellschaft macht und droht, sie auch in Zukunft dort unten zu belassen. Wir sind natürlich mit individuellen Vorurteilen konfrontiert, und für die Faschisten sind wir immer noch der Erzfeind, doch es gibt keine vergleichbare systematische Diskriminierung gegen uns. Und die Mehrheit von uns gehört nicht mehr zur Arbeiterklasse; wir sind »Aufsteiger« und gelten als assimilierbar, unabhängig davon, ob wir selbst uns assimilieren wollen oder nicht.

Da die Verbindung zwischen Rassismus und Imperialismus für die meisten Schwarzen gelebte Erfahrung ist, die sie direkt mit den Kämpfen aller Völker der Dritten Welt verbindet, können sie den Staat Israel nur als Vertreter des westlichen Imperialismus, als Kolonialstaat und Unterdrücker nicht-weißer Menschen sehen.

Identität oder Befreiung?

Die Identität, die sich jüdische Feministinnen geschaffen haben, ist labil und anfällig und dient letztendlich nicht einmal dazu, uns von Israel und den davon aufgeworfenen Problemen zu distanzieren. Dies liegt daran, daß wir wie viele andere Juden und Jüdinnen falsche Schlüsse aus der Geschichte unserer Unterdrückung ziehen. Wir neigen dazu, die Vergangenheit (den Holocaust) in die Gegenwart hineinzulesen und sogar in die Zukunft – und betonen dabei, daß sich die Geschichte für uns, und nur für uns, wiederholen wird. Und dies ist wenig hilfreich, wenn wir dafür sorgen wollen, daß andere Gruppen vor anderen potentiellen Holocausts geschützt sind. Genausowenig können wir allen Ernstes Israel aus unserer Geschichte ausklammern, wenn Israels Sichtweise heute vom Judentum weltweit geteilt wird und Israel in unserem Namen spricht. Wenn wir nicht in Worten und Taten einen deutlichen Trennungsstrich zwischen der Unterstützung Israels und dem Jüdischsein ziehen, wie können wir dann erwarten, daß die Nichtjüdinnen den Unterschied sehen?

Israel verkörpert den klassischen Fall eines unterdrückten Volkes, das zum Unterdrücker geworden ist. Unsere Erfahrung sollte uns für alle anderen Formen der Unterdrückung sensibilisieren, nicht zuletzt für die, die in unserem Namen begangen wird. Durch die Betonung der Notwendigkeit, unsere eigene persönliche Unterdrückung zu begreifen, sind wir jüdischen Feministinnen auf die besonderen Umstände dieser Erfahrung fixiert geblieben. Wir haben Identitätssuche zu einem Ersatz für Befreiung gemacht.

Statt zu fragen, wem Identität dient, statt sie als Mittel zum Zweck zu sehen, wird sie als Endziel begriffen, sogar als politischer Akt des Widerstands.

Aber: »Wir müssen herausarbeiten, wie unser Jüdischsein von unserem Standpunkt aus und dem anderer Personen unser Leben beeinflußt«, schreibt Dena Attar, »nicht um uns um so fester in unsere neugefundene jüdische Identität einzuwickeln, sondern damit wir wirksamer für unsere Zukunft als Frauen und die Zukunft aller Frauen kämpfen können.«[4]

Mit anderen Worten, wir können unsere Identität nur in unseren Handlungen erfahren und bestärken. *Wir sind, was wir tun.*

1) »Sisters in despair«, Jewish Chronicle, 20. Mai 1983
2) zit. in: Alliance against Women's Oppression, Zionism in the Women's Movement. San Francisco, Oktober 1983
3) Irena Klepfisz, Anti-Semitism in the Lesbian/Feminist Movement, in: Evelyn Torton Beck (ed.), Nice Jewish Girls. Trumansburg 1982
4) Dena Attar, Why I am not a Jewish feminist, in: Shifra, No. 2, Shavuot, 5745, Mai 1985

Pearle Wilson
Wir haben keine Chance, aber wir nutzen sie

Im Jahr 1948 landete das erste Einwandererschiff von den karibischen Inseln, die »Windrush«, im Hafen von London. Dies war der Beginn einer Einwanderungswelle von den »Westindies«, aus Jamaica, Trinidad, St. Lucia, St. Vincent, Barbados, Monserrat, Antiqua, St. Kitts, Grenada, Dominica. Die »Windrush« wurde die »Mayflower« der schwarzen britischen Immigranten. Am Anfang wurden die Einwanderer willkommen geheissen im »Mutterland«, sie wurden gebraucht, um die Dienstleistungsindustrien wie Krankenhäuser, »London Transport«, »British Rail« mit ihrer Arbeit zu stützen. In den folgenden Jahren wuchs der rassistische Widerstand gegen die wachsende Anzahl von neuen schwarzen britischen Bürgern, und ihr Leben wurde immer schwieriger. Heute sind etwa 4 Prozent der Londoner Bevölkerung schwarz, die meisten von den Karibischen Inseln, aus Afrika, Pakistan, Bangla Desh und Indien. Viele Stadtteile von London haben einen neuen Charakter angenommen. Brixton in South London hat eine sehr starke und kulturell gut organisierte afro-karibische Bevölkerung, ebenso Dalston im East End und Tottenham im Nordosten Londons. Southall in West London hingegen und Mile End im East End sind überwiegend von Pakistani und Bangla Deshis bewohnt. Das Gesicht, die Küche und langsam auch die kulturelle Szene Londons verdanken diesen neuen Einflüssen eine neue Dimension. Dies ist der Bericht einer jungen Frau der zweiten Generation dieser Einwanderer.

»Young, gifted and black«

Während meiner ganzen Jugend in London fragten die Leute mich oft, ob ich aus Jamaica sei. Man nahm allgemein an, daß Schwarze aus Jamaica oder aus Nigeria waren, und das war für mich, eine Engländerin, deren Eltern aus St. Lucia kamen, sehr frustrierend. Außerdem sprachen sie es immer falsch aus – St. Lu-si-a anstatt St. Lu-scha. So hatte ich immer den Eindruck, daß die Weißen, obwohl sie alle Macht hatten, doch sehr unwissend waren.

Ich hatte nie ein Problem mit meiner Hautfarbe, ich war schon immer stolz darauf. Meine Kindheit fiel in die Zeit der amerikanischen Bürgerrechtsbewegung, und obwohl meine Eltern nicht besonders militant waren, wuchs ich wie viele andere Kinder meiner Generation in dem Bewußtsein auf, daß es o. k. sei, schwarz zu sein, obwohl wir nicht genau wußten, warum. Diese Zeit war auch die Glanzzeit von Tamla Motown, und deshalb sahen wir oft schwarze Sänger in Sendungen wie »Top of the Pops«. Ich sah Stevie Wonder, die Supremes und die Four Tops im Fernse-

hen, hörte sie im Radio, und auch meine Mutter sang diese Lieder. Ein Lied, das uns damals viel bedeutete, war »Young, gifted and black« – eine Art »Nationalhymne« der jungen Schwarzen dieser Zeit. Nein, ich kann nicht sagen, daß meine Hautfarbe mir je beschwerlich gewesen sei, sie gefiel mir immer schon gut.

Viel schwieriger war es, meine Nationalität, die Tatsache, in diesem Land geboren zu sein, zu akzeptieren. Wenn man aufwächst mit Geschichten von Bäumen, die sich unter der Last ihrer exotischen Früchte beugen, die süß und saftig waren, vom Meer, den Wellen, dem Sand, wo wir spielen konnten, den Liedern, die meine Mutter von ihrer Mutter gelernt hat, dem Land, in dem die Sonne jeden Tag scheint und wir barfuß laufen konnten, ist Nord-London ein trauriger, grauer Ort für eine Kindheit. Zu Hause – nach Hause – mit diesen Worten meinen meine Eltern, Onkel und Tanten immer St. Lucia. Und ich fragte mich, warum meine Eltern mich hier zur Welt brachten, und ich nicht teilhaben konnte an diesem »Zuhause«. Ich wollte nicht englisch sein, obwohl ich oft merkte, daß meine Eltern dies für ein Privileg hielten und hofften, mein Leben würde dadurch einfacher als ihres. Und daß mir die Kälte nicht soviel ausmachen würde wie ihnen. Weil ich ja hier geboren war.

Mein Geburtsort hatte einen hübschen Namen: The Angel, Islington. Das Krankenhaus hieß »The Royal Free«, in der Liverpool Road. Diese Einzelheiten waren für mich als Kind sehr wichtig. Royal. Free. War es denn ein königliches Krankenhaus? Gab es dort alles umsonst? Der Name Liverpool Road verleitete mich lange zu der Annahme, ich sei in

Liverpool geboren, bis meine Mutter mich irgendwann aufklärte, ich sei ganz normal in London geboren. Das traf meine Identität mehr als die Frage der Hautfarbe.

Von Angel zogen wir in mehrere kleine dunkle Zimmer um, in denen wir auf Campingkochern unsere Mahlzeiten zubereiteten. Was mir erst später klar wurde, war, daß in dieser Zeit meine Eltern sich halb zu Tode arbeiteten – mein Vater in einer Fabrik und meine Mutter im Krankenhaus als Schwesternhelferin –, um ein Haus zu kaufen, in dem ich und meine kleine Schwester geborgen aufwachsen konnten.

Unser Haus war Nr. 16, Ormond Road, N19. Es hatte einen Garten, und wenn man die großen Verbindungstüren zwischen dem vorderen und dem hinteren Zimmer im Erdgeschoß aufmachte, konnte man vom Vordergarten die Birnbäume im hinteren Garten sehen. Für uns Kinder war dieser Garten riesig groß, und es dauerte ein paar Jahre, bevor wir es wagten, die hinteren bemoosten Ecken zu erforschen. Oft saßen wir einfach in dem Wintergarten hinter unserer Küche und sahen hinaus auf die blühenden Bäume; wir hatten nicht verstanden, daß an diesen Bäumen Birnen wachsen, bis unser Vater hinausging und uns ein paar pflückte. Wenn ich jetzt zurückdenke, wird mir klar, daß wir die glücklichsten schwarzen Kinder waren und unsere Eltern sich abrackerten, um uns einen Abglanz von St. Lucia in London zu geben.

Wir waren die einzige schwarze Familie in unserer Straße. Wir Kinder bemerkten das nicht, aber unsere Eltern hatten es nicht gerne, daß wir auf der Straße spielten, und sie trauten den anderen Kindern nicht, weil sie dachten, die wollten nur in unserem Haus herumspionieren. So spielten meine Schwestern und ich den größten Teil der Sommerferien alleine im Garten.

Diese idyllische Kindheit endete abrupt mit der Trennung meiner Eltern. Es folgten einige schlimme Jahre, wo wir Kinder mit meiner Mutter im Oberschoß und mein Vater im Erdgeschoß lebten. In diese Zeit fallen drei wichtige Ereignisse: Ich überlebte meine Pubertät, ich entdeckte Jungen, und ich entdeckte Musik.

Bald fand ich heraus, daß mir meine musikalische Bildung mehr Spaß machte als die Jungen, und ich verbrachte praktisch jede wache Minute mit meinem Radio, am Tag mit »Black Londoners« auf BBC1 und nachts mit »Fab 208« auf Radio Luxemburg. Ich entdeckte Michael Jackson und die Jackson Five, Diana Ross und Aretha Franklin (wieviel Musik ist mir wohl entgangen?). Als »Capital Radio« startete, hörte ich mir jeden Samstag die Reggaesendung an. Zu dieser Zeit schrieb ich mein erstes Gedicht und gewann damit einen Preis in der »Black Londoner«-Sendung – eine Reggaesingle. Ich habe sie immer noch. Sie ist eine der wenigen Preise, die ich gewonnen habe.

Damals hörte ich auch zum ersten Mal von Bob Marley, und ich sah zum ersten Mal einen Rastamann. Ich weiß noch, wie fasziniert ich war von den »Dreadlocks« des Reggae-Königs. Ich glaube, das war mein erster Schritt auf dem Weg zu Rastafari.

Am letzten Tag des November 1976, nach dem langen, langen heißen Sommer und den Unruhen beim Karneval in Notting Hill zogen wir aus dem Haus aus. Wir nahmen nichts mit und zogen erst einmal in ein Frauenhaus. Dort verbrachten wir eine Wohlfahrtsweihnacht mit Spenden, und die drei Monate danach sind mir eine unangenehme Erinnerung. Wir waren meist die einzige schwarze Familie dort, und ich fühlte mich besonders fehl am Platze. Kurz nach meinem 16. Geburtstag zogen wir um in unsere neue Sozialwohnung. Aber ich blieb nicht lange dort – ich zog aus, um mein Leben so zu leben, wie ich wollte: als Rastafari. Ich packte all meine Sachen, einschließlich einem Stapel Hefte mit meinen Gedichten, und zog bei meinen »älteren Schwestern« ein, die ich im »Hackney College« kennengelernt hatte.

Als ich Asher kennenlernte, war sie seit sieben Jahren eine Rastafari. Sie hatte eine 2-jährige Tochter, und sie war mein Idol. Ich erlebte eine ganz neue Welt. Wir verbrachten viel Zeit zusammen, und da wir beide gerne zeichneten, besorgten wir uns im College Pastellkreiden und malten Bilder von Löwen, Kindern mit »Dreadlocks«, Männern, die Konga-Trommeln spielten, und nebenbei machten wir Musik und rauchten Spliff. Sie zeigte mir, wie man einen Spliff dreht. »Wenn du nicht drehen kannst, kannst du nicht rauchen«, sagte sie. Ich lernte es sofort. Asher half mir nicht nur über die Trennung von meiner Familie und die Arbeitslosigkeit hinweg, sondern sie gab mir die Grundlage für meinen Glauben. Als ich mein erstes Kind erwartete, hatte sie schon drei. Sie machte den Führerschein, suchte sich Arbeit und schaffte es, sich als alleinstehende Mutter durchzusetzen. Ich denke oft, ich habe es nur ihrer Kraft und ihrem Vorbild zu verdanken, daß es mir nicht so ergangen ist wie vielen typischen Rastafrauen – viele Kinder, kein Geld, keine Arbeit, kein Leben, nur Hausarbeit.

Ich hatte zwei Kinder, bevor meine Beziehung kaputtging. Nach einer Pause von fünf Jahren kehrte ich zum Gedichteschreiben zurück. Ich lieh mir eine Schreibmaschine aus und arbeitete an einer Sammlung meiner Gedichte, die ich über die Jahre geschrieben hatte, und schrieb neue dazu. Ich vergaß die Hausarbeit, ignorierte meine lärmenden Kinder, saß wochenlang bis spät in die Nacht am Schreibtisch, und schließlich war das Buch fertig. Ich brachte es zu »Centerprise«, einem Verlag, der unbekannten Schriftstellern eine Chance gibt. Sie luden mich ein, an einem ihrer Schriftstellerworkshops teilzunehemen, und lasen mein Manuskript mit großem Interesse. Ich ging nun alle zwei Wochen zu diesem Workshop – was nicht einfach zu organisieren war – und war zutiefst dankbar für die positiven Reaktionen der anderen Teilnehmer, als ich meine

Gedichte vorlas. Ihr Beifall bedeutete mir mehr als alles andere. Das Resultat dieses Workshops war ein Buch, das wir »Not All Roses« nannten. Nun machte Centerprise sich daran, mein Buch zu veröffentlichen.

Zu dieser Zeit war ich, nach einer kurzen Zeit in einem »Community Programme« (von der Regierung finanzierter Job), wieder arbeitslos. Ich begann mich damit abzufinden, daß ich wohl für längere Zeit auf Arbeitslosengeld angewiesen sein würde, da es keine Arbeit gab, die meine zwei Kinder berücksichtigte.

Ich fing an, ernsthaft Baß spielen zu lernen. Der Klang des Basses hatte mich immer schon besonders berührt, deshalb gefallen mir wohl Soul und Reggae besonders gut. Anfangs brachte ich es mir selbst bei, auf den tiefen Seiten meiner akustischen Gitarre, bis ich einen Sommerkurs entdeckte, wo ich es lernen konnte, obwohl ich keine eigene Baßgitarre hatte. Außerdem hatten sie eine Kindergruppe, wo ich meine Kinder lassen konnte. Nie hat mir mein Leben mehr Spaß gemacht. Wir arbeiteten 12 Tage intensiv und spielten dann in der Vorhalle eines Theaters an der South Bank. In diese Zeit fiel auch meine erste öffentliche Lesung. Dort lernte ich meine Freundin Angie kennen, die eine Baßgitarre mit Verstärker besaß, und da wir nahe beieinander wohnten, sahen wir uns oft und spielten zusammen. Sie kommt jetzt zu allen meinen Lesungen, die sich auf die Finanzen meiner Familie auch ganz angenehm auswirken.

Durch meine Teilnahme an dem Sommerkurs entdeckte ich ein Projekt für arbeitslose Jugendliche, das weitere Musikworkshops anbot. Wieder schaffte ich es, meine Kinder so zu organisieren, daß ich einmal die Woche zu den Workshops ging. Damals ahnte ich nicht, daß ich in weniger als einem Jahr diesen Workshop selbst organisieren und eine bezahlte Angestellte in diesem Projekt sein würde. Als mir der Job angeboten wurde, war ich glücklich und wie betäubt – ich konnte es nicht glauben. Und ich merkte, daß mir die Jugendarbeit sehr liegt.

Wenige Monate danach wurde die Anthologie »Not all Roses« herausgegeben, und kurz danach mein eigenes Buch »Scribe Sistren«. Dieses Buch hat mir viele Türen geöffnet, und ich bin sicher, daß dies für mich der beste Weg ist.

Joan Blaney

Ein Kampf um Anerkennung

Ich kam von Port Antonio, Jamaica, nach England, als ich neun Jahre alt war. Nach der Mittelschule wurde ich Sekretärin und arbeitete in dem Job fünf Jahre lang; dann hatte ich keine Lust mehr zu den banalen Büroarbeiten und beschloß, Krankenschwester zu werden. Ich machte im »Queen Elizabeth Medical Centre« in Birmingham meine Ausbildung. Ich hörte damit auf, weil ich mit meinem Mann ein kleines Geschäft aufmachte.

Nachdem meine Tochter geboren war, überlegte ich, wieder als Krankenschwester zu arbeiten, und sah im Fernsehen eine Werbung für eine Rehabilitations-Einrichtung, die noch HelferInnen suchte. Sie arbeiteten mit mittel- und arbeitslosen Menschen und machten eine Art Sport-Therapie. Das gefiel mir. Ich bewarb mich und bekam auch sofort den Job. Obwohl meine eigentliche Ausbildung als Krankenschwester gar nicht gefragt war, gefiel mir diese Arbeit sehr, und als die Stelle einer Leiterin der Sport-Gruppe frei wurde, bewarb ich mich und wurde genommen. Nach neun Monaten wurde ich Leiterin der Gemeinde-Sport-Einrichtung in Wolverhampton, in einem Viertel, wo hauptsächlich Schwarze wohnen.

Das Hauptproblem lag darin, arbeitslose Jugendliche und Arme von der Straße weg in unser Projekt zu holen und mit ihnen Sport zu machen. Da Frauen in dieser sozialen Situation nicht »auffällig« werden, kamen sie auch nicht. Außerdem haben schwarze Frauen wenig Interesse für konventionelle Sportarten, und junge Frauen sind am schwersten für Sport zu motivieren.

So war meine Hauptabsicht, als ich Afrikanischen Tanz anbot, auch nicht meine Verbindung zu Rastafari-Frauen oder mein Interesse an Afrikanischer Kunst. Denn wie viele westindischen schwarzen Frauen habe ich keine klare Vorstellung von einer afrikanischen Identität. Mein erstes Zusammentreffen mit Afrika war bei einem Weihnachts-Spiel, das in meiner Schule in England aufgeführt wurde. Ich wurde gebeten, mitzuspielen. Ein Junge aus meiner Klasse kam im Pausenhof auf mich zu und sagte: »Sie wollen, daß wir Afrikaner spielen, die drei afrikanischen Könige!« Er war ganz aufgelöst und den Tränen nah.

Am nächsten Tag kam »der dritte König« des Krippenspiels zu mir und sagte, ihre Mutter sei ziemlich bestürzt darüber, daß sie einen Afrikaner spielen solle und wolle deshalb mit den Verantwortlichen der Schule sprechen. Mich störten die Gefühle meiner »königlichen Kollegen« nicht; für mich war es viel wichtiger, beim Spiel mitmachen zu dürfen. Ich denke mit Vergnügen an diese Geschichte, aber sie zeigt auch, wie empfindlich wir West-Indischen Schwarzen sind, wenn wir mit Afrika in Verbindung gebracht werden.

Diese Schwierigkeiten hatten die Rastafari-Frauen nicht, weil sie ohnehin schon auf ihre afrikanischen Wurzeln zurückgriffen und eine afrikanische Identität aufbauten.

Als ich in meiner Funktion als Sportleiterin einmal eine junge Rastafari-Frau ansprach, war sie so desinteressiert, wie ich es mir gedacht hatte. Als ich aber Afrikanischen Tanz erwähnte, war sie sehr interessiert und wußte auch gleich ein paar andere Frauen, die gern mitmachen würden.

Ich nahm zu einer afrikanischen Kunst-Gruppe Kontakt auf, die Tanzunterricht geben sollte, und mietete einen Raum im Gemeindezentrum. Ich war sicher, daß es klappen würde. Mein Optimismus dauerte nicht lang, denn nicht nur zur ersten Stunde kam niemand, auch später tauchte nicht eine Frau zum afrikanischen Tanz auf. Ich war tief enttäuscht. Hatte ich zuviel erwartet? War ich zu schnell vorgegangen?

Ich traf mich mit der afrikanischen Kunst-Gruppe. Sie luden mich zu einem Abend in ihrem Zentrum ein. Ich ging hin und war überwätligt von ihrer Lebendigkeit, von den magischen und mitreißenden Trommeln. Ich wußte, ich mußte den jungen Frauen diesen Tanz nahebringen.

Am Montag sprach ich zwei junge Frauen an. Sie reagierten sehr interessiert, wie immer. Ich sagte ihnen, daß am nächsten Freitag wieder ein Tanzabend sei, und wünschte mir, ich könnte sie bezaubern, daß sie wirklich kämen. Freitag nachmittag rechnete ich eigentlich gar nicht mehr damit, daß irgend jemand auftauchen würde.

Aber die beiden jungen Frauen waren da und außerdem vier andere Frauen mit Kindern. In den nächsten Wochen wuchs die Tanzgruppe auf 14 Frauen an. Ihr erster öffentlicher Auftritt war im August 1985 vor etwa dreihundert ZuschauerInnen, und sie bekamen frenetischen Applaus.

Bei meinen Kollegen war das anders. Sie machten nur blöde Bemerkungen, wenn die Sprache auf den Afrikanischen Tanz kam. Immer wieder erinnerten sie mich daran, daß auch andere Gruppen erfolgreich waren – natürlich war ich mir dieser Tatsache bewußt, denn ich hatte diese Aktivitäten ins Leben gerufen. Ich begann mich zu fragen, ob ich in der Projektgruppe von sieben Leuten nur die Alibi-Schwarze war, die als Aushängeschild für eine gute Politik, die auch die Schwarzen integriert, dienen sollte. Ich litt sehr unter der Isolation innerhalb des Projekts und wollte eigentlich aussteigen, aber zuerst mußte ich herausfinden, warum der Afrikanische Tanz so ein Erfolg geworden war, denn allein durch intensives Training und technische Qualität ließ sich das nicht erklären.

Der Erfolg beruhte auf dem neuen Selbstbewußtsein der Frauen. Sie hatten in der Gruppe ein Selbstwertgefühl entwickelt, das ihnen immer

vorenthalten worden war. Sogar die Kinder hatten sich verändert. Aus den stillen, zurückgezogenen, scheuen Kindern waren lebhafte, verspielte Rangen geworden.

Für diese Entwicklung war ich die einzige Zeugin, und nur ich konnte mich wirklich freuen, weil sich die weißen Sozialarbeiter überhaupt nicht dafür interessierten und auch nicht begriffen, was sich hier spirituell und politisch abspielte.

Nach einer ziemlich qualvollen Zeit entschied ich mich dortzubleiben; ich war es den anderen Frauen schuldig, die in die Tanz-Gruppe kamen.

Ein paar Wochen später feuerten die weißen Kollegen des Projekts einen schwarzen Sozialarbeiter, weil sie nicht in der Lage waren, auf seine besondere Situation als Schwarzer einzugehen. Ich kündigte; ich konnte nicht bleiben, wo jemand aus rassistischen Gründen entlassen wurde. Aus der hastigen Art, wie Ersatz für mich gefunden wurde, wurde mir klar, daß sie meine Kündigung seit langem erwartet oder erhofft hatten. Die Afrikanischen Tanzstunden behielten sie bei, was mir einleuchtete, ich hatte dadurch die Teilnehmerzahl am Projekt insgesamt verdoppeln können. Bei der nächsten Session war ich bedrückt, ich hatte gegeben, was ich konnte, und es gab noch so vieles mehr zu tun. Aber jetzt ging ich und konnte auch nicht zurück. Ich kämpfte mit den Tränen. Nachdem die Trommler gegangen waren, setzten wir uns wie üblich zu einem Schwatz zusammen. Ich sagte ihnen, daß ich wegging. Absolute Stille.

»Das war's dann also«, sagte eine.

»Ich hoffe, daß jemand diese Tanz-Sessions weiterführen wird«, sagte ich. Ich mußte erklären, daß ich sie nicht verlassen wollte, sondern gehen mußte, um mit mir selbst ins reine zu kommen.

»Vorher hat sich niemand um uns gekümmert, und das wird jetzt auch nicht anders werden«, sagte eine andere Frau. Und sie hatte natürlich recht. Irgend etwas mußte geschehen.

Ich beschloß, auf meine eigene Art weiterzumachen, und das war der Anfang von »Afeme«.

Die Arbeit mit der Truppe hatte mein Bewußtsein als schwarze Frau völlig verändert. In Jamaica lernten wir in der Schule mit englischen Schulbüchern, denn die britische Kolonisation hat auch nach dem Weggang der Engländer tiefe Spuren hinterlassen. Diejenigen von uns, die in England geboren wurden, wachsen mit der Feindseligkeit der weißen Engländer auf, das wohltuende Gefühl eines »Mutterlandes England« kommt gar nicht erst auf. Im Grunde gibt nur Afrika uns Schwarzen die Identität. Afrikanische Kunst ist ein wichtiger Teil unseres Erbes und wurde entsprechend angegriffen oder ausgerottet. Hunderte von Jahren mußten die Schwarzen europäische Kultur akzeptieren und ihre Superiorität anerkennen. Gibt es vielleicht einen Zusammenhang zwischen der totalen Negierung der afrikanischen Geschichte durch die Weißen und der gönnerhaften, aber doch verächtlichen Einstellung zu afrikanischer Kunst? Manche der afrikanischen Tänze wurden seit Tausenden von Jahren immer an die nächste Generation weitergegeben, damit sind sie viel älter als beispielsweise europäisches Ballett und technisch oft genauso komplex und herausfordernd für die TänzerInnen.

»Afeme« kommt aus der Ewe-Sprache in Ghana und heißt »Heimat«. Unser Projekt »Afeme« soll den heimatlosen Schwarzen konstruktive Möglichkeiten der Identitätsfindung anbieten. »Afeme« ist als Gruppe aus dem Kampf gegen weißen Rassismus entstanden und hat keine rassistischen Ziele. Unsere Arbeit ist einfach eine Reaktion auf den Rassismus, den Schwarze täglich zu ertragen haben. Aber natürlich wurden wir schnell beschuldigt, eine rassistische Gruppe gegen Weiße zu bilden, weil nur schwarze Frauen mitmachten und weil wir keine weiße Leitung hatten. Plötzlich fanden sie uns zu radikal. Weiße Behörden finden es beleidigend, wenn Schwarze nicht mehr bereit sind, sich herumschubsen und kommandieren zu lassen. Sie finden es unerträglich, wenn wir sagen, wir sind nicht nur fähig, gute Sachen zu machen, sondern wir sind GLEICH.

»Afeme« unterscheidet sich von allen anderen sozialen Angeboten dadurch, daß es innerlich etwas verändert. Nur wer in derselben Außenseitersituation ist wie schwarze Jugendliche, kann begreifen, was sie fühlen und brauchen. Das System hat nur Interesse daran, die Jugendlichen zu entschärfen; Weiße reagieren erst, wenn ihre eigenen materiellen Privilegien in Gefahr sind und wollen eigentlich alles beim Alten lassen.

Mir sind mit der afrikanischen Kunst, mit der Musik, dem Tanz die Augen aufgegangen. Wenn wir die Menschen als gleichberechtigt empfinden wollen, müssen wir hinter die Materie schauen, denn auf der materiellen Ebene werden wir nie gleich sein. Was uns aber alle verbindet, ist Tanz, Rhythmus; das könnte die Kommunikation zwischen Schwarzen und Weißen erleichtern und die Kulturen miteinander verknüpfen.

Wenn wir als Schwarze in einer weißen Gesellschaft wirklich überleben wollen, nicht nur vegetieren, müssen wir uns auf unsere eigene Kunst, auf unsere Geschichte und unsere Kultur besinnen, und wir müssen dafür einen Ausdruck finden dürfen, der nicht zensiert wird. Rassismus basiert auf Angst und Unwissenheit. Wenn die Weißen auf die schwarze Kultur mit dem Respekt und dem Interesse blicken könnten, wie es den Schwarzen jahrhundertelang mit weißer Kultur eingebleut wurde, würde der Rassismus auch langsam verschwinden.

Bis zu diesem Tag werde ich eine stolze schwarze Frau bleiben, die für die Anerkennung ihrer Geschichte und ihrer Kultur kämpft.

Nachtrag:
Nach einer Sitzung der Gemeinde Wolverhampton, bei der alle Parteien vertreten waren und Joan ihren Standpunkt vertreten konnte, wurde ihre Gruppe anerkannt, und sie konnte weitermachen. Im letzten Moment aber wurde die Bewilligung zurückgezogen und trotz vieler Proteste und obwohl der »Guardian« und »Spare Rib« über den Fall berichteten, nicht wieder erteilt. Joan erhielt mehrere Morddrohungen. Aber sie kämpft weiter.

Sista Roots

Wörterbuch: schwarz

Neulich
habe ich mein Wörterbuch durchforstet
und sah mit eigenen Augen,
auch wenn es mich nicht überrascht hat,
die ellenlange Liste
all der Wörter,
die in irgendeiner Weise
in Form und Inhalt
mit dem Wort »schwarz« zu tun haben.

Als erstes steht da:
Gegensatz zu weiß.
Hm, hab ich mir da gesagt,
na gut.
Da steht:
Leute mit dunkler Haut.
Da steht:
böse, düster, grimmig,
zornig, bedrohlich,
dunkle Blicke,
schwarze Noten,
schwarze Listen
und Schwarzbücher.

Tödlich, finster, gerissen, haßerfüllt –
lauter Wörter, uns »dankbar« zu machen?
  Ein Neger, auf ein Sklavenschiff
gezwungen,
ist eine Amsel, ein schwarzer Vogel
(und ich dachte, die hätten Flügel,
ernährten sich von Würmern,
sängen und piepsten)
und auch der Sklavenhandel
bei dem den Reichtum sie erwarben
wurde Schwarzvogelmarkt genannt.

Die schwarze Kapuze kriegst
du aufgesetzt,
wenn du zum Tod verurteilt bist.
Gefangenentransporte – Erpressung – schwarzer Tod
– halt an –
laß mich durchatmen erst,
ich bin noch nicht am Ende.

Und nur aus lauter Jux
sah ich noch nach bei »dunkel«,
Und rate, was da steht?
Schwarz –
mehr oder weniger.

Ein Dunkler ist ein Neger,
nicht fair, gefährlich, übel,
Und der König des Dunklen
ist der Teufel
Und natürlich ist Afrika
der schwarze Kontinent
(wo all diese schwarzen Vögel herkommen).

Möchtest du noch mehr wissen?
Na, rate was?
du kannst jemandem den schwarzen Peter zuweisen

Dann wußt ich, wo ich noch nachschau'n mußte.
Ich schaute nach bei »weiß«.
Alles dort ist schön und hell,
weit und breit kein schlechtes Wort.

Diese weiße Rasse
muß die Verantwortung tragen,
charakterisiert sich durch
ihre gute Erziehung,
ist der Glanz der Menschheit,
mit ihren weißen Hexenkräften
sitzen sie in ihren Elfenbeintürmen.

Da gibts keinen Weißling,
nichts Beschämendes,
nur die Dunklen sind abstoßend.

Aus ihrer Furcht,
aus ihrem Haß
haben sie willentlich die Sprache erzeugt,
die den Glauben der Menschen täuscht
in diesem Wörterbuch
mit seinen »Ismen«
und dem ausgesprochenen Rassismus.

Während wir dafür bluten
während wir dafür bluten
(wie einst Jesus Christus)

(Anmerkung der Übersetzerin: Dieses Gedicht mußte sehr frei übersetzt werden und trifft dennoch nicht ganz das, was im englischen Original steht, denn ein Großteil der englischen Wortverbindungen und Zusammensetzungen mit »schwarz« lautet im Deutschen völlig anders und hat nichts mit schwarz zu tun.)

Meiling Jin

Eine von Vielen

Ich war chinesische Sozialarbeiterin
doch jetzt bin ich nur eine Chinesin
eine der vielen,
die hier in England leben.
Wir gehen unseren Weg
ganz schön am Rande
versuchen uns so dünn wie's geht zu machen,
um Eurer Bosheit zu entwischen.
Oder legen uns ein dickes Fell zu,
Euren Haß abzuwehren.
Oder machen uns ganz durchsichtig:
damit niemand uns sieht.

Ein seit langem fälliges Gedicht für meine Augen

Arme braune Schlitzaugen
ihr kostet mich so viel Schmerz
aber ohne euch wäre ich
vollkommen unsichtbar.

Ganz jung schon
wart ihr voller Tränen
bei der geringsten Provokation
Die Kinder neckten mich
nur wegen euch
sie haßten mich.

In Märchenbüchern
hat sie große blaue Augen
doch ihr – wurdet einfach kleine Schlitze.

Ann Greenwood

Virginia Woolf

Es sind viele Zerrbilder über Virginia Woolf im Umlauf. Eines davon schildert sie als die phantastische Königin des elitären Bloomsbury-Kreises, als geistreiche Frau von Welt, umgeben von den führenden Künstlern und Intellektuellen der englischen Linken in den zwanziger und dreißiger Jahren. Hier regiert sie eine Gesellschaft, die sich einem geistvollen Leben verschrieben hatte, angefüllt mit dem Snobismus und den Treibhaus-Kostbarkeiten der Ästheten. Diese Menschen waren besessen davon, ihre Leben bis ins Detail voreinander auszubreiten, sie schrieben Romane übereinander und porträtierten sich gegenseitig; voller Insider-Anspielungen und Selbstbewußsein achteten sie darauf, daß nur ja kein Bonmot, das auf einer ihrer Teegesellschaften gefallen war, ungenutzt verlorenging.

Die engagierte Feministin, die Schriftstellerin, die als erste die Geschlechterfrage wirklich ansprach, die Frau, die eigentlich eine Lesbe war und aufgrund ihrer Lebensumstände und ihrer Zeit von ihrer wahren Neigung abwich und die versäumte, mit ihrer polemischen Begabung für den Feminismus zu schreiben – auch dies ist nur eine Karikatur.

Ein drittes Bild, das genauso vergröbernd ist wie die beiden ersten, zeigt sie als einen klugen Kopf, ihrer Zeit weit voraus, die ihre eigene Romanform durch eine abstrakt formalistische Annäherung an die Suche nach dem wahrhaft Modernen entwickelte.

Es ist schwierig, ein einigermaßen wahrheitsgetreues Porträt von ihr zu zeichnen, angesichts all dieser Zerrbilder. Und bei dieser Frau ist es besonders schwierig, denn ihre Vielfalt und Feinheit eröffnete neue Horizonte und Tiefen in der Kunst der Biographie.

Sie wurde 1882 in eine freidenkende viktorianische Familie geboren. Ihr Vater Leslie Stephen gehörte der Tradition der Clapham-Sekte an, einer Gruppe von Reformern, zu der auch der Verfechter der Sklavenbefreiung, Wilberborce, und der Historiker Macauley zählten. Das Glaubensbekenntnis dieser Sekte lag in ihrer Verachtung für Schein und Heuchelei, ihrem Mißtrauen gegenüber Weltklugheit oder billigem Zynismus und ihrem Haß auf schäbige Motive und ein abgestumpftes Empfindungsvermögen.

Leslie Stephen war Schriftsteller, berühmt geworden durch sein »Dictionary of National Biography« [Biographisches Lexikon für Großbri tannien]. Virginia charakterisierte ihn abwechselnd als den liebenswürdigsten Mann überhaupt und als Gefühlstyrann, als typisch viktorianischen Patriarchen. Er fühlte sich für ihre Erziehung verantwortlich und erlaubte ihr, seine umfassende Bibliothek zu betreuen. Von ihm, sagte sie, hätte sie gelernt, »zu lesen, was einem gefällt, weil es einem gefällt und niemals eine Bewunderung für etwas vorzutäuschen, die nicht da ist, mit so wenigen Worten wie nötig zu schreiben und so klar wie möglich auszudrücken, was man meint«.

Julia Duckworth, ihre Mutter, war eine Schönheit, die ihre Bewunderer aus der Malergruppe der Präraphaeliten abgewiesen und einen ganz normalen Mann geheiratet hatte, der nach nur vier Jahren Ehe starb. Während ihrer Witwenzeit entfaltete sie ihre Begabung für die Krankenpflege, und als sie dann Leslie Stephen heiratete, behielt sie ihre ausgedehnten Besuche bei den Kranken bei, gleichzeitig hätschelte sie das männliche Ego ihres neuen Mannes. Mit ihrer emotionalen Ausgeglichenheit bildete sie den ruhenden Pol für die Kinder aus beiden Ehen.

Julia starb, als Virginia vierzehn Jahre alt war, ihre geliebte Stiefschwester Stella zwei Jahre später. Als 1904 auch ihr Vater starb und bald darauf ihr älterer Bruder Thoby, blieb Virginia als junge Frau mit vier »Geistern«, wie sie sie nannte, zurück. »Sie sind wie lebendige Menschen und werden durch das verändert, was man von ihnen hört.«

Zwanzig dunkle Jahre folgten, in denen sie depressive Phasen durchlebte, gequält von den »Stimmen« der Toten, mit starken Kopfschmerzen, die sie entkräfteten, oft nahe am Selbstmord. Doch dies war auch die Zeit, in der sie ein neues Leben in Bloomsbury begann, zusammen mit ihrer Schwester, der Malerin Vanessa Bell. Sie beabsichtigten, so frei zu leben, wie es ihnen der Kreis gleichgesinnter Freunde gestatten würde. Bohemiens waren sie und verspotteten alle engen moralischen Konventionen. Es war ein hartes Experiment gemeinsamen schöpferischen Lebens.

In diese Zeit fiel der Erste Weltkrieg. Instinktiv war Virginia Woolf Pazifistin; sie entwickelte eine tiefe Verachtung für das, was sie Un-Geschichte nannte. Sie empfand die Bedeutung, die Geschichtsschreiber dem leeren Prunk der Könige mit ihren goldenen Teekannen auf dem Kopf und den Streitereien der Päpste beimaßen, immer mehr als unterentwickelt und primitiv. Der »Große« Krieg war für sie einfach ein bedeutungsloses Etwas, eine leere Spanne, durch die die Zeit raste, während die Schöpfer der Zivilisation, die »Hüter der Nation« schliefen.

Sie heiratete Leonard Woolf und überwand die ersten schwierigen Jahre, in denen sie unter der Demütigung durch Leonard litt, der, typisch Bloomsbury-Stil, in einem sogenannten Schlüsselroman ein Buch über weibliche Frigidität veröffentlichte, »The Wise Virgins«.

In diesen zwanzig dunklen Jahren reifte ihr Genie, allmählich kam die reife Romanschriftstellerin ans Licht. Da sie immer von ihren »Geistern« gequält wurde, ging sie von dem Gedanken aus: »Wenn das Leben eine Grundlage hat, dann ist es das Gedächtnis.« Ihr Arbeitseifer war viktorianisch. Wenn ein Tag verging, ohne daß sie zum Schreiben gekommen war, und sei es nur in ihr umfangreiches Tagebuch – dessen fünf Bände eine lebendige Beschreibung des intellektuellen und kulturellen Lebens unseres Jahrhunderts geben –, empfand sie dies so, »als ob das Leben davonrinnen würde, wie ein Wasserhahn, der läuft«. Für sie als Schriftstellerin war jede Erfahrung von Nutzen. Über ihre lebensmüden Depressionen sagte sie: »In der Hast drückt sich etwas Krankhaftes aus, Geächtete, die wir nun mal sind ... was für alte und halsstarrige Eichen werden in uns durch den Akt der Krankheit entwurzelt.«

Und mit ihrer glühenden Ehrlichkeit konstatiert sie: »Wenn es uns am schlechtesten geht, sind wir einer echten Vision am nächsten.«

Die erste große Aufgabe, die sie sich stellte, war, ihre Kindheit wachzurufen, um eine fiktive Biographie ihrer Eltern zu schaffen. Durch den Kampf mit ihren »Geistern« war der Roman ihr *Biographie* und *Elegie* zugleich. Wie Proust, in dem sie eine verwandte Künstlerseele sah, empfand sie die verlorenen Paradiese als die wirklichen Paradiese.

So wie sie die sinnlose Geschichtsschreibung, die nur Namen und Daten vermittelt, als Un-Geschichte nicht berücksichtigte, genauso empfand sie, daß herkömmliche Biographien platt sind und nichts enthüllen. Im Gegensatz zu der Theorie von den Sternstunden arbeitete sie heraus, daß »es die wenigen wichtigen Stunden im Leben, die Erschütterungen der Selbstenthüllung sind, die das Gerüst des Lebens bilden«.

»Die Fahrt zum Leuchtturm« gibt das Porträt ihrer Eltern wieder. Ihr Vater stellte sie dabei vor geringere Probleme als ihre Mutter. Wie sollte sie sich ihr nähern, »einer Frau mit so herausragenden Eigenschaften, die keine aufschlußreichen Worte oder Aussprüche hinterlassen hatte»? Es wäre zu vereinfachend, sie als den selbstaufopfernden viktorianischen guten Geist des Hauses mit einem Übermaß an fraulicher Anteilnahme darzustellen, ohne zu versuchen zu entdecken, wie ihre Mutter mit sich selbst umgegangen war und was ihr ihre Ehe in Wirklichkeit bedeutet hatte. Ihre Schwester Vanessa sagte von dem fertigen Porträt ihrer Mutter in der »Fahrt zum Leuchtturm«: »Es ist, als würde ich ihr noch einmal begegnen, als würde ich mit ihr zusammen unter den gleichen Bedingungen aufwachsen, und die Fähigkeit, sie auf diese Art und Weise zu sehen, ist für mich das erstaunlichste schöpferische Kunstwerk.«

Virginia hatte sich diese schwierigen Aufgaben gestellt und stieß dabei auf die ständige Spannung zwischen innerer Wahrnehmung und den gebräuchlichen Ausdrucksformen. Der Schreibstil, den sie daraus entwickelte, war poetisch und eindringlich. Das war keine theoretische Entdeckung. Immer widersetzte sie sich dem, was sie die Ehrfurcht vor dem Cambridge-Rationalismus und das Zerstückelungswerk männlicher Logik nannte. Sie stellte sogar das Prestige des theoretisierenden Verstandes insgesamt in Frage. Auch das Schreiben um des Schreibens willen, »dieser metallische und im herkömmlichen Sinn brillante Stil« des Historikers und »Schönschreiblings« Lytton Strachey, dem Großen Alten Mann der Bloomsbury-Gruppe, war ihr zuwider. Sie dagegen strebte nach »einem Satzbau, den wir den psychologischen Satzbau des weiblichen Geschlechts nennen könnten. Er ist von der Struktur her viel elastischer als der alte, bis zum Äußersten dehnbar, fähig, die subtilsten Einzelheiten festzuhalten und die vagesten Formen zu umfassen.«

»Die Fahrt zum Leuchtturm« war nicht ihr erster veröffentlichter Roman. »The Voyage Out« und »Mrs. Dalloway« gingen ihm voraus. In diesen hatte sie den Wahnsinn untersucht und das Leben der höchsten Gesellschaftsschichten. Aber »Die Fahrt zum Leuchtturm« war die erste überzeugte Lösung für das Problem, das sich ihr durch den Schmerz über die Verluste gestellt hatte. Sie hatte einen Weg gefunden, das zu beschwören, was zugleich höchst real und höchst vergänglich für sie war – ihre »Geister« –, indem sie eine unendliche Sorgfalt für das an den Tag legte, was Henry James die »gewaltigen Kleinigkeiten« nannte. Sie hatte den Schatten der Schmetterlingsflügel festgehalten: »Das Licht eines Schmetterlingsflügels auf dem Gewölbe eines Doms – mit einem Atemhauch nur könnte es bewegt werden, aber eine ganze Pferdeherde vermag es nicht zu vertreiben.«

Der Erfolg von »Die Fahrt zum Leuchtturm« ließ sie eine Zeitlang zuversichtlicher sein; sie empfand, daß sie als allgemein bekannte Persönlichkeit kein Blatt vor den Mund nehmen müßte. In dieser Phase schrieb sie die klare Abhandlung »Ein Zimmer für sich allein«, eine Studie über die unterdrückte, sprachlose Geschichte der Frauen. Sie fragte darin, warum es keinen weiblichen Shakespeare gegeben habe. Die Antwort kannte sie aus ihren eigenen Kämpfen, eine Schriftstellerin zu werden, und aus ihren Reflexionen über ihre Mutter. Als sie über das dienstbare Wesen der Frauen, den guten Geist des Hauses sprach, sagte sie: »Ich drehte mich zu diesem Geist um und packte ihn an der Gurgel. Ich habe alles getan, um ihn zu töten … wenn ich ihn nicht umgebracht hätte, wäre es mein Tod – als Schriftstellerin – gewesen.«

»Orlando«, ein amüsantes historisches Gemälde, stammt ebenfalls aus dieser Zeit. Es ist das phantasiereiche Porträt ihrer Freundin, vielleicht auch Geliebten, Vita Sackville-West, in dem sie spielerisch die Idee der Androgynität aufgreift.

Aber die Depressionen kehrten bald zurück. Und wieder wandte sie sich der Thematik ihrer Romane zu, der unaufhörlichen Abfolge von Verfall und Wiederaufbau des Lebens. Egal welchen Erfolg sie genoß, immer strebte sie weiter in neue Erfahrungsbereiche, immer auf der Reise ins Unbekannte. »Ich muß durch meine eigene Dunkelheit schreiten und erblicke weit draußen in der Wasserwüste eine Flosse irgendeines mächtigen, untergegangenen Wesens«, schrieb sie dazu.

So begann ihr zweiter großer elegisch-biographischer Essay, »Die Wellen«, in dessen Mittelpunkt ihr Bruder Thoby steht. Sechs verschiedene Charaktere und neun verschiedene Momente, in denen sich ihrer beider Leben, von der Kindheit bis zum Alter, kreuzen, setzt sie vor den Hintergrund einer indifferenten Natur. Der völlig schematische Aufbau dieses Buches zwingt die Leserin/den Leser, diese Leben, und natürlich auch das der Leserin/des Lesers, die von allem unwesentlichen befreit sind, daraufhin zu betrachten, was an ihnen festgelegt und ewig ist.

Teilweise ist dieses Buch eine Meditation über die Clique, den engen Kreis intimer Freunde, deren Leben in- und auseinander fließen, teilweise ist es eine Bewältigung des Alterns (sie war vierzehn, als sie dies begriff), und teilweise ist es der Versuch, zu entdecken, ob diese Form von Biographie überhaupt möglich ist. Die sechs Charaktere, von denen jeder eine Art zusammengesetztes Porträt eines ihrer Freunde aus ihrem Kreis ist, sind als einzelne Aspekte eines vollständigen Charakters gedacht. Die Anregungen für die Charaktere holte sie bei sich selbst, bei ihrer Schwester Vanessa, ihrem Mann Leonhard und bei anderen Menschen aus ihrem Kreis, einschließlich Lytton Strachey, E. M. Forster und T. S. Eliot. Aber als Schlüssel wäre das zu einfach. Mit einer geradezu wissenschaftlichen Objektivität löste sie alle unwesentlichen Merkmale und Einzelheiten von den Persönlichkeiten ab, um eine poetische Geometrie der Seele zu schaffen.

Das Buch endet damit, daß sich die sechs alternden Freunde ein letztes Mal in den architektonischen Gärten von Hampton Court treffen. Der Erzähler sieht sich mit den anderen in das wirbelnde Wasser des Flusses hinein weggleiten – ein Bild, das ihren Selbstmord vorzeichnet.

Als »Die Wellen« erschien, wurde das Buch als eines der hervorragendsten Kunstwerke des modernen Romans anerkannt. Virginia Woolf schrieb weiter und hatte mit »Die Jahre« ebenfalls Erfolg. Nachdem sie fast ein Leben lang ihre persönlichen, elegischen Werke für einen kleinen Kreis geschrieben hatte, begann sie nun die Öffentlichkeit zu suchen, wollte sie sich an ein großes Publikum wenden. »Kann es denn Große Alte Frauen der Literatur geben oder nur Große Alte Männer? Ich glaube, ich sollte mich darauf einstellen, die Große Alte Frau der englischen Literatur zu sein.« Sie fing an, sich als Außenseiterin zu bezeichnen, sich als Reformerin darzustellen, die den Mißbrauch von Macht in Frage stellte. »Ich glaube nicht ans Altern. Ich glaube, daß sich nur der Blickwinkel, unter dem man die Sonne sieht, ewig wandeln wird.«

In »Drei Guineen« wandte sie sich nicht an die akademisch gebildete Frau, die, wie sie warnend feststellte, immer noch eine ganze Reihe von Werten in sich aufnahm, die einen Fingerbreit rechts oder links an ihr vorbeigingen, sondern an den erziehbaren Mann. In »Zwischen den Akten« versuchte sie ihre Leserschaft über die Schicht der gebildeten Männer und Frauen hinaus auszudehnen und die Arbeiter und die ländliche Bevölkerung, die »Graswurzeln« Englands, mit einzubeziehen.

Aber immer noch gab es diesen Abgrund, der ihr Wesen spaltete: die eine Seite aktiv und in hellem Tageslicht, die andere kontemplativ und dunkel wie die Nacht.

Der wachsende Faschismus in Europa, der Verlust von Freunden im Spanischen Bürgerkrieg, die Unvermeidlichkeit eines größeren Krieges, all dies ließ sie »wieder die stillen Sphären aufsuchen«.

Am 8. März 1941 schrieb sie in ihr Tagebuch: »Ich vermerke den Satz von Henry James: Beobachte ununterbrochen. Ich beobachte, wie das Alter kommt. Ich beobachte die Gier. Ich beobachte meine Verzagtheit. Und das bedeutet, daß alles nützlich wird.«

Sie bereitete sich damit auf eine weitere ihrer Reisen in die Imagination vor. Aber letztlich sieht es so aus, daß sie aus ihrer Verzagtheit nichts Nützliches mehr machen konnte. Drei Wochen nach diesem Tagebucheintrag ertränkte sie sich in der Ouse.

Oder war ihr Ertrinken eine weitere Reise nach draußen – hatte sie sich nicht immer irgendwie auf die Begegnung mit dem Tod, mit ihren »Geistern« vorbereitet, seit diese ihre Aufmerksamkeit weit mehr fesselten als die Lebenden?

Ihre Bücher bleiben uns. Und beim Lesen können wir uns entscheiden, ob wir sie, mit Virginia Woolfs eigenen verzweifelten Worten, für »das sich lange hinziehende Gequatsche eines gezierten, zimperlichen bourgeoisen Geistes« halten oder für das Werk einer großen Schriftstellerin, »mit sanften, tiefen Augen, in deren Tiefen sich die letzten Geheimnisse aller Dinge spiegelten«.

Tammy Walker

Frauen in den Medien

Obwohl das Bewußtsein im Hinblick auf Chancengleichheit für Frauen und ethnische Minderheiten in Großbritannien in den letzten zehn Jahren gewachsen ist, wird die Medienindustrie weiterhin von weißen Männern beherrscht. Dieser Umstand spiegelt sich ebenso wider bei denen, die auf dem Bildschirm erscheinen, wie bei den anderen, die dahinter arbeiten. Bei der BBC sind nur sechs von 165 Spitzenpositionen von Frauen besetzt, während die Frauen 87 Prozent beim Sekretariats- und Büropersonal ausmachen. Bei den privaten Fernsehgesellschaften gibt es unter 306 Kameraleuten nur zwölf Frauen, sechs Tontechnikerinnen arbeiten neben 271 männlichen Kollegen. Wie die Fachzeitschrift »Euro Broadcasting Union Review« feststellte, tauchen Frauen »deutlich weniger oft auf dem Bildschirm auf und wenn, dann nur für eine kürzere Zeitspanne, haben weniger Gelegenheit, etwas zu sagen, werden öfter beim Sprechen unterbrochen und ihre äußere Erscheinung spielt eine übertriebene Rolle«. Ein Blick auf den Abspann nach jedem Film oder auf das Ende irgendeines Fernsehprogramms zeigt das gleiche Muster: wenige Frauen in Entscheidungspositionen, in hoher Stellung oder technischen Rollen. Dagegen werden Frauen aufgeführt als persönliche Assistentinnen, Masken- und Kostümbildnerinnen.

Ob vor oder hinter dem Bildschirm – die Rollen, die Frauen zugewiesen werden, sind solche, in denen sie für andere zu sorgen oder andere zu bedienen haben, und das für wenig Geld oder sogar umsonst. Hinter den Bildschirmen halten sie die Produktion zusammen und bedienen die männlichen Regisseure und Techniker, auf dem Schirm müssen sie in die Rollen von Müttern, Hausfrauen und Sekretärinnen schlüpfen. Oder sie treten als Hostessen in Talkshows auf, wo sie das Selbstbewußtsein der männlichen Teilnehmer stärken, während sie sich selbst als intelligente menschliche Wesen verleugnen.

Dem Medium kommt eine wesentliche Rolle dabei zu, Maßstäbe zu setzen, wie Menschen ihr Leben führen sollen. Wenn Frauen ständig als ergebene, einfallslose Wesen dargestellt werden, dann verstärkt das ein Denken in Schablonen. Frauen wird nur sehr beschränkt Platz eingeräumt, ihre Sichtweise in Diskussionen einzubringen. Wird ihnen dieser Platz doch einmal zugestanden, geschieht das gewöhnlich innerhalb eines Ghettos, das mit dem Schild »Frauenprobleme« versehen ist – das gynäkologische Ghetto von Abtreibung, Kinder gebären, Gesundheit usw. Eine radikale Änderung muß stattfinden, damit Frauen Programme machen und ihre Sicht des Lebens und der Politik einbringen. »Channel 4«, der Fernsehkanal mit dem progressivsten Image, hat eine Sendung für

Frauen eingeräumt, in der sie sich eine halbe Stunde lang mit der Welt befassen dürfen. Diese Programme werden aufgrund ihres Seltenheitswertes Opfer hochgradiger Erwartung und kritischer Beurteilung, wie sie nur selten auf die meisten anderen, von Männern produzierten Sendungen zukommen. Diese Arbeit steht bei all ihrer Begrenzung auch noch unter dem Druck, nicht nur das Gleichgewicht wiederherzustellen, sondern auch zu beweisen, daß Frauen mindestens so gut, wenn nicht gar besser als Männer sind. Die Mehrzahl der Frauenproduktionen sind von »Channel 4« in Auftrag gegeben worden; aber es sind nicht sehr viele gewesen, und das war eine herbe Enttäuschung für alle, die voller Optimismus die ursprüngliche Ankündigung des Senders aufgenommen hatten, sich an spezielle Zielgruppen zu wenden, mehr Experimente zu wagen usw. Eine weitere Enttäuschung ist die lange Liste von männlichen Technikern, die oft für Programme abgestellt wurden, deren Produktion und Regie in den Händen von Frauen lag.

Es hat eine Reihe von Initiativen gegeben, das Ungleichgewicht zwischen Frauen und Männern vor und hinter den Kameras zu korrigieren. 1982 wurde das »Women's Film and Video Network« (WFTVN) gegründet. Eine Gruppe von Frauen fand sich zusammen, denen es gelungen war, technisches Können innerhalb der Medien zu erwerben. Sie berieten und unterstützten andere Frauen, die eine Ausbildung, berufliche Ratschläge oder eine Anstellung in diesen Medien wünschten. Sie beschlossen, dieses Netzwerk zu institutionalisieren und erhielten für ihre Gründung sogar einen finanziellen Zuschuß. Ihr Ziel ist, in das »Old-Boys-Network« der Medienindustrie einzubrechen, das sich mit dem Insider-Wissen einstellt.

Es gibt eine Reihe von Initiativen, die von Frauen in den unabhängigen Film- und Videoprojekten von Frauen für Frauen auf die Beine gestellt wurden. Organisationen wie »Cinestra«, »Aphra« und »Women In Synch« bieten eine Mischung von Ausbildung und Produktionsarbeit. Ausbildung kann alles einschließen von der technischen Schulung von Frauen, die eine Laufbahn in der Industrie anstreben, bis zur Ausbildung von Frauen mit Kindern, die keine feste Anstellung auf diesem Gebiet suchen können, aber etwas Kreatives tun und sich mit anderen Frauen in ähnlicher Situation treffen wollen. Einige Gruppen beschäftigen sich mit gesellschaftspolitischen Themen – z. B. »Scan Video«, die mit asiatischen Frauen arbeiten.

Es gibt zwei Film-Verleihe von Frauen, »Cirles« und COW (»Cinema of Women«). Diese Organisationen stellen immer häufiger Frauenarbeiten zu bestimmten Themenkreisen wie Sexualität, Selbstverständnis, Frauen und Imperialismus zusammen. Solche Arbeiten werden oft ergänzt durch Schulungsmaterial und dann in Kursen verwendet. Im »Rio-Cinema« in London veranstaltet das Frauen-Medien-Forschungs-Projekt ganze Reihen von Vorführungen. Das Projekt selbst sitzt im Kellergeschoß des Rio-Kinos, wo sie auch Schulungskurse veranstalten und ein kleines Aufnahmestudio unterhalten, das ausschließlich mit Technikerinnen besetzt ist. Das »Ritzy« und das »Everyman Cinema« haben ebenfalls Frauenserien innerhalb ihres regulären Programms.

Presse und Verlage
Es gibt etliche feministische Magazine in Großbritannien, die von und für Frauen herausgegeben werden. »Spare-Rib« wurde 1972 von einem Frauen-Kollektiv begonnen und hat im Lauf der Zeit viele Veränderungen erfahren. Heute ist es ein sehr erfolgreiches Hochglanzmagazin, das sich der verschiedenen Strömungen im Feminismus annimmt. Insbesondere ist es dem Herausgeberinnen-Kollektiv geglückt, Farbige mit aufzunehmen. Auch der Kreis der Leserinnen hat sich verändert, hin zu hauptsächlich jungen Frauen, die sehr oft mit feministischen Theorien noch nicht vertraut sind. Das Magazin ist bei den normalen Zeitungskiosken erhältlich.

Ein weiteres bedeutendes feministisches Organ ist »Everywoman«, das sich an arbeitende Frauen richtet und kürzlich in der vordersten Reihe einer feministischen Kampagne gegen Pornographie stand. »Trouble and Strife« (Cockney-Slang für Ehefrau), eine radikal-feministische Theorie-Zeitschrift, wird vierteljährlich von einem Kollektiv in Norwich herausgegeben. Beide sind hauptsächlich in feministischen Buchläden im Land vorrätig.

Einige linksgerichtete oder radikale Magazine wie »Marxism Today«, »New Statesman and Society« oder »City Limits« beschäftigen eine große Anzahl feministischer Schreiberinnen. Frauenmagazine wie »Vogue«, »Elle«, »Women's Own«, »Company« usw. haben einige feministische Gedanken aufgegriffen und setzen sich gelegentlich mit tatsächlichen Problemen auseinander. Ein Magazin für farbige Frauen hat sich zum Ziel gesetzt, deren augenblickliche Probleme zu behandeln, und beschäftigt sich daneben noch mit Mode und Lebensstil.

Feministische Veröffentlichungen haben in Großbritannien eine hohe Qualität. Jedes Jahr gibt es in London eine feministische Buchmesse, und Verlagshäuser wie »Virago«, »Women's Press«, »Sheba«, »Pandora« und »Onlywoman« halten einen beträchtlichen Marktanteil; sie haben einen Jahresumsatz von nahezu vier Millionen Pfund. »Virago«, das größte und älteste unter ihnen, hat viele Romanschreiberinnen wiederentdeckt, die wahrscheinlich sonst der ewigen Vergessenheit anheimgefallen wären. Die schönen grüngebundenen Bücher von »Virago« sind eine Zierde für die Regale in allen Buchläden und Bibliotheken. »Women's Press« hat einen Markt für Literatur von farbigen Frauen erschlossen, während »Sheba« vor allem Frauen aus gesellschaftlichen Randgruppen Gehör verschaffen will. »Onlywoman« gibt seit vierzehn Jahren durchweg lesbisch-feministische Bücher heraus. »Pandora«, seit 1983 im Geschäft, hat ein weniger spezialisiertes Programm. Ihre Bestseller waren ein Frauenatlas und ein Reisebuch für Frauen.

Der beste Ort, sich durch die Vielfalt von Literatur von und für Frauen zu schmökern, ist einer der vielen Frauenbuchläden im Land.

Ein kurzes Wort noch zum Rundfunk: Frauen haben außerhalb der typischen Frauen- und Gartenprogramme eine »sehr leise Stimme« im Radio, aber das tägliche Frauenprogramm im »BBC Radio 4«, »Women's Hour« von 14 bis 15 Uhr, bringt ausgezeichnete Beiträge zu Frauen- und allgemeinen Themen.

Piratensender sind rund um London sehr weit zu hören, aber sie haben bisher sehr wenig für Frauen getan. Es gibt eine gewisse Hoffnung, daß das Innenministerium einige Gemeinschaftsradiostationen in der nahen Zukunft legalisiert, in denen eine Reihe von Frauen mitarbeitet.

Margaret Edney

Humor ist weiblich
Die alternativen Komikerinnen

Besucher dieser feuchtgrauen Insel fragen sich oft, wie die Bewohner es ertragen, hier jahrein, jahraus zu leben, auf Busse zu warten, die nie kommen, in der Post fünfundvierzig Minuten anzustehen, um eine Briefmarke zu kaufen, im 14. Stock eines klapprigen Hochhauses zu wohnen, in dem der Lift nicht funktioniert?

Die Antwort ist: »With a joke!« Der englische Humor ist zu Recht berühmt, besonders seine »schwarze« Seite, die es möglich macht, über Dinge zu lachen, die eigentlich nicht mehr zum Lachen sind.

Berühmte Beispiele im Film sind die »Ealing Comedies«, deren bekanntester Exponent Alec Guinness in »Lady Killers« ist, aber wer kennt schon Irene Handl, Stanley Holloway, den wunderbaren Alistair Sim, der in den anarchischen St. Trinians-Komödien die etwas abgehobene Schuldirektorin spielt (Männer als Frauen verkleidet spielen eine große Rolle im englischen Film und Theater). Margaret Rutherford, die exzentrische Miss Marple der Agatha-Christie-Verfilmungen aus den fünfziger Jahren, hat den Sprung in die Synchronisation geschafft, aber wer hat je die rauchige Stimme von Joan Greenwood, den knappen »Middle-Class« -Akzent von Joyce Grenfell (der linkischen Verkörperung der englischen höheren Tochter mit »jolly hockeysticks« und Pferdezähnen) gehört?

Das englische Fernsehen ist voll von witzigen, guten Serien. Prunella Scales als die strenge Ehefrau in »Fawlty Towers« (ihr mahnender Ruf »Basil!« ist in die englische Alltagssprache eingegangen), Miranda Richardson als Königin Elizabeth I. in »Blackadder« oder als blondes Püppchen in der gleichen Serie (»Ich will einen richtigen Mann, einen, der weiß, wie man Handtücher faltet und wo die Bestecke sind«) und Penelope Keith als aristokratische Snobfrau in »To the Manor born« sind ein guter Grund, den Abend zu Hause vor dem Fernseher zu verbringen.

Sie haben Probleme, auch im Theater, aber sie lachen darüber. Die Theatergruppe »Spare Tyre« arbeitet seit nunmehr fast zehn Jahren am Thema Frauen, ihrem Selbstverständnis und ihrem Verhältnis zum Essen: »Es gibt so vieles, was weh tut, daß man einfach drüber lachen muß.«

Von den vielen Gruppen der letzten zehn Jahre existieren nur noch eineHandvoll, darunter »Sensible Footwear«, »Monstrous Regiment«, und Solo-Performer wie Rose English und Victoria Wood.

In den letzten zehn Jahren hat sich in England, besonders in London, eine außerordentliche Vielfalt an alternativem Kabarett entwickelt. Viele dieser Komiker hatten ihren Ausgangspunkt in unserer englischen Miniatur-Kulturrevolution, jener legendären Punk-Explosion von 1976.

In der radikalen und oft atemberaubenden Atmosphäre der Punk-Konzerte und der Benefiz-Veranstaltungen von »Rock against Racism«, die sich gegen die frech auftretende rechte »National Front« gewandt hatten, entwickelte sich eine ganz neue Art von Bühnenunterhaltung. Zuerst kamen die Schimpfpoeten wie Joolz und Attila the Stockbroker, die einfach frei auf alles losgingen, dazu der Rap-Rasta Benjamin Zephaniah und alle möglichen Neuheiten wie Jongleure, Feuerschlucker usw., die sich auf alte, fast vergessene Varieté-Traditionen beriefen.

Und dann kamen die »stand-up comediens«, eine Art Witze erzählende Alleinunterhalter. Zuerst waren sie nur ein kleiner Teil dieser Veranstaltungen, auf denen Geld gesammelt wurde für den jeweiligen politischen Notstand, aber bald hatte sich eine selbständige alternative Kabarettszene etabliert, die in den rauchgefüllten Nebenzimmern der Pubs ihre Heimat fand. In London war diese Szene am einflußreichsten, und bald wurde der »Comic Strip« in Soho zu einem der Schauplätze dieser Talente; jetzt ist er von »Comedy Store« am Leicester Square abgelöst worden. Die meisten Komiker dieser Neuen Welle waren Männer, aber es waren auch Frauen dabei. Eine der Pionierinnen, Pauline Melville, sagte: »Es war massenhaft Energie da, und die mußte irgendwie raus.« Viele von den neuen Komikern versuchten, das traditionelle Gewitzel über Schwiegermütter oder rassistische Scherze (zu vergleichen mit den Ostfriesen-Witzen im sogenannten deutschen Humor) durch etwas zu ersetzen, was politisch gefärbt und gegen das Establishment war, was aber im Ton brutal und oft obszön herauskam. In den Anfängen dieser alternativen Kabarettszene war das Publikum oft kräftig durchsetzt mit biertrinkenden Typen, die gerne die Darsteller provozierten. In diesem Klima war es für Frauen nicht einfach, sich Gehör zu verschaffen.

Eine Methode war, sich als stark und unverwundbar darzustellen und die Männer sozusagen unter der Gürtellinie anzugreifen.

Ellie Laine erzielte ihre Lacherfolge durch Rollentausch; sie nahm sich die Freiheit, genauso vulgär zu sein wie Männer, sie mit ihren eigenen erotischen Unzulänglichkeiten zu verspotten.

ER: »Wenn ich gewußt hätte, daß du noch Jungfrau bist, hätte ich mir mehr Zeit genommen.«

SIE: »Wenn ich gewußt hätte, daß du mehr Zeit hast, hätte ich meine Strumpfhose ausziehen können.«

Jenny Lecoat trat anfangs mit Kurzhaarschnitt und genagelten Stiefeln auf und spielte die aggressive Bewegungsfrau, dann fand sie heraus, daß ihre Witze besser ankamen, wenn sie ganz lieb und weiblich gekleidet war. Ihr Humor gründet sich auf dem Widerspruch zwischen feministischem Bewußtsein und den vielen Fallen, in die wir immer wieder treten. Ihr »Tip aus einer Frauenzeitschrift«: »Fühlst du dich zu dick? Versuche zwischen den Heizkörper und die Wand zu schlüpfen, und wenn du das nicht kannst, dann bist du's.«

Oder Jenny Eclair zum Thema Mütter: »Jedesmal, wenn ich meine Mutter sehe, sagt sie: Jenny, Jenny, warum trägst du nur keinen Unterrock? Ich sage: Mutter, weil ich Jeans anhabe!«

Immer mehr Frauen stehen auf den Kabarettbühnen, und es ist unmöglich, sie in ein Klischee zu pressen, jede hat ihren eigenen Stil und ihren eigenen Humor. Auf die Frage: »Glauben Sie, daß Ihre Art von Kabarett anders ist als die von Männern?« sagte Claire Dowie: »Na ja, ich kenne kaum Männer, die aufstehen und sagen, ich bin Lesbierin.«

Dawn French und Jennifer Saunders sind wohl die bekanntesten Frauen dieser Kunstszene. Sie haben inzwischen ihre eigene Fernsehserie »French and Saunders«, in der sie die beliebte »Sitcom« (»Situation Comedy«)-Formel ins Satirische wenden. Sie riskieren nicht wenig in ihren langen und oft umständlichen Stücken, die keine schnell verdaulichen Witze enthalten, und machen sich auch über die Fernsehproduktionsvorgänge selbst lustig.

Vorher hatten sie einige Stücke mit dem »Comic Strip« gemacht, eine Gruppe der talentiertesten Kabarettisten aus der Zeit des »Comedy Store«, und sie haben sozusagen eine Kabarett-Dynastie gegründet (Dawn French ist verheiratet mit Lenny Henry, dem bekanntesten schwarzen Komiker in England – auch seine Show darf man im Fernsehen auf keinen Fall verpassen). Dawn ist klein, rund, energisch und »bossy«, Jennifer ist immer etwas daneben, verträumt, langweilig. In einer Episode von »Girls on Top«, einer weiteren Fernsehserie mit dem Duo, wird sie entführt und schläfert die Entführer mit ihrem monotonen endlosen Monolog ein, ist aber zu dämmerig, um diese Chance zur Flucht zu nutzen. Stattdessen geht sie zum Supermarkt und kauft ihnen Frühstück ein.

Die Vorläuferin und das Vorbild für viele dieser neuen Kabarettistinnen ist Victoria Wood, die jetzt schon als Klassikerin gilt. Im Gegensatz zu den Frauen der alternativen Szene lernte sie ihr Handwerk in den Clubs im Norden Englands, die alles andere als alternativ waren. Auch sie hat ihre eigene Fernsehserie und ist ungeheuer populär. Für sie ist es weniger von Bedeutung, eine Frau zu sein, sie will einfach auf dieselbe Art anerkannt werden wie Jimmy Tarbuck, Ken Dodd und Benny Hill – als Komikerin. Und das schafft sie blendend, ohne deren Schlüpfrigkeit und mit viel Intelligenz. Sie arbeitet viel mit der wunderbar mimisch begabten Julie Walters und hat einen unnachahmlichen Instinkt für das Surreale.

Oft bringt sie das Publikum mit leicht hingeworfenen Bemerkungen zum Lachen: »Ich gehe schrecklich gerne zu Benetton und ziehe Sachen aus dem Regal.«

Der unstillbare Hunger im Fernsehen nach neuen Humoristen wird von manchen Leuten mit Besorgnis beobachtet. Pauline Melville befürch-

tet, daß es für das Fernsehen nur allzu leicht ist, all diesen Radikalismus zu assimilieren. »Wenn ein Kabinettsminister sagt, »Spitting Image« sei seine Lieblingssendung, frage ich mich, was hier schiefgegangen ist«.

Die etablierte Unterhaltungsindustrie ist noch immer übermäßig von Männern dominiert, sogar der sogenannte alternative Bereich hat nur einen Anteil von etwa 15 Prozent Frauen. Aber es ist ein lebendiger Bereich der Kunst, und Frauen haben Anteil daran, oft den unterhaltendsten. Jede größere Stadt in England hat ihre Kabarettbühnen oder Pubs, in deren Nebenzimmern die alternative Kleinkunst sich etabliert hat. In London gibt es Dutzende von Kabarettbühnen. Der »Comedy Store«, am Leicester Square, in dem alles anfing, ist immer noch eine Schaubühne für neue Talente. »Jongleurs«, ein Theater in Lavender Gardens, hat regelmäßige Kabarettabende, organisiert von Maria Kempinska. Das »Hackney Empire« in der Mare Street im Osten von London ist eine atemberaubend nostalgische »Music Hall« aus der viktorianischen Zeit, wo um die Jahrhundertwende legendäre Stars wie Marie Lloyd auftraten. Es wurde vor dem Schicksal anderer alter Theater bewahrt, die in Bingo- oder Billardhallen verwandelt wurden.

Alle Kabarettvorstellungen sind regelmäßig in »Time Out« und »City Limits« (für London) und im »Guardian« (in Auswahl) aufgeführt. Die Bühnen und Pubs wechseln ständig. Manche Abende sind möglicherweise nicht eben Top-Qualität. Aber hin und wieder kann man die Stars von morgen auf einer kleinen Bühne erleben. Der Erfolg kommt oft über Nacht, ganz wie im Kino. Und das Entdeckerspielen macht Spaß.

Elizabeth Wilson

Feminismus und Mode

Meiner Meinung nach ist Mode eine von vielen Spielarten ästhetischer Kreativität zur Erforschung von Alternativen. Im Grunde genommen ist Mode mehr als ein Spiel; sie ist eine Kunstform und die Symbolik für ein gesellschaftliches System.

Wenn erst einmal die Fähigkeit zu schreiben und ein reichhaltiger Schatz an visuellen, akustischen und dramatischen Ausdrucksformen vorhanden sind, dann verfügt eine Gesellschaft über eine ständig sprudelnde Quelle, mit der alle Tabus und Phantasien, alle möglichen und unmöglichen Träume der Menschheit im Modell erforscht werden können.

Das ist eine weitaus demokratischere Sicht als das elitäre Denken der Radikalen – seien es die Frankfurter Schule, Christopher Lash, Stuart und Elizabeth Ewen oder einige Feministinnen –, die Konsumentenkultur lediglich als »falsches Bewußtsein« ansehen. Das moderne Bildungssystem, das sich letztlich auf elitäre Prinzipien stützt, hat viele seiner SchülerInnen vernachlässigt. Und eben die jungen Männer und Frauen waren es dann, die nicht selten einen sehr durchdachten und ausgeprägten visuellen Geschmack entwickelt haben und eine Fähigkeit, Vorstellungen und die geschmückte Person so zu vereinen, daß sie komplexe – wenn auch oft zynische und nihilistische – Antworten auf unser heutiges Leben ergeben.

Der Preppy-Stil (Preppies: die immer sehr proper gekleideten Studenten teurer Privatschulen) in den USA, die Sloane-Ranger-Mode in Großbritannien, benannt nach dem Sloane-Square-Viertel in London SW1, wo diese Debs (Mädchen der britischen Oberschicht) und Hurra-Schreier sich aufhalten, wenn sie in der Stadt sind, sind eigentlich Selbst-Imitationen geworden. Solche Stilrichtungen wären einst in der allgemeinen Kategorie von »klassischem Chic« glatt untergegangen; damals gab es die normale Standardmode – zum Beispiel »Standard English« – und andere abweichende Moderichtungen wie den Bohemien-Stil, die sich alle ohne viel Aufhebens in die Allgemeinverbindlichkeit von schicker Kleidung einreihten. »Klassischer Chic« ist ein Widerspruch in sich; er wurde immer definiert als der »wahre« modische Stil, der über irgendwelchen rasch vorübergehenden Trends steht. Man/Frau hatte dabei eine zeitlose Gültigkeit im Auge, innerhalb derer Chic sich einem Idealzustand annähert. Heutzutage werden solche Moden belächelt, die eigentliche Idee, die dahintersteht, nämlich eine dauerhaft bestimmende Kleidermode zu schaffen, nicht mehr ernst genommen. Das verstehen die Journalisten vermutlich unter dem Begriff »Modeanarchie«: der »klassische Chic« hat ausgedient.

Etwas ist dennoch an seine Stelle getreten: eine Parodie auf den Chic, eine Stilmischung aus Kitsch und Künstlichkeit. Nicht einmal die Börsenmakler in ihren »Jermyn-Street«-Maßanzügen können sich in Zukunft noch sicher fühlen. Alle Stilarten sind heute Selbstkarikaturen. Man kann nicht mehr länger unreflektiert der perfekt gekeidete Gentleman »sein«, dessen Anzug niemand auffällt. Wir wissen heute alle so gut Bescheid über Selbstdarstellung, daß wir selbst die Andeutung eines Tricks durchschauen, der uns von zielgerichteter Effekthascherei ablenken soll. Es gibt nicht mehr »irgendwelche« Moden, die »normal« oder »natürlich« ausschauen.

Schon lange vor der aktuellen Nostalgiewelle hatte sich angedeutet, daß die Pariser »Haute Couture« ihre Führungsrolle würde abgeben müssen. Denn schon in den Fünfzigern überflutete amerikanische Feizeit- und Teenagermode die Wohlstandsgesellschaft.

»Haute Couture« wie Konfektionsmode zeigten sich fix darin, Kultbewegungen der Jugend aufzugreifen und sie richtungweisend für die Mode umzusetzen. Dieser Trend hatte seinen Anfang – und das war überraschend angesichts der britischen Vorliebe für einerseits nachlässige, andererseits »klassische« Kleidung, beides kein Ausdruck für modische Hochkultur – in London. Janey Ironside, die während der entscheidenden Zeit zwischen 1956 und Ende der sechziger Jahre Professorin für Mode an der Königlichen Hochschule für Kunst (RCA) war, erklärte diese Entstehungsgeschichte mit den Umständen des britischen Wohlfahrtsstaates und der britischen »Gesellschaftsrevolution« nach dem Zweiten Weltkrieg. Örtliche Ausbildungsbeihilfen ermöglichten vielen ein Studium, deren Talente in einer früheren Zeit verschüttet geblieben wären. Dazu kam noch der britische Hang zum Exzentrischen.

Unter der Leitung von Janey Ironside gingen aus der RCA einige der tonangebenden Designerinnen der sechziger Jahre hervor, wie Ossie Clark und Sally Tuffin. Mary Quant hingegen kam von Goldsmiths College in Süd-London, wo sie auch ihren späteren Ehemann und Förderer Alexander Plunket Green kennenlernte. Er prägte den exzentrischen Stil der Oberschicht: Er schien keine eigenen Kleider zu besitzen. Die Pyjama-Oberteile seiner Mutter trug er als Hemden, meist in dem Altgold der Shantung-Seidenstoffe. Seine Hosen stammten ebenfalls aus der Garderobe seiner Mutter. Sie hatten einen schönen Schnitt und eine elegante Ausführung, mit dem Reißverschluß an der Seite, außerdem verrückte und herrliche Farbtöne von lila, pflaumenblau, karmesinrot und sandfarben und endeten etwa auf der Mitte der Waden. Ich erfuhr später, daß die aufsehenerregende Wirkung, die seine Erscheinung hervorrief, absolut unbeabsichtigt war.

1955 wurde in der Kings Road in Chelsea die erste Boutique mit dem Namen »Bazaar« eröffnet. George Melly bezeichnet das als das »einzige wirkliche Pop-Ereignis« in den Jahren zwischen dem Rock und den Beatles. Von Bedeutung war, daß diese Leute über gute Beziehungen in der Gesellschaft verfügten und Kapital daraus schlagen konnten, dem »Chelsea-Set« anzugehören, »dessen Parties und ausgeflippter Lebensstil die Klatschreporter jener Zeit anlockten«. Viele von diesen strahlenden Youngsters mußten trotz ihrer guten Beziehungen arbeiten; sie tendierten dabei zu kleineren Handarbeiten und Geschäften, die mit Kunst zu tun hatten. So war es damals »ein echtes Chelsea-Set-Ding«, eine Mode-Boutique aufzumachen.

Seit wir aufgehört haben, Trauer zu tragen, hat sich Schwarz vom Ausdruck der Trauer zur Farbe des Unmuts gewandelt, zu einem Signal für Aggression und Aufstand. Schwarz steht nun nicht mehr für Faschismus, sondern für Anarchismus; es war nicht mehr allein die Farbe der Existentialisten, sondern auch die von Hollands und Dänemarks radikalen »Provos« der frühen sechziger Jahre, und das festländische Äquivalent zu den britischen Teddyboys hieß »blousons noirs« (Schwarzjacken).

Schwarz sieht dramatisch und provozierend aus, wie es sich für die Kleidung von Revolutionären gehört. Schwarz schmeichelt auch dem Aussehen. Traditionell die Farbe des Alters, sieht es an den Jungen beklemmend und schmerzlich aus. Es ist eine Farbe, die zur Stadt paßt, zu roten Ziegeln, Granit und Glasfassaden, besser als zu den allzu strahlenden Farben der Konfektionskleidung oder zu den elegant-blassen, natürlichen Tönen der Liberty-Seide und Tweed- oder Wollstoffen, die sich weich ausnehmen im Raumlicht oder auf dem Land im Norden, die aber düster wirken in einer hellen oder künstlichen Umgebung. Schwarz symbolisiert die ernsthafte Bürgerlichkeit, gleichzeitig aber auch die Verdrehungen, Perversionen und Abartigkeiten, die sich dahinter verbergen.

Die moderne »Ästhetik des Häßlichen« liebt den Schauder, den Schwarz verursacht – noch stärker verursacht, seit im Faschismus Erotik und Uniformen zusammenfanden, sich Fetische und Ideale verbündeten und eine ganze Philosophie aus Herrschsucht, Greuel und Irrationalismus sich im Bild des blonden Ariers verdichtete, einer männlichen Walküre in glänzend schwarzem Leder, mit messerscharfer Silhouette.

Während der Existentialismus in den Jahren nach dem Krieg zurückschaute zu den alten Bohemiens des 19. Jahrhunderts, erhob sich in London eine neue Form von »Kleider-Aufstand«, dieses Mal nicht eine Rebellion von Studenten und Künstlern, sondern von jungen Menschen aus der Arbeiterklasse: den Teds. Der Name geht zurück auf König Edward VII.; sie ahmten nach dem Krieg den Stil der britischen Oberschicht nach. Diese hatte sich von ihren Schneidern überreden lassen, sich in enge Crombie-Mäntel mit Samtkrägen zu kleiden, eindrucksvolle, noch engere Hosen zu tragen, maßgeschneiderte weite Sakkos und steife Hüte, und akkurat gerollte Regenschirme mit sich zu führen. So reagierten die Tories auf die staatlich verordneten Sparmaßnahmen und den Wohlfahrtsstaat. Am augenfälligsten verkörperte der distinguierte konservative Politiker Anthony Eden diesen Typus. Eden war ein solch glänzendes Spiegelbild der Oberschichteleganz, daß ihn der Modekünstler Francis Marshall als populäres Vorbild für einen neuen Archetyp vornehmer Zurückhaltung benutzte. Der Teddyboy-Look machte auch Anleihen bei den amerikanischen Westernfilmen: das Krawattenband des stutzerhaften Schurken aus der Stadt, die Koteletten und den Gehrock. Das Ergebnis paßte seltsamerweise zu diesem Land, das eingesperrt war in einem kulturellen Konservatismus.

Zum Erscheinungsbild der Londoner Straßen im langen heißen Sommer 1976 gehörte der Punk, der den Modernismus viel mehr prägte als das die adretten Mods getan hatten. Punk war das modische Gegenstück zum Modernismus in der Kunst: Ähnlich wie Marcel Duchamp bei seinen »ready mades« – irgendwelchen Fabrikartikeln, die als Kunst bezeichnet wurden, weil er sie so zu nennen beliebte – griff sich auch die Punk-Mode die unscheinbarsten und unpassendsten Dinge heraus: eine Nadel, eine Plastikwäscheklammer, Fernsehzubehör, eine Rasierklinge, einen Tampon.

Die »Provokations-Kleidung« sollte schockieren – aber auch »verfremden«. Das ist exakt das gleiche, was die Künstler des frühen zwanzigsten Jahrhunderts (die russischen Formalisten zum Beispiel) auch versucht hatten: das tägliche Leben mit anderen Augen anzusehen und andere ebenfalls dazu zu zwingen. Gegenstände unappetitlichster Herkunft wurden Teil der Punkausstattung: Sie drapierten sich Ketten von der Klospülung in legeren Windungen um die in einen Plastikmüllsack gehüllte Brust. Sicherheitsnadeln wurden der Nutzanwendung im Haushalt entzogen und als Schmuck durch Wange, Lippe oder Ohr gestochen. Billiger Schund (aus PVC, Plastik, Lurex usw.) in geschmacklosen Designs (z. B. Leopardenfellimitationen) und häßlichen Farben wurden von den Punks zu Klamotten verarbeitet (Flieger-Röhrenhosen, »gewöhnliche« Miniröcke); selbstbewußte Antworten auf Fragen nach Geschmack und Modernität.

Wichtig war, daß nichts normal aussah. In diesem Sinn war Punk genau das Gegenteil von Massenmode, bei der das Fremde ja immer eher zu normalisieren versucht wird als umgekehrt. Das ist das Raffinierte am Punk: Er ist im wahren Sinn Surrealismus und Modernismus; er hinterfragt sein eigenes Bezugssystem, fragt, was Mode ist, was Stil ist, und macht Hackfleisch aus den anerkannten Vorstellungen von Schönheit und Müll, aus den Begriffen »Charme« oder »Geschmack«.

Als Stil einer Gegenkultur verlor der Punk bald seine in der Arbeiterklasse entstandene Schärfe. In den frühen achtziger Jahren war ein rosa, gelber oder grüner Ton im kurzen Stachelhaar wohl eher das Erkennungszeichen einer radikalen Feministin aus der Mittelschicht oder eines nach-neomarxistischen Studenten. Eine Menge Reißverschlüsse auf einem Overall oder zwei Ohrringe in einem Ohr wurden breite Modeströmungen. Gleichzeitig blieben die, die sich immer noch als Punks verstehen – so wie es eben auch aus einer früheren Generation welche gibt, die Teds geblieben sind.

Geschorene Köpfe, grüne Haare und zerfetzte Kleider erinnern an eine Schar mittelalterlicher Pilger auf einem Bußgang oder zumindest an eine Gruppe von Filmstatisten, die als Pilger verkleidet wurden. Dieser hoffnungslos ausgeflippte Eindruck, den der Punk hinterläßt, verführte dazu, ihn vereinfachend als einen Ausdruck von Angst vor einem Atomkrieg und vor der Sinnlosigkeit eines nachindustriellen, nachmodernistischen Lebens, ja als einen allgemeinen Nihilismus anzusehen. Und vielleicht sind die Kinder der achtziger Jahre die irdischen Entsprechungen zu den Hexen und den Totentänzen des späten Mittelalters, einer Zeit, in der schon einmal viele glaubten, daß die Apokalypse unmittelbar vor der Tür stünde. Den Punk in diesem Licht zu sehen, läßt die Möglichkeit außer acht, daß Identitätsfindung auch auf eine schockierende und abweichende Weise, die trotzdem weich eingebettet ist in eine Subkultur, eigentlich zur Bildung von Selbstvertrauen, eines Selbstwertgefühls, ja sogar von Optimismus beitragen kann, wenn auch im Umfeld eines allgemein verbreiteten Pessimismus.

Val Wilmer

Erinnerung an meine Mutter: Christmas Pudding

Als meine Mutter starb, dachte ich an Talgpuddings. Ich wollte verzweifelt meine Kindheit zurückhaben, und Essen war der Schlüssel zu Sicherheit und bedingungsloser Liebe, die jetzt verloren waren. Ich dachte an schweren, schmalzigen Kümmelkuchen, an den Kapaun zu Weihnachten – nie gab es Huhn – mit Bratensoße aus den Innereien, so richtig schön braun, wie früher, mit Zucker, der über dem Gas gebrannt wurde. Immer wenn ich von einer meiner Reisen zurückkam, bestellte ich mir Rhabarberstreusel und Steak- und Nieren-Pudding und die Kruste bitte mit echtem Talg vom Metzger.

Essen ist genau wie Musik einer der wichtigsten kulturellen Prüfsteine. Es wundert kaum, daß die Engländer als Volk so kühl sind – Essen und Musik sind ihnen nicht so wichtig. Mutter war zum Glück, wie schon ihre Mutter und Großmutter, eine ausgezeichnete Köchin, die sich auf die besseren Seiten der englischen Küche spezialisiert hatte. Mit den Jahren vergrößerte sich ihr Repertoire noch um einige »ausländische« Speisen, die sie durch unsere Untermieter vom Kontinent, in unserem Heim im Süden Londons, kennenlernte. Mein Bruder und ich ermutigten sie dazu, denn wie die meisten aus unserer Generation der Kriegskinder betrachteten wir die traditionelle Kost als »alten Hut«.

Meine Eßgewohnheiten haben sich radikal geändert seit dem Zeitpunkt, an dem ich erkannte, wie wichtig es war, herauszufinden, wie sie die Bratensoße genau so hinbekam. Da war sie allerdings schon alt und ziemlich krank, und die verlorene Zeit konnten wir nicht wettmachen. Als ich nach ihrem Tod durch das Haus ging, war das ein Lehrstück, daß niemals irgend etwas als selbstverständlich angesehen werden kann. In der Speisekammer fand ich Comfrey, Kamille und Lindenblüten und eine ganze Reihe Vollkornprodukte: Brot, Mehl, Kekse und Körner.

Die einzigen Reminiszenzen an die Kindheit waren eine Flasche Lab, den sie für den Quark, wie wir ihn so liebten, benötigt hatte, und eine alte Flasche Koschenille – »das wird aus toten Läusen gemacht«, hatte ich ihr irgendwann einmal ganz von oben herab gesagt –, womit sie die Glasur unserer Geburtstagskuchen gefärbt hatte.

Es drängte mich danach, Gerichte zu kochen, die ich aus der Kindheit kannte und mit denen ich glücklichere Zeiten verband. Ich konnte zwar ein ziemlich gutes Hammelcurry zubereiten, aber ich mußte beschämt erkennen, daß ich keine Ahnung hatte, wie meine Mutter es angestellt hatte, daß einem ihre Torten, die sie ohne großes Aufhebens buk, auf der Zunge zergingen.

Mit der Zeit entdeckte ich, daß ich überraschend viel von ihren Fähigkeiten, die ich als Kind gar nicht richtig hatte einschätzen können, in einer Art Mutter-Tochter-Osmose aufgenommen hatte. Ich setzte mich hin und wälzte ein paar Bücher, stellte einigen ihrer Zeitgenossinnen ein paar Fragen und konnte schon bald wie eine Alte Tapiokapudding und Kümmelkuchen »zaubern«. Es stellte sich heraus, daß mein Bruder ein paar der Geheimnisse kannte. Zusammen mit seinen Kindern hatte er gelernt, »unser« Weihnachtsessen zuzubereiten, während ich umhergerannt war und Lasagne, Aioli und Erdnußstew verschlungen hatte. Eines Tages verkündete er stolz: »Ich glaube, ich habe herausgefunden, wie die Leber geht!« Ich kostete die Soße und hätte weinen können. Es war, wie wenn man ein Lied aus einer Musikbox aufschnappt, das einen an die erste Liebe erinnert. Ich war wieder in unserer Küche in Streatham; im Radio lief »Family Favourites«, und ich fühlte mich umsorgt und behütet, wie es eben nur bei Mutter war.

Auf dem obersten Regal in der Speisekammer fehlte die alte chinesische Schüssel, die mit einem Tuch verschlossen war und in der immer der Weihnachtspudding für das folgende Jahr reifte. Mutter hatte immer mindestens zwei auf einmal gemacht, denn je länger man sie aufhob, um so besser schmeckten sie. Daß der Pudding fehlte, sprach für sich; sie hatte sich zu unwohl gefühlt, als daß sie die jährliche Prozedur auf sich genommen hätte. Stattdessen machte mein Bruder für jeden von uns einen, und seine Kinder halfen ihm dabei und genossen das Ritual.

Er gab mir das Rezept. Du mußt nicht unbedingt Talg verwenden, irgendein anderes Backfett tut es auch, aber der Geschmack wird nicht derselbe sein. Kein gekaufter Pudding kann einem Vergleich damit standhalten. Ehrenwort.

Ergibt 3 kleine (375 g), 1 mittleren (750 g) und 1 kleinen (375 g) oder 1 großen (1 kg) Pudding.

230 g Mehl mit Backpulver vermischt; 225 g Sultaninen; 225 g Korinthen; 225 g Rosinen, möglichst ohne Kerne; 225 g Orangeat und Zitronat, möglichst in ganzen Stücken; 15 g bittere Mandeln; 225 g Rindertalg, fein geschnitten; 340 g Semmelbrösel von Weißbrot; 225 g brauner Zucker; 1 ganze geriebene Muskatnuß; 16 g Gewürzmischung; 1 Tl Zimt; 1/2 Tl Salz; 1 geschälter und kleingeschnittener Kochapfel; Saft und Schale einer Zitrone; 5 Eier; 1/4 l schales Porterbier (stout); 75 ml Kognac.

Siebe Mehl, Salz und Gewürze. Mische dann die Semmelbrösel und den geschnittenen Talg dazu (nimm Dosentalg nur, wenn es gar nicht anders geht). Enthäute die Mandeln, indem du sie mit heißem Wasser übergießt, und schneide sie fein; schneide das Orangeat und Zitronat klein, wenn du ganze Stücke hast. Entkerne die Rosinen und gib sie und die anderen trockenen Zutaten dazu. Füge dann die Eier und die Flüssigkeiten hinzu und rühre das Ganze lange und gründlich.

Fette die Puddingform(en) mit Butter ein. Fülle die Mischung hinein und drücke sie gut fest. Bedecke sie mit eingefettetem Butterbrotpapier und binde sie mit einem Puddingtuch zu. Dazu brauchst du ein quadratisches Stück festen Baumwollstoff in der passenden Größe, den du oben über die Form legst und am Rand gut festbindest. Der Pudding braucht etwas Platz, weil er noch aufgeht, und die Ecken von dem Tuch kannst du wieder nach oben ziehen, dann läßt sich die Form leichter aus dem heissen Wasser heben.

Jeder Pudding sollte in einem großen Topf mit Wasser mindestens acht Stunden kochen; 3/4 der Puddingform sollten im Wasser stehen. Schau nach, wieviel verdampft, und fülle von Zeit zu Zeit, wenn es notwendig ist, Wasser nach. Je länger der Pudding kocht, um so dunkler wird er. Bewahre ihn an einem kühlen, trockenen Platz auf und koche ihn nochmals 4 Stunden, bevor du ihn ißt. Diese Puddings kannst du ein paar Jahre aufheben, und sie werden immer besser, je älter sie sind. Aber die, die du aufhebst, sollten jedes halbe Jahr einmal gekocht werden.

Val Wilmer wurde während des Krieges in Yorkshire geboren und kam nach London, ihr grünes Heft mit den Kinderlebensmittelmarken fest an sich gepreßt. Sie wurde mit Würstchen und Kartoffelbrei und Orangen von der Gesundheitsbehörde großgezogen, und sie erinnert sich an hausgemachten Zwieback, Lebertran und Toast am Kamin. Dies ist ein leicht abgeänderter Auszug aus ihrer Autobiographie, »Mama Said There'd Be Days Like This«, die demnächst erscheinen wird (bei Women's Press).

Vi Subversa

Zwei Rezepte

Nur wegen des Krieges bin ich überhaupt geboren worden. In meinen frühesten Erinnerungen sehe ich mich in einer blauen Emaillekasserolle, zusammen mit einer Karotte, einer Zwiebel und einem kleinen, festen Hühnerherz in einer Handvoll Hühnerbrühe umherschwimmen, während meine Mutter Knödel aus ein bißchen Matzenmehl knetete. Eine Erinnerung aus dem Mutterleib.

Als die heftigen Luftangriffe auf London losgingen, hörte meine Mutter auf mit ihren Schaufensterbummeln, ihrer Sternguckerei; selbst den Traum, nach Hollywood zu gehen, gab sie auf. Sie nahm einen großen Löffel, fischte mich aus der blauen Kasserolle und packte mich in einen Ausflugsbus nach Wales, wo ich schließlich mit vier Jahren geboren wurde, um den Hals ein Schildchen, eine Zahnbürste und ein Rührei-Sandwich in der Tasche. Glücklich winkte ich meiner Mutter einen Abschiedsgruß zu. Ich war nicht nur den Raketen entkommen. Meine Familie liebte ihre Kinder ebenso wie ihr Essen. Meine Tanten und Onkel kniffen mich in Wangen und Schenkel, genauso wie sie die Schenkel und das Fleisch eines Hühnchens prüfend abtasteten. Wie die erste Scheibe Fleisch oder ein feiner Fisch wurde ich herumgezeigt, und meine kleinen Röcke wurden hochgehoben, damit jeder mein feines, festes junges Fleisch sehen konnte.

Als der Krieg zu Ende war, mußte ich zurück in die Kasserolle, wo ich leicht vor mich hinkochen sollte, bis ich schließlich, zart und geschmacklos gar gekocht, auf dem Teller eines dankbaren Ehemannes landen würde. Und wieder flüchtete ich, so bald ich konnte. Geheiratet habe ich nie. Und nie habe ich die Lust verspürt, meine Kinder zu essen. Aber dafür hatte ich immer ein »Essens-Problem«.

Meine Rezepte kosten kaum was, gehen schnell und leicht und sind beeindruckend.

Ludkes

Köstlich. Ich mache sie, wenn Freunde bei mir sind und wir Lust auf etwas zum Knabbern haben. Sehr zu empfehlen, wenn du dich von dem Kampf mit den Kalorien und dem Dickwerden emanzipieren möchtest.

Ca. 350 g Mehl (egal welche Sorte. Vermischt mit Backpulver werden sie am leichtesten, mit Vollkornmehl besonders fest), ein Ei, Milch, Vanilleextrakt, Puderzucker zum Bestreuen, Pflanzenöl zum Frittieren.

Aus Mehl, Ei und Milch machst du einen dicken Schlagteig und gibst einen Teelöffel Vanilleextrakt dazu. Die Konsistenz sollte wie sehr dicker Rahm sein. Wenn der Teig zu dünn ist und du gibst ihn in das heiße Öl, dann bleibt er nicht annähernd löffelrund, sondern zerfleddert in lauter dünne Ranken.

Laß den Teig löffelweise in eine tiefe Pfanne mit heißem Öl (wie bei Pommes Frites) tropfen. Mit einem kleinen Sieb kannst du sie leichter herausnehmen, wenn sie aufgegangen und schön goldbraun sind. Laß sie auf Küchenpapier abtropfen und iß sie heiß, mit Puderzucker bestreut.

Manchmal gebe ich noch Schkoladeblättchen oder Rosinen an den Teig. Improvisiere selbst ...

Kürbissuppe
Diese Suppe enthält keine nennenswerten Kalorien. Sie besteht zu 90 Prozent aus Wasser, aber das tun wir ja auch, sogar der Erzbischof von Canterbury.

Koche kleine Eierkürbisse, bis sie weich sind. Zerdrücke sie mit etwas Salz, viel Pfeffer und gib gehackten Schnittlauch, Petersilie oder irgendein ganz klein geschnittenes rohes und gesundes Gemüse, das eine schöne Farbe hat, dazu. Iß das eine Woche lang, und die Ludkes werden dir guten Gewissens schmecken. Vielleicht werden sie dir sogar wie eine Sinnestäuschung vorkommen.

Vi Subversa ist die unvergleichliche Sängerin der Poison Girls, und der Single-Hit der Band heißt *»I Denounce the System That Murders My Children«*. [»Ich verurteile das System, das meine Kinder tötet«] Lieblings-LP: *»Where's the Pleasure«?* [»Wo ist die Lust«?] Antwort: Probier die Ludkes.

Luisa Francia

Das Kaufhaus-Syndrom

»Lady Supermarket killed you.«
(Spruch an einer Hauswand)

Als meine Schwester, die Herausgeberin dieses Buches, vor elf Jahren nach England ging, gab es ein Hauptproblem für alle Mitglieder unserer Familie, die sie in London besuchten. Wir mußten Kaffee mitbringen, Wein, Filtertüten, Leberwurst und Vollkornbrot. Natürlich werdet ihr jetzt fragen: Ja, gibt es denn in London nichts zu essen? Auf das Essen in London wollen wir später kommen. Guten deutschen Bohnenkaffee jedenfalls, Wein, Filtertüten, Leberwurst und Vollkornbrot gab es nicht. Und wenn, dann schlecht und teuer. Also brachten wir Jahr für Jahr Freßpakete aus der Heimat. Bis eines Tages meine Schwester sprach: »Kaffee und Wein braucht ihr nicht mehr mitzubringen, das gibt's jetzt bei ›Safeways‹.« »Safeways«, »sichere Wege«, das ist der große Supermarkt in Islington, an der »Seven Sisters Road«, und schon allein weil es an der »Sieben-Schwestern-Straße« (den Astronominnnen unter euch als Plejaden bekannt) lag und liegt, kauften und kaufen wir gerne dort ein.

»Safeways« war für die ärmlichen Londoner Verhältnisse wirklich ein Paradies. Denn außer der bunten Variation von Hunde- und Katzenfutter für alte Leute gibt es dort eine Gemüseabteilung, in der es »Courgettes«, Zucchinis, Auberginen und Tomaten und nicht nur das ewige Weißkraut in verschiedenen Grüntönen zu kaufen gibt. Eine ungefähr zwanzig Meter lange Reihe beherbergt »Cereals« (Frühstücksflocken, Cornflakes usw.) aller Art. »All Bran« ist eine besonders Vitamin-B-haltige Scheußlichkeit, die EngländerInnen gern zum Frühstück mit Milch essen. Widerlicher schmeckt für meine Begriffe nur »Bovril«, ein Rinderextrakt mit undurchsichtigen Zutaten.

Über einen ziemlich langen Zeitraum hat die englische Krone sich bemüht, so viele Länder wie möglich in den »Commonwealth« zu integrieren. Als es darum ging, Länder zu kassieren, konnten es nicht genug sein; jetzt wo die Angehörigen des Allgemeinen Wohlstands (wie »Commonwealth« wörtlich übersetzt heißt) nach England kommen, um sich ihren Teil des Wohlstands abzuholen, blüht der Rassismus.

Nicht so bei »Safeways« und schon gar nicht bei »Sainsburys«. Diese beiden Supermarktriesen haben große Abteilungen für afrikanische und asiatische Nahrungszutaten. Denn der Rassismus erstirbt, wo Geschäfte gemacht werden. Und selbstverständlich dürfen farbige und schwarze Frauen auch an der Kasse sitzen, denn diese Arbeit ist kaum noch einer weißen Frau unterzujubeln. Der Streß ist grenzenlos. Wenn schon das Einkaufen an Freitagen und Samstagen zur Qual wird, so muß es an der

Kasse schlicht die Hölle sein. Die Registrierkassen-Experten haben daraus Lehren gezogen. Die Kassierinnen dürfen nun die Beträge nicht mehr selbst eintippen; sie könnten ja etwas »vergessen« oder in die eigene Tasche wirtschaften. Statt dessen müssen sie das Computerlabel auf jedem Warengegenstand durch einen Lichtprüfer ziehen. Dort wird der Preis registriert. Irrtum ausgeschlossen – jedenfalls hoffen das alle. Manchmal spinnt der Computer, dann kennt das Chaos keine Grenzen mehr.

Es gibt also bei »Safeways« jetzt Melittakaffee und Liebfraumilch, so eine Art Wein, hell wie Tagesurin, süß wie Zuckerwasser. Und es gibt »German Liversausage«, für heimwehkranke Au-pair-girls eventuell zu empfehlen – nicht öfters als einmal die Woche vielleicht. Aber »Safeways« ist nichts im Vergleich zum neuen »Sainsburys« am »Angel« (das ist ein kleiner Verkehrsknotenpunkt in Islington, an dem es auch einen hübschen, ziemlich teuren Antiquitätenhandel mit mehreren ausgesuchten Geschäften gibt). »Sainsburys am Angel« ist eine Sensation. Ein großer roter Backsteinbau. Ein eigener Parkplatz, wo es immer genug Platz gibt – in London ein echter Vorteil, weil dort die Parkkralle in Aktion tritt und bei Falschparken zwischen zehn und vierzig Pfund kostet.

Wo in London ist also am meisten los? Nicht am »Picadilly Circus«, nicht in dem Theater, wo seit Jahrzehnten die »Mausefalle« von Agatha Christie gespielt wird, nicht bei Madame Tussaud im Wachsfigurenkabinett oder in Downing Street. Nein, am meisten spielt sich ab bei »Sainsburys am Angel« vor einem Wochenende. Da brennt die Luft. »Portobello Market« am Samstag? Gähnende Leere gegen »Sainsburys«. »Camden Lock«-Flohmarkt? Da können die Kassierinnen von »Sainsburys« nur lächeln. (Und wenn du rausfinden willst, wie voll »Portobello« und »Camden Market« sind, dann geh zuerst dorthin und dann, an einem Freitagabend, zu »Sainsburys«.)

Der Kampf beginnt unmittelbar nach dem Parken des Autos. Denn ein Einkaufswagen muß gefunden werden. Er kann für ein Pfund am dafür speziell errichteten Sammelplatz vor dem Kaufhaus ausgeliehen werden. Falls einer da ist. Wenn nicht, so lauern die potentiellen Kundinnen den bereits durch die Mangel gedrehten auf und luchsen ihnen den Wagen ab. Dann geht es duch die Eingangstür, wie überall auf der Welt. Vor den Glastüren prangt eine Reklametafel der größten Londoner Teilzeit- (Sklavenhändler)firma »Reed«: »I have fREED myself!« Ein Wortspiel mit dem Firmennamen »Reed« und Befreiung. Möglicherweise kommen einige der Kassiererinnen bei »Sainsburys« von »Reeds«. Die fast durchweg schwarzen jungen Frauen knallen mit starrem Blick ein Stück Ware nach dem anderen am Lichtprüfer vorbei auf das laufende Fließband. Sie hieven die schweren Büchsen, Flaschen, Gemüsetüten, Schachteln den ganzen Tag von einer Seite auf die andere. Wann gehen sie aufs Klo? Ich hab's nicht beobachtet, obwohl ich stundenlang zugeschaut habe. Sie heben und heben und heben, registrieren wohl kaum die Gesichter, die an ihnen vorbeigleiten. Wenn irgend etwas unklar ist, läuten sie eine Glocke, Springerinnen eilen herbei und schauen nach Preisen, kleben neue Labels auf oder tun das, was gerade fehlt. Die Aufsicht führen meistens Männer, die in Anzügen in der Nähe der Türen stehen und darauf achten, daß kein Kunde etwas klaut.

Auf der anderen Seite der Kassenschranke geht es noch wilder zu. Frauen werfen ihren Freundinnen oder Ehemännern fehlende Stücke zu. Die Schlangen reichen jeweils von der Kasse den halben oder dreiviertel Gang hinauf. Wer darin etwas kaufen will, muß sich mit den wartenden Frauen verständigen. »Could you pass me the sanitary towels, please?« »Which one, love?« »Oh, fuck it, will you stop it, Richard, just any, come here, Richard, for goodness sake.« Ehekräche werden vom Zaun gebrochen. Flaschen werden geöffnet und teilweise auch gleich ausgetrunken. Kinder bedienen sich bei Keksen und Süßigkeiten. Ein paar Frauen stehen zusammen und tauschen Tips für Sozialhilfe aus. Eine Frau beklagt sich bei einer anderen, wie fertig sie ist. Eine andere schreit ihren Freund an, der wirft ihr die Autoschlüssel vor die Füße und geht. Sie läßt den Wagen stehen und geht auch. Andere Frauen schieben gelassen den vollen und nunmehr verwaisten Wagen beiseite. Er treibt bestimmungslos zwischen hektischen EinkäuferInnen, Kindern, Hunden und Alkoholikern.

Was kaufen die englischen Frauen ein? Sie kaufen »Beans« und Spaghetti von Heinz, das essen sie oder ihre Kinder zum »Tea« gegen fünf Uhr auf Toast. Sie kaufen Toastbrot, das wie Papier aussieht und so ähnlich schmeckt. Sie kaufen »Custard«, die Zaubermasse, die wie Vanillesoße schmeckt und im Rohzustand ein gelblichrosa Pulver ist, das zwischen den Fingern quietscht, wenn man es reibt. Sie kaufen »Frozen Peas and Beans«. Denn Engländerinnen finden im allgemeinen diesen ganzen Frisch-Gemüse-Trend lächerlich. Seit Jahrzehnten wird Tiefgefrorenes von »Bird« auf den Tisch gebracht, fertig. Was früher gut war, soll jetzt nicht mehr gut sein? Sie kaufen »Cereals«, sie kaufen »Lyons Coffee« und »PG Tea«. Sie kaufen »Cheshire« und »Cheddar Chease« in großen Blöcken, »Perrier Water« und »Orange Squash«, ein Getränk, das wie Fleckentfernungsmittel schmeckt und beinah ebenso giftig ist. Für ihre Kinder kaufen sie »Fishfingers«, tiefgefrorene Pizza und »Icecream«, riesige Schachteln. »Lyons-Bars« und »Maltesers.« Das sind giftsüße Schokoladenkugeln und -riegel. Kinder essen fast alles »on Toast«, hauptsächlich »Egg and Chease«, was dann »Walsh Rarebit« heißt, also walisische Seltenheit, von Kindern in »Walsh Rabbit«, walisischer Hase, umgetauft wird. Von den tiefgefrorenen zu den konservierten Nahrungsmitteln geht die Reise des Lebens; im Alter schließlich zur Tiernahrung, weil die am billigsten ist.

London ist eine Stadt der dritten Welt. Abgesehen von den vielen asiatischen und afrikanischen Spezialitätenrestaurants, die billiger und besser sind als europäische, sieht man es daran, daß alles verkommt. Es verkommt nicht, weil die Menschen so schmutzig sind, sondern weil Frau Thatcher alles privatisiert. Der Müll stapelt sich überall vor den Häusern und lockt Ratten an; weggeworfene Abfälle treibt der Wind vor sich her, weil es kaum Straßenreinigung gibt. Die Armut steigt von Jahr zu Jahr. Alte Menschen ohne Wohnung, Schwarze, Inder, Westinder, vor allem Jugendliche, hängen auf den Straßen herum, warten auf Jobs, auf eine Gelegenheit, etwas zu klauen, warten auf Unterhaltung. Tiernahrung ist oft das einzige, was sie sich leisten können. Das Regal mit Hunde-und Katzenfutter ist in den Kultsupermärkten dementsprechend lang.

Aber zurück zu meiner Schwester: Wir brauchen ihr jetzt auch kein Vollkornbrot und keinen Rotwein mehr zu schicken oder zu bringen. Im neuen »Sainsburys« gibt es alles, einfach alles. Der Wein ist nicht zu teuer und gut, das Vollkornbrot könnte im Körnerfresserladen um die Ecke nicht körniger sein, das Mineralwasser ist das gesündeste Europas.

Ja, eigentlich wäre es zu überlegen, ob wir nicht nach London ziehen sollen. Dann könnte ich endlich jeden Morgen »Wheetabix« zum Frühstück essen, Walli könnte »Cheese on Toast« verdrücken, bis ihr die Zähne ausfallen, und ich könnte die Lücken im Portemonnaie bei »Reeds« im Teilzeit-Frauen-Verleih auffüllen oder vielleicht an der Kasse von »Sainsburys«.

Ilse Zambonini

Essen, Kochen und Trinken

Von den vielen Touristinnen, die jedes Jahr nach England kommen, haben wahrscheinlich nur wenige die Erwartung, kulinarische Höhepunkte zu erleben. Das Vorurteil, englisches Essen bestehe aus »fish and chips«, wässrigem Kohl und Fleisch, aus dem jeder Geschmack herausgekocht worden ist, ist nicht völlig unberechtigt. Aber das ist nur ein Aspekt. Essen in England kann inzwischen alles mögliche heißen: indische Spezialitäten, französische »nouvelle cuisine«, chinesische Speisen, exotische Gerichte aus Afrika und von den Westindies, all das macht die Auswahl schon fast zu groß.

Was die englische Küche von der »kontinentalen« vor allem unterscheidet, ist das Frühstück. In den meisten »Bed and Breakfast«-Pensionen gibt es entweder »English« oder »Continental Breakfast«. Das letztere ist meistens nur Kaffee und ein Croissant von wechselnder Qualität und Frische, während das erstere beginnt mit »cereals«, also Flocken, gefolgt von einem »cooked breakfast« oder »fry-up«, welches die folgenden Dinge enthalten kann: »Bacon and Eggs« (Spiegeleier mit Speck), Würstchen (die englischen haben mit den deutschen gar nichts gemeinsam, nicht einmal den Namen, sie heißen »sausages«, und so schmecken sie auch), Pilze, Tomaten und manchmal, in besseren Häusern, sogar Nierchen. Es könnte auch »Kipper« geben und, wiederum in besseren Häusern, »Porridge« (Haferbrei). Ein Ausweg aus diesem Frühstück, das natürlich in Pensionen gleich nach dem Aufstehen hinuntergeschlungen werden muß (vor 9 Uhr), ist, nach einem »poached egg« zu fragen (pochiertes Ei). Dazu gibt es endlosen Nachschub an Toast. Das Bewußtsein, gesünder essen zu wollen, hat auch diese Insel endlich erreicht und dem gräßlichen weißen Gummibrot, das fälschlich »Mother's Pride« heißt, fast ganz den Garaus gemacht: Überall gibt es die Auswahl »brown or white bread« mit gesalzener Butter, Marmelade (jam) oder Orangenmarmelade (marmalade).

Es gibt viele »typisch englische« Arten, Lunch zu essen. Eine davon ist, in den Pub zu gehen. Das Menü enthält »Ploughman's Lunch«-Brot, Käse, eingelegte Zwiebeln und Pickels; »Shepherds Pie«, ein Auflauf aus Hackfleisch und Kartoffeln; »Bangers and Mash« (Würste und Kartoffelbrei); »Chili con Carne«; Curry oder süß-saures Schweinefleisch. Der Commonwealth hat ganz besonders auf den Speisekarten seine Spuren hinterlassen!

Das beliebteste Mittagessen ist jedoch das Sandwich. Es hat sich vor allem in London, wo mittags vor jeder kleinen Sandwichbar die Büroangestellten Schlange stehen, zur Kunstform entwickelt: gefüllt mit Käse, Schinken, Avocados, Roast Beef, Salt Beef und Salat. Für die, denen Diät

ein Fremdwort ist, gibt es »Bacon Sarnies«, Sandwiches mit frisch gebratenem Speck. Auch »Fish and Chips« sind nach wie vor beliebt, eingewickelt nicht mehr in Zeitungspapier, sondern in eine dicke Schicht weissen Papiers, um das Fett und, je nach Geschmack, den Essig aufzufangen, und sich nachher die Hände abzuwischen.

Wer einen traditionellen und fast im Aussterben begriffenen englischen Lunch erleben will, sollte in einem der »Eel and Pie Shops« essen, oft wunderschön gekachelte Restaurants aus dem letzten Jahrhundert, die Aale, Kartoffelbrei und Erbsen mit gefüllten Teigtaschen servieren.

Wer Appetit auf ein weiteres »Fry-up« hat, geht ins Café, das keinerlei Ähnlichkeit mit der deutschen Vorstellung vom Café hat. Ausgesprochen wird es »Kaff« und besucht hauptsächlich von hungrigen Bauarbeitern, die dort ihr »meat and two veg«, Fleisch mit zwei Gemüsen, verspeisen. Dazu gibt es eine starke Tasse Tee und natürlich Chips. Chips gibt es hier zu allem, sogar zu Spaghetti.

Eine der auffallendsten kulinarischen Besonderheiten in England sind die »Take-Away«-Läden. Warmes Essen wird verpackt, mitgenommen und zu Hause (oder im Park) gegessen. Es gibt chinesische »Take-Aways«, türkische Kebabhäuser, Fishbars, Pizzaläden, sogar frische Pasta mit verschiedenen Soßen gibt es als »Take-Away«. Dazu die Riesenauswahl an indischen Restaurants mit »Take-Away«-Service: vegetarische Bhelpoorihäuser, Tandoori, alle Schattierungen regionaler Küche sind vertreten.

Die klassischste aller englischen Mahlzeiten ist wohl der »Afternoon

Tea«. Romantische Vorstellungen von Korbstühlen auf grünem Rasen, einem Butler, der diskret ankündigt: »Tea is served, Madam« und zarten Porzellantassen werden heraufbeschworen.

»Cup of tea« ist normalerweise ein Getränk, das aus Teebeuteln gebraut und oft in Metallkannen ausgeschenkt wird. Er wird immer mit Milch eingeschenkt und mit der Frage »How many Sugars« serviert. »A nice cup of tea« ist ein Allheilmittel gegen Streß und alltägliche Katastrophen. Als unser Haus abbrannte, war noch vor der Feuerwehr die Nachbarin da mit einem Tablett voller Teetassen mit besonders starkem Tee und besonders viel Zucker, gegen den Schock.

Die englische Küche hat im übrigen Europa nicht allzu viele Nachahmer gefunden. Seltsamerweise haben die Engländer als Kolonialmacht auch in den Küchen Indiens und Afrikas kaum Spuren hinterlassen, während die Engländer z. B. das Konzept »Curry« voll in ihre Küche integriert haben – mit zweifelhaftem Erfolg. Es ist viel besser, indische Gerichte, statt sie selbst zu kochen, im »Take away-Service« bei den zahllosen Tandoori- und Bengali-Restaurants zu kaufen. Wer das Ganze in Deutschland nachvollziehen will, kauft die Gewürze in einem der vielen kleinen indischen Läden und dazu ein gutes Kochbuch; sehr schön ist Madhur Jaffrey's »Indian Vegetarian-Kochbuch« (sie ist nebenher auch eine der berühmtesten indischen Filmschauspielerinnen).

Vielleicht das typischste an der englischen Küche sind die verschiedenen dampfgekochten »Puddings«, freigiebig mit Custard (Vanillesauce) übergossen, die jede Schul- und Kantinenmahlzeit abschließen. Der berühmteste unter ihnen ist der »Christmas-Pudding« (auch als »Plum-Pudding« bekannt), eine alltägliche Version ist »Jam Roly Poly« oder »Spotted Dick« (für Feministinnen ungenießbar). Sie werden aus einem Teig gemacht, der aus getrocknetem »Suet« (Nierentalg) und Mehl besteht, und dann im Dampftopf gekocht.

All diese Rezepte und mehr findet frau im Standardwerk für die englische Hausfrau, »Mrs. Beeton's Home Management«. Sie gibt nützliche Tips zum Tee (Darjeeling ist der »Champagner« unter den Teesorten, Earl Grey ist mit Bergamot-Öl versetzt und wird am besten schwach und ohne Milch getrunken), aber auch sie hat keine Antwort auf die uralte Frage: »Tee zuerst oder Milch zuerst?« Angeblich ist es plebejisch, zuerst die Milch einzugießen, aber nur so gibt der Tee keine Flecken in den Tassen. Yorkshire-Pudding ist übrigens eine Beilage zum Roast Beef und eine Art Mehlklöße – köstlich und einfach zu machen.

125g Mehl, eine Prise Salz und 1 Ei werden verrührt mit 200 ml Milch und 100 ml Wasser, das Ganze auf einem Backblech mit heißem Fett im Backofen für 40 Minuten gebacken, dazu gibt's die gute »Bisto Gravy« (Soße) aus der Tüte, das Fleisch und tiefgekühlte Erbsen (erhitzt, natürlich) und ebenfalls im Backofen gebackene Kartoffeln. Statt Beef könnte es »Lamb Chops« (Koteletts) geben, mit einer leuchtendgrünen Pfefferminzsoße, oder vielleicht einen »Lancashire Hotpot« (eine Art Eintopf) oder einen »Steak and Kidney Pudding«, Rindfleisch mit Nierchen gekocht und in einer Hülle von Suet-Teig (s. Puddings) im Dampftopf etwa 5 Stunden lang gedämpft.

Obwohl viele EngländerInnen gastronomisch Richtung Frankreich schauen, kann die Erinnerung an diese Gerichte aus der Kindheit, »Nursery Food, School Dinners«, immer wieder nostalgischen Überschwang auslösen.

Die regionale Küche unterscheidet sich nicht grundsätzlich (auch wenn ich für diese Bemerkung von stolzen Welsh, Cornish oder Schotten vielleicht gesteinigt werde), obwohl es überall lokale Variationen gibt. Beim Gebäck unterscheiden sich »Muffins« und »Crumpets« nur dem Namen nach, beides sind Hefebrötchen (»Hot Cross Buns« sind eine Variante davon, die's zu Ostern gibt), »Oatcakes« (Haferkekse) sehen in Wales flach und dünn aus, während sie sich in Schottland ein bißchen aufrollen dürfen, und in Yorkshire hilft ein bißchen Hefe zum Aufgehen nach. Die Klassiker unter den »Teabreads« sind »Scones«, die von geübten Köchinnen in letzter Minute hergezaubert werden (traditionell aus weißem Mehl), 225 g Mehl, 1/2 Teelöffel Salz, 1 Tl Backpulver, ca. 40 g Butter und

150 ml Milch. Kneten, in runde Scheiben rollen und 10 Minuten bakken – Teatime!

Übrigens – die englische Butter ist gesalzen, und der Lieblingsbrotaufstrich der Kinder ist Marmite, ein salziger Hefeaufstrich.

Was das Trinken angeht: Das Spektrum an alkoholischen Getränken ist enorm, und ebenso die Anzahl an Kultstätten, die dem König Alkohol geweiht sind. Pubs, Bars, »Wine Bars«, »Off License« (offizielle Wein- und Spirituosenläden, offen zum Teil bis 10 Uhr abends, geschlossen oft zu denselben Zeiten wie Pubs – in London von 3 bis 5.30). Die Gesetze zur Regulierung des Alkoholkonsums in diesem Land sind so absurd und kompliziert, daß man aus schierer Panik, man könnte zu kurz kommen, sofort mehr trinkt. Seltsamerweise hat sich in den letzten Jahren neben Champagner auch Perrier-Wasser als Renner erwiesen, und die Auswahl an trinkbaren Weinen ist auch in Pubs gewachsen. Der übliche Pubwein war immer »Liebfraumilch«, ein Wein, der Trauben nur vom Hörensagen, Zucker dafür aufs Intimste kennt und dazu den Ruf des deutschen Weins für immer ruiniert hat.

Cocktails gibt es immer noch, hauptsächlich in den neuen Pubs, die im Kolonialstil aufgemacht sind und in Londons Vororten, in »Bedsitland« stehen. Schicki-London hat nun auch »Kir Royal« entdeckt. Im Pub trinkt man eigentlich »Lager«, »a pint of Lager« oder »a half of Lager«, und das entspricht dem, was in Deutschland als »Bier« bezeichnet wird.

Das englische Bier heißt »Beer« und »Ale«, über das im allgemeinen wenig Gutes gesagt wird, das aber anscheinend eine Menge Anhänger hat, in der »Campaign for Real Ale«. Es sieht schal aus und hat keine Krone, und für Liebhaber von »Real Ale« ist die Auswahl in bestimmten Pubs so aufregend und kompliziert wie für einen Weinkenner. »Guinness« ist das irische dunkle Starkbier, sein Ausschank dauert immer doppelt so lang wie der anderer Getränke, aber es sieht auch für Nicht-Biertrinker sehr lecker aus, wie schwarzer Kaffee mit Sahne oben drauf.

Das klassische Frauengetränk im Pub ist »Gin and Tonic«, und ein doppelter ist »a large one«. Ich persönlich liebe Whisky. Und unter den Whiskies den Malt Whisky. Malt Whisky unterscheidet sich von den gemischten (»blended«) Whiskies in zwei Punkten: Er wird immer regional hergestellt, jede kleine Insel in Schottland hat ihre eigene Marke, und bleibt rein, »unblended«. Der besondere »torfige« Geschmack kommt von der Destillationsweise der Gerstenkörner und dem besonderen Quellwasser, das verwendet wird. Es ist angeblich unmöglich, diese Art von Whisky außerhalb Schottlands herzustellen, und die edelsten Malts sind zu vergleichen mit den besten Cognacs. Es gibt keinen besten Malt Whisky, es ist Geschmackssache, und es macht Spaß sie zu testen... Unter den »Blended« Whiskies sind die irischen zu empfehlen, mit einem Hauch von weichem irischen Quellwasser. Übrigens – es ist eine Sünde, guten Whisky zu verwässern, aber das ist meine persönliche Ansicht, und es gibt viele ehrwürdige Whiskytrinker, die ihn mit Wasser trinken. Über Eiswürfel sind sich jedoch alle einig: unmöglich!

Ein sehr englisches Getränk ist »Pimm's«, eine Art Aperitif, der im Sommer auf feinen Garden Parties mit Früchten und Minze als Punsch getrunken wird.

Die Getränke sind teuer, und es wird geizig eingeschenkt. Aber eins kann man sich sparen – im Pub gibt man kein Trinkgeld.

Moira Gavin und Emiy Trueman

Parks und Gärten

Die Pflege des eigenen Gartens ist wahrscheinlich das beliebteste Hobby der EngländerInnen (neben dem Fischen). Es gibt rund 400000 Hektar angelegter Gärten in Großbritannien.

Eigener Garten bedeutet Individualismus, in England verbinden sie ihn irgendwie mit einer demokratischen Weltsicht. Die meisten Menschen haben zumindest ein Fleckchen Garten oder ein Stück Grün um die Veranda herum. Klassen-, Alters- und Geschlechtsunterschiede sind (vorübergehend) aufgehoben, wenn Millionen von EngländerInnen an einem schönen Tag mit ihren NachbarInnen über den unvermeidlichen Gartenzaun hinweg ein Schwätzchen halten. Hinter der Sicherheit des Zauns gestatten sich die normalerweise zurückhaltenden EngländerInnen ein größeres Maß an Vertrautheit beim freimütigen Austausch von Samentips, Beschneidungsratschlägen und all dem vielfältigen Garten-Knowhow.

Als eine Ausweitung von Heim und Haus hatten Gärten schon seit jeher eine bedeutende Rolle für Frauen gespielt. Seit langem haben sie in diesen wenigen Bereichen sichtbare Ausdrucks- und Schöpfungskraft bewiesen. Im Unterschied zu vielen anderen kreativen Gebieten ist die Geschichte des englischen Gartenbaus voll von Namen großer und einflußreicher Frauen, die darin ihr Gespür für Form und Farbe, ihre Liebe und Hinwendung zu wachsendem Leben, den Bezug zu ihrer Umgebung ausgedrückt haben. Die Verschönerung ihres Heims hat diese Frauen inspiriert, neue schöpferische Ideen im Gartenbau zu entwickeln.

Gertrude Jekyll, Vita Sackville-West, Margery Fish und Penelope Hobhouse sind berühmte Namen im Gartenbau. Die Gärten, mit denen diese Frauen zu tun hatten, gehören zu den schönsten in ganz England.

Hestercombe dokumentiert beispielhaft die englische Fertigkeit, herkömmliche Landschaftsgestaltung mit der einfühlsamen Verwendung von Pflanzen zu verbinden. Gertrud Jekylls einfallsreiche Gartenanlagen fügen sich ein in die klassische Einfachheit Edwin Lutyens, der bei seiner architektonischen Gestaltung konsequent örtliche Gesteinsarten verwendete. Das geniale Zusammenwirken in dieser Partnerschaft brachte viele schöne Gärten in England hervor, aber in Hestercombe haben sich ihrer beider Fähigkeiten zu einer idealen und einzigartigen Verbindung zwischen Haus und Landschaft verdichtet.

Hoch über den Tälern und Hügeln von Somerset liegt diese Gartenlandschaft, eine Reihe von regelmäßigen Terrassen um eine tieferliegende Fläche herum, mit einer Pergola zum Abschluß, umrankt von wildem Wein und Forsythien.

Gertrude Jekylls besonderes Verdienst war es, die ganzjährigen Pflanzen in den Landhausgärten aufgewertet zu haben. Sie verwendete sie in allen Farben und in einer ganz neuen Weise. In Hestercombe bevorzugte sie vor allem Lavendel, Catmint-Nelken, Yuccas, Kästen mit süß duftenden Chorsia und Myrthen als Umrahmung für die Türeinfassungen. In den Randbeeten stehen ganze Büsche von Iris, die sie ursprünglich in ihrem eigenen Garten gezogen hat. Sie machte das häufig, daß sie ihre eigenen Gartenpflanzen in die Arrangements mit einbrachte.

Sissinghurst liegt mitten in dem üppigen und fruchtbaren Anbaugebiet im Forst von Kent. In den dreißiger Jahren zog die Dichterin, Romanschriftstellerin und Gärtnerin Vita Sackville-West dort ein, die sich mit ihrem Ehemann Harold Nicolson an das gewaltige Restaurierungswerk machte.

Vita schrieb: »Ich war verliebt, verliebt auf den ersten Blick. Ich sah, was daraus gemacht werden könnte. Es war ein schlafender Schönheitsgarten, aber auch ein Schloß, das in Schmutz und Staub verkam, ein Garten, der um Hilfe rief.«

Haus und Garten strahlen noch immer diese Romantik aus. Die gesamte Anlage ist so gestaltet, daß lange axiale Wege zu kleinen Gärten führen. Jeder der in sich geschlossenen Gärten und der Weg dorthin haben ihre eigene Gestaltung und ihre zeitliche Entfaltung. Der Rosengarten besticht mit seiner schönen Sommerpalette herkömmlicher Rosen. Die Lindenpromenade erblüht im Frühling, und der Boden bedeckt sich mit Vergißmeinnicht, Sternhyazinthen, Narzissen und Schachbrettblumen. Der ländliche Garten, in dem Harold immer beim Lesen saß, quillt im Spätsommer über von Blumen in warmen Farben – rot, orange, gelb. Alles übertreffend der Weiße Garten in seiner strengen Anlage, durch ordentliche niedrige Buchsbaumhecken aufgeteilt. Die Blumen und Blätter glänzen in allen Schattierungen zwischen weiß, grün und grau. Mit der Zeit fangen die Rosen an zu blühen, und der Garten ist betörend schön.

Vitas und Harolds Ziel war ein Garten, streng und klar angelegt, aber mit einem Höchstmaß an Freizügigkeit in der Gestaltung, eine Vorstellung, die anknüpfte an die Tradition Jekyll/Lutyens. Wie Hestercombe war der Garten von Sissinghurst das Ergebnis einer Partnerschaft, jedoch in diesem Fall einer Ehe, die ein Leben lang dauerte. Nach Vitas Tod ging der Garten in den Besitz des »National Trust« über, eine Wohltätigkeitsorganisation, die die historischen Häuser und Gärten pflegt und bewahrt. Sissinghurst zieht jährlich Tausende von BesucherInnen an, aber es ist trotzdem noch möglich, sich dort zu erholen und die Ruhe zu genießen. Manche(r) BesucherIn hat den Eindruck, daß jeden Augenblick Vita Sackville-West auftauchen müßte in ihren langen Reitstiefeln, mit einer Baumschere bewaffnet und einem Blumenkorb im Arm.

In East Lambrook Manor, in Somerset, einem von Margery Fish angelegten Garten, setzt sich die Tradition berühmter Gartengestalterinnen fort. In ihrer Zeit sehr bekannt durch ihre Schriften über den Gartenbau, verfaßte Margery Fish mehrere Bücher, die heute wieder entdeckt werden. Titel wie »Flower for Every Day«, »Cottage Garden Flower« oder »Gardening in The Shade« geben die Spannweite ihres Fachwissens im Gartenbau wieder. Der Garten in Somerset ist eines der perfektesten Modelle eines englischen Landhausgartens. Blumen und Pflanzen sprießen in allen Ecken und Winkeln, und der Silbergarten mit seinen silbernen und grauen Blattpflanzen ist ein Meisterwerk des Gartenbaus.

Die großen Häuser, Landgüter und Gärten in England spiegeln den Verlauf der Geschichte wider und rufen die englische Lebensart der Vergangenheit wach. Die berühmten Gärten bewahren wie blühende Museen die verschiedenen Gartenbaustile und -einflüsse. Hampton Court, das klassische Landgut Englands, war sehr beeinflußt durch den französischen Formalismus des 16. und 17. Jahrhunderts. Dieser Stil wurde im 18. und 19. Jahrhundert von der Landschaftsgarten-Bewegung abgelöst. Die bedeutendsten Vertreter dieser Bewegung waren William Kent, Humphrey Repton und Capability Brown. Das »Brown'sche Konzept« brachte es mit sich, daß Hunderte von Gärten (darunter viele schöne architektonische Gärten) und sogar ganze Dörfer verschwanden. An ihrer Stelle legte er Rasenflächen an, die bis dicht ans Haus reichten, Flächen mit sanft geschwungenen Umrissen und einem See in der Mitte, baute einen Tempel dazu oder sogar zwei und verstreute Baumgruppen so in der Landschaft, daß sie ihr Aussehen unter verschiedenen Blickwinkeln verändern. Die schönsten Beispiele für diesen Gartenbaustil gibt es in Stourhead, Blenheim Castle, Stowie, Chatsworth und Chiswick; sie sind alle einen Besuch wert.

In der Fachschrift »Historic Houses, Castles and Gardens« gibt es eine komplette Übersicht über berühmte englische Gärten, die einen Besuch lohnen.

Ein Haus und Garten sind besonders erwähnenswert: Haddon Hall. Das eindrucksvolle Einzelgebäude aus dem 16. Jahrhundert liegt auf einem Terrassenhügel mit guter Aussicht auf das schöne Derbyshire Wye. Der Zugang zum Haus führt durch das Eingangstor (über ausgetretene Stufen) zum Hof, der mit schön verwitterten, alten hellgrauen Doppelplatten ausgelegt ist.

Es ist ein faszinierender Ort. Das Gebäude war viele Jahre unbewohnt und hat sich all die ursprünglichen Eigenheiten und die Atmosphäre eines großen Tudor-Hauses bewahrt. Die Gärten sind auf einer Reihe schön bepflanzter Steinmauer-Terrassen angelegt. Blaßrote Rosen hängen als Verzierung von den Steinbalustraden entlang den oberen und unteren Terrassen. An einem warmen Sommertag spürt ihr den Hauch der Geschichte und den »genius loci« der früheren Zeit.

Nach einem abschließenden Besuch in den Haddon-Hall-Teestuben, wo es Tee und köstliches hausgemachtes Gebäck und Kuchen gibt, die auf feinem chinesischem Prozellan serviert werden, sind dann wirklich alle Sinne befriedigt.

Viel hat sich verändert seit der Blütezeit der großen Häuser und des Adels, aber ihre Ausstrahlung ist noch zu spüren in der Mannigfaltigkeit der kleinen Gärten in allen Teilen Englands.

Die beste Möglichkeit, englische Gärten zu sehen, ist herumzuschauen, über Hecken zu gucken – und niemand wird sich ernstlich daran stören, wenn ihr ein paar anerkennende Worte dabei fallenlaßt.

In London mit seiner steigenden Einwohnerzahl, können natürlich nicht alle ihren eigenen Garten haben. Doch gibt es über das Stadtgebiet verteilt sogenannte Gemeinschaftsgärten, die für alle offen sind, die selbst ein kleines Stückchen Erde bepflanzen wollen. Und in jedem Teil Londons gibt es größere Parks, um frische Luft und Natur genießen zu können. Den »Regents«-Park im Zentrum Londons kennen die meisten nur als Zoo, aber der Park hat noch mehr zu bieten: eine erstklassige Rosensammlung mit über 20000 Arten, Blumenausstellungen, Blumenrabatten und natürlich die Enten.

»Hampstead Heath«, der ständige Treffpunkt von Künstlerinnen und Künstlern, ist einer der größten Parks und vermittelt einer gestreßten Stadtbevölkerung die Illusion eines Spaziergangs auf dem Land. Es gibt drei Teiche zum Baden. Einer davon ist ausschließlich für Frauen,

ein reizender Ort der Begegnung, hinter Bäumen versteckt, ideal für Picknicks an schönen Sommertagen – und der einzige Platz in London, wo es den Frauen erlaubt ist, ihr Oberteil abzulegen. Der »Golders Hill Park« beim Pub »Jack Straws Castle« ist Teil des Heath, seit alters ein bezaubernder Vorstadtpark. Lohnenswert ist ein Besuch wegen der rosa Flamingos und dem italienischen Café, und durch viel Suchen stoßt ihr vielleicht auf eine geheimnisvolle Säulenreihe, die von Rosen überwuchert ist. Sie ist Teil eines alten, prächtigen Hauses, das einmal einem Margarinefabrikanten gehört hat. Heute ist es ein Krankenhaus. Der »Waterlow Park« im nahen Highgate bietet sich an für einen Spätnachmittagsbummel. Vor rund 100 Jahren, 1891, schenkte sein Urheber, Sir Sidney Waterlow, diesen Park »den Gartenlosen« von London. Seine belaubten Hügel und Aussichtspunkte über London, die Blumenbeete im traditionellen Landgartenstil machen ihn zum erholsamsten und liebenswürdigsten unter den Londoner Parks.

Der Hollandpark, mit seinen rund zehn Hektar Waldfläche, ist der ideale Platz, um nach einem Einkaufstag in Kensington auszuspannen. Und eine Pflichtübung für GartenliebhaberInnen ist ein Besuch des »Royal Botanic Garden« in Kew mit seinen 50 000 Pflanzenarten. Das »Victorian Palm Hause« (unglücklicherweise bei einem Hurrikan im Oktober 1987 schwer beschädigt) und das »Temperate House« beflügeln die Phantasie und verführen zu Tropenträumen an einem kalten Tag, während der »Cambridge Cottage Garden« mit seinem altmodischen Charme bezaubert.

Der weniger bekannte »Chelsea Physic Garden« mit seiner außergewöhnlichen Atmosphäre beherbergt die zweitälteste botanische Sammlung in Großbritannien. Er ist etwa fünfzig Jahre jünger als der Botanische Garten von Oxford und fast hundert Jahre älter als Kew. Der Garten wurde 1673 von der und für die Hochverehrte Apothekergesellschaft Londons angelegt. Mönche hielten da jede bekannte Pflanze für den Fall, daß sie sich einmal als nützlich erweisen sollte. Diese Idee, nämlich einen möglichst großen Bestand verschiedenster Pflanzen zu erhalten, hat in jüngster Zeit wieder Auftrieb bekommen, und so ist das Interesse an diesem alten Garten wieder erwacht. Außerdem gibt es hier spottbillig eine gute Tasse Tee und Gebäck mit Marmelade, das auf einer mit Gänseblümchen übersäten Wiese serviert wird.

Es gibt noch Dutzende weiterer Parks rund um London, und alle lohnen sie sich, sie für sich selbst zu entdecken. Da gibt es den »Greenwich Park«, den »Victoria Park« in Hackney, den »Finsbury Park«, den »Alexandra Palace« in Haringey mit seinem wundervollen Blick über das »wirkliche« London, den »Dulwich Park«, den »Brockwell Park« in Brixton – es ist unmöglich, sie alle aufzuführen; am besten, ihr sucht sie auf und laßt es euch dort gut gehen.

Angela Solstice

Plätze der Göttin

Es gibt in England viele alte Kultstätten, die fast alle den Glauben an die weibliche Macht der Frühzeit ausdrücken, in der Männer eine eher untergeordnete Rolle spielten. Die folgenden Kultstätten gelten als frühgeschichtliche Tempel oder wissenschaftliche Anlagen, hier soll aber der Aspekt der Göttinnenverehrung besonders untersucht und beschrieben werden.

Avebury

Die Steinkreisanlage, die vermutlich die wichtigste in ganz Großbritannien ist, liegt heute im Ort Avebury in Wiltshire. Der ganze Komplex umfaßt zwei Steinreihen oder was davon übrig ist, den größten Steinkreis, Europas größten künstlichen Hügel und Englands größtes frühgeschichtliches Hügelgrab. Es wird vermutet, daß die ganze Anlage einer religiösen Zeremonie diente, die einmal im Jahr für die Ernte und für entsprechende Situationen im menschlichen Leben gefeiert wurde. Das schreibt jedenfalls Michael Dames in der Einleitung zu seinem Buch »Der Avebury-Zyklus«.

Wenn wir den ganzen Avebury-Komplex betrachten, sehen wir die Göttin in vier Aspekten, entsprechend den vier Phasen des Mondes Voll, Abnehmendes Viertel, Neu und Zunehmendes Viertel; das würde auch den vier Jahreszeiten entsprechen und vier Phasen im menschlichen Leben, nämlich Kindheit, Jugend, Erwachsen-Sein, Alter sowie den vier Elementen. Zum Verständnis von Steinanlagen, die auch als Mond-Tempel, bzw. Mond-Kalender-Anlagen dienen, ist es wichtig, die Rolle des Mondes in der Frühzeit zu kennen. Mit dem Mond wurde die weibliche Kraft, Fruchtbarkeit für Frauen und auch für die Natur, das Zyklische im Leben, Wachsen und Sterben verbunden.

In Avebury können wir die vier Phasen gut beobachten: die Steinreihen als Frühling und göttliches Kind – der Steinkreis als Sommer und Muttergöttin – Silbury Hill als die Schwangere Göttin und Herbst – und West Kennett Long Barrow als die Alte und Winter.

Das Heiligtum hat nur als Form überlebt. Die Löcher, in denen Steine lagen, bilden ungefähr die Form eines Auges und liegen neben der Autostraße A4. Archäologen haben bei den Ausgrabungen viele Schneckenhäuser gefunden, die als Spiralform die Unendlichkeit symbolisieren. Aber auch der Plan der ganzen Anlage ist schneckenförmig angelegt. Die Löcher waren vermutlich für Holzpfosten, die eine konische Dachkonstruktion trugen, die oben eine Öffnung freiließ. Zumindest aus der Luft muß das Bauwerk wie ein riesiges Auge ausgesehen haben. Augen waren für die Menschen der Frühzeit Symbol für göttliche Wesen und Abwehrzauber gegen Unheil. Der Tempel könnte ein Meditationshaus oder eine Unterweisungsstätte für Pubertäts-Riten gewesen sein.

Vom Heiligtum zum Steinkreis, im Dorf Avebury, führt eine Stein-Allee, etwa um 2800 vor unserer Zeitrechnung erbaut. Michael Dames schreibt darüber, daß die Allee und der Steinkreis Fruchtbarkeitsriten der Frauen gewidmet war. Er mag damit ja vielleicht recht haben. Ich glaube aber, daß wir Fruchtbarkeit nicht so eng sehen sollten, und denke, daß auch die Menschen der Frühzeit nicht nur am Kinderkriegen interessiert waren. Fruchtbarkeit im weiteren Sinn ist die Macht des Beginns, des Wachsens, des Neuanfangs.

Eine weitere Steinreihe führte möglicherweise auf der gegenüberliegenden Seite ebenfalls in den Steinkreis und zwar von dem heutigen Dorf Beckhampton her. Die meisten Steine sind hier von Bauern zerstreut und anderweitig benutzt worden, so daß eine Rekonstruktion schwierig ist. Die beiden Alleen könnten Prozessions-Wege gewesen sein.

Silbury

Die meisten Besucher von »Silbury Hill« sehen zwar den Hügel, aber nicht die Erdwallanlage, die den Hügel umgibt. Nur wenn man beide Teile der Silbury-Anlage betrachtet, gelingt es, ihr Geheimnis zu sehen. Denn als Ganzes betrachtet, stellt Silbury die Form der schwangeren Göttin dar. (Michael Dames verglich die Form mit einer bulgarischen Urgöttinnen-Figur.) Obwohl in Silbury viel gegraben wurde, konnte die These der meisten Archäologen, daß es sich hier um ein Königsgrab handle, nicht bewiesen werden, weil nichts gefunden wurde, das auf Grab oder Könige hinwies. Stattdessen gibt es aber Anzeichen dafür, daß hier die (weiße) Göttin verehrt wurde.

Die Basis von »Silbury Hill« entspricht in der Form dem Heiligtum von Avebury. Der Hügel wurde künstlich aufgeschüttet, hat eine flache Spitze und darunter einen terrassenartigen Ring. Der Hügel ist in einer seltsamen Anordnung von organischen und anorganischen Materialien angelegt und wirkt nach Ansicht einiger Forscher als Akkumulator für kosmische Energie, vergleichbar mit der Energie der Pyramiden. Der Hügel wurde zudem auf einer »Ley-Line« (Erd-Energie-Linie) gebaut. Die Energie, die um den Hügel gemessen wird, verändert sich einmal im Jahr, vergleichbar tatsächlich mit dem Phänomen einer Geburt. Es findet um den 2. August herum statt, besonders überwältigend aber, wenn Vollmond auf das alte keltische Lammasfest am 2. August fällt. In dieser Nacht kommen immer wieder zahlreiche Besucher, Neo-Druiden und Esoteriker, um das Energiespektakel selbst zu spüren. Der Hügel hat deshalb schon ziemlich Schaden gelitten, vor allem der terrassenartige Ring unter der Hügelspitze, auf dem die Energie am besten spürbar sein soll.

Wenn der Mond an Lammas über den Hügel wandert, gibt das Mondlicht eine Art Geburtsvorgang preis: Er steigt über »Waden Hill Spring« auf, beleuchtet das Heiligtum und wandert zur Erdanlage um den Hügel. Gegen 23.30 beleuchtet er, was dann als Kopf eines Kindes zu erkennen ist, der aus der Vagina des Silbury Hill herauszukommen scheint. Gegen drei Uhr morgens suggeriert das Mondlicht, daß der Kopf des Kindes bis zu den Brüsten gewandert ist, um Nahrung zu finden.

Die Wintergöttin wird durch »West Kennett Long Barrow« (Langgrab) symbolisiert (die Wörter cunt = Vagina und Kennett haben denselben Ursprung). Die Form des Grabs einer hockenden Figur erinnert uns daran, daß Tod und Geburt nahe beieinander liegen und in alten Zeiten die Menschen auch hockend, in embryonaler Stellung begraben wurden. Zwischen dem West Kennett-Grab und dem Heiligtum in Avebury liegt der Fluß Kennett, und würde man vom Grab zum Heiligtum auf der direkten Linie wandern, müßte man den Fluß überqueren. An der Stelle aber liegt auf dem Grund des Flusses ein heiliger Stein mit einem doppelten Augenmuster als eine Art Übertritt in ein neues Jahr, einen neuen Zyklus.

Ich bin sicher, daß die ganze Anlage in ihrer zyklischen Form die immerwährende Erneuerung des Lebens durch die Göttin darstellt, und wenn wir die ganze Anlage von Avebury und Silbury in der Reihenfolge Heiligtum, Steinreihen, Steinkreis, Silbury Hill und West Kennett-Grab ablaufen und wieder zum Ausgangspunkt des Heiligtums gehen, entsteht eine spiralartige Drehung, die eben auch Tod und Wiedergeburt symbolisiert. Es gibt verschiedene Theorien, daß die ganze Anlage auch auf Sonnenstand und Mondwanderung ausgerichtet ist. Auch Sonnwenden und Tag- und Nachtgleichen finden dort ihre festen Markierungen. Sicherlich wurden in den Kult auch die Quellen einbezogen, die den Kennettfluß speisen (wir wissen, daß den Kelten Quellen heilig waren).

Da in alten Zeiten auch die Steine als lebende Wesen verehrt wurden, können wir davon ausgehen, daß einzelne Steine verehrt wurden.

Avebury-Symbole, die ein Gesamtkunstwerk ergeben (die Maße und Relationen stimmen nicht genau mit der Wirklichkeit überein)

A bezeichnet auf ungefähr 30 Meilen Umgebung die äußeren Umrisse der Göttin-Figur
B Plan des Avebury Steinkreises, der Kreis ist wieder viergeteilt
C Silbury Hill und Anlage: die schwangere Göttin
D die Grabkammer West Kennett als die hockende alte Göttin (hier ist die Ähnlichkeit mit den Tempelumrissen in Malta unverkennbar)
E Steinreihen vom Heiligtum und Beckhampton
F Heiligtum
G Zusammenfluß der Kennett-Quell-Flüsse
H Long Barrow Erdhügel und Gräben: die Alte

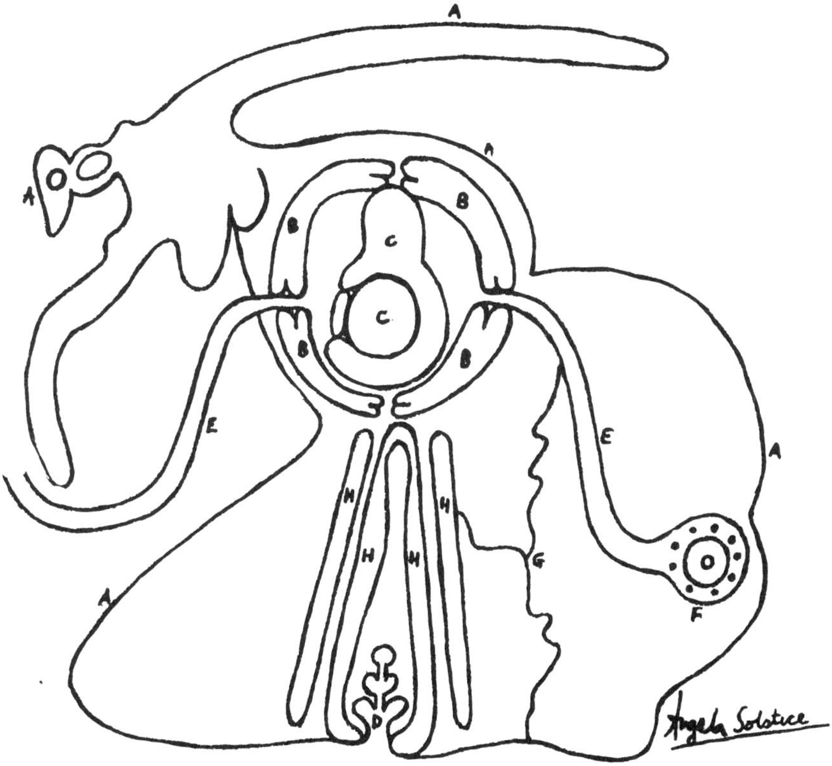

Die »Rollright«-Steine

Die Anlage, die auf der Grenze zwischen Oxfordshire und Warwickshire liegt, besteht aus einem recht kleinen Steinkreis, den Überresten einer Grabkammer und einem Menhir in der Form einer Frau. Die Steine der Grabkammer werden »Wispering Sisters« (flüsternde Schwestern) genannt, weil der Sage nach ein Bauer der Gegend einmal einen dieser Steine zum Bau einer Brücke über den nahen Fluß wegziehen wollte. Er brauchte vier Pferde, um den Stein überhaupt zu bewegen, und kaum lag der Stein, wo er ihn haben wollte, begann er seltsame Geräusche von sich zu geben. In der Nacht fiel der Stein jedesmal ins Wasser und mußte mühsam wieder herausgezogen werden. Als der Bauer schließlich nachgab und beschloß, den Stein wieder an die alte Stelle der Grabkammer zurückzubringen, brauchte er nur ein Pferd, um ihn zu ziehen. Im letzten Jahrhundert gingen junge Frauen nachts zu den Grabkammersteinen und horchten aus dem Wispern der Steine Orakel heraus.

Es ist auch ein Volksglaube mit dem Steinkreis verbunden, der besagt, es sei unmöglich, die Steine des Kreises korrekt zu zählen. Die Zahlenangaben variieren von 19 bis 81 (versuch es selbst!). Wenn man dreimal zählt und jedesmal dieselbe Anzahl dabei herauskommt, geht ein Wunsch in

Erfüllung. Um Mitternacht sollen die Steine lebendig werden und tanzen. Neben den Steinen stand früher ein Holunderbaum, von dem es hieß, daß eine Hexe hineingebrannt sei. Den Baum gibt es nicht mehr, aber der Platz der Rollright-Steine war und ist immer Treffpunkt der Hexenzirkel der Umgebung. Auch die Rollright-Steine liegen auf einer »Ley-line«, und am meisten Energie soll der Ort an Halloween, dem Hexen-Neujahr (1. November) ausstrahlen.

Für die Grabkammer scheint auch der Stern Sirius eine Bedeutung zu spielen, denn um 3500 vor dieser Zeitrechnung, als sie gebaut wurde, ging der Stern genau über dem Eingang der Grabkammer auf und zeigte die Sommersonnwende an.

Der einzelne Stein, der die Form einer Frau hat, wird Großmutterstein genannt, in seiner Umgebung wurden viele Flintsteine und Kultklingen gefunden, die aus einem Flint-Steinbruch in Norfolk stammen.

Die Grabkammer der »Wispering Sisters« diente der Ahnenverehrung, und wie in fast allen frühgeschichtlichen Höhlen und Gräbern gleicht der Eingang einer Vagina, die zum Bauch der Mutter führt.

Das weiße Pferd, Uffington Berkshire

Das weiße Pferd, das vermutlich aus der Zeit um 1000 vor dieser Zeitrechnung stammt und immer wieder in seiner Form erneuert wird, ist eine stilisierte Darstellung, ohne die übliche naturalistische Ausschmückung, wie wir sie in England von frühgeschichtlichen Pferdedarstellungen kennen. Wir wissen, daß Stuten den Kelten heilig waren. Zum weißen Pferd gehört ein abgeflachter Hügel und ein kleines, trockenes Tal. An diesem natürlichen Kultplatz vorbei führt ein uralter Weg, der früher als Handelsweg genutzt wurde.

Im nahegelegenen Dorf steht ein Lochstein. Es heißt, daß ein Ton, durch den Lochstein gerufen oder gesungen, eine ungewöhnlich weite Entfernung zurücklegen kann. Es heißt auch, der Stein habe früher auf dem abgeflachten Hügel neben dem weißen Pferd gestanden. Das wäre ein Hinweis auf diesen Ort als Kultplatz. Vielleicht riefen die PriesterInnen so die Menschen zu ihren Festen?

Glastonbury

Spätestens seit Zimmer-Bradleys »Avalon« wurde der Kultplatz der Kelten weltberühmt. Avalon wird abwechselnd auf den Mount St. Michael oder den Glastonbury Tor, einen uralten Kultberg, gelegt. Avalon, der mythische Ort, der zugleich Diesseits und Jenseits bezeichnet, ist ein realer und mystischer Kultplatz.

Glastonbury ist auch Ynis-Witrin, die Insel aus Glas, ein Spiegel für

Selbstbetrachtung, ein Ort der Wiedergeburt der keltischen Mythologie. Mit Glastonbury werden König Artus, Morgaine und Viviane, Merlin der Magier verbunden; Glastonbury ist auch der Kessel der Cerridwen, der keltischen Unterweltsgöttin, die daraus neues Leben bringt. Glastonbury liegt auf einer direkten Linie zwischen Avebury und St. Michaels Mount.

Ein Besuch in Glastonbury könnte gut bei »Chalice well/spring/gardens« (Chalice-Quelle und -Park) beginnen, wo der Staub der Reise und die Sorgen des Alltags abgewaschen werden. Die Quelle ist sehr eisenhaltig und schmeckt ein wenig nach Blut. Die Temperatur des Wassers ist Sommer wie Winter gleich. Glastonbury Tor, der Kultberg, liegt direkt daneben. Mit dem rötlichen Wasser der Quelle wird in Sagen und Legenden das Blut der Frauen und der Geburt in Verbindung gebracht.

Der Hügel ist etwa zweihundert Meter hoch, gibt an klaren Tagen einen wunderbaren Überblick über das Land. An nebligen Tagen aber ist etwas vom Zauber Avalons dort zu spüren. Auf der Hügelkuppe steht die Ruine einer ehemaligen Kapelle. Es wird vermutet, daß die Kirche, die dem heiligen Michael, dem Drachenkämpfer gewidmet war, auf die Überreste eines Steinkreises gebaut wurde. Am ehemaligen Kirchturm sieht man noch das Bild der heiligen Bridget, die die keltische Göttin Brighdie abgelöst hat, die Göttin der Quellen und der Nahrung, insbesondere der Milch.

2
London

Anna Davin

Ein feministischer Gang durch London

Du kannst diesen Spaziergang in einem Stadtplan oder einem Straßenführer nachvollziehen. Im Text sind viele interessante Punkte, die es neben den »offiziellen« Sehenswürdigkeiten gibt, aufgeführt. Es gibt auch eine Menge schattiger Plätze auf dem Weg, die zu einer Pause einladen, und für die Mittagsrast empfiehlt sich das Lincoln's Inn Fields.

Highbury Fields (U-Bahnstation Highbury and Islington). In den Anfangsjahren des 20. Jahrhunderts war das ein unbebauter Grund im äußersten Süden in Richtung Balls Pond Road, der für politische Freiluftveranstaltungen genutzt wurde, unter anderem auch von den Verfechterinnen des Frauenwahlrechts. Die Bezirke drumherum stellten wahrscheinlich ein Sammelbecken von Unterstützerinnen der Suffragetten dar. Die dort lebten, kamen aus der Mittelschicht und der unteren Mittelschicht: Gemeindehelferinnen, Lehrerinnen, Haustöchter. Im Nordosten liegt Newington Green, wo Mary Wollstonecraft, die Feministin des ausgehenden 18. Jahrhunderts, in den Jahren um 1780 eine Schule leitete. Im Nordwesten liegt das Whittington Hospital (Archway Station, unweit des schönen Waterlow-Parks und des Highgate-Friedhofs, wo viele berühmte Frauen begraben sind). Hier führte Edith Cavell, die Heldin der Verwundetenpflege im 1. Weltkrieg, von 1901 bis 1903 die nächtliche Aufsicht. Im Osten von Highbury Fields, gegenüber der Paulskirche, praktizierte Mrs. Walton 1877 als Zahnärztin. Aus dem angrenzenden Cannonbury gibt es die ergreifende Schilderung aus der Kindheit eines Mittelschichtmädchens um 1870 herum. Geschrieben hat sie M. V. Hughes in dem Buch »A London Child«.

Holloway Prison war ursprünglich ein gemischtes Gefängnis. Sein Grundstein wurde 1849 in der Hoffnung gelegt, daß Gott diesen Ort zu einem Schrecken für alle ÜbeltäterInnen werden lasse. 1902 beschloß das Innenministerium getrennte Gefängnisse für Frauen und Männer, und Holloway wurde ein Frauengefängnis. Der weitaus größte Teil seiner Insassinnen hat sich damals wie heute nur geringfügige Verfehlungen wie Trunkenheit oder Prostitution zuschulden kommen lassen. Von 1906 bis 1914 wurden eine Zeitlang Hunderte von Suffragetten in Holloway inhaftiert und sehr hart behandelt. 1909 war Mary Leigh aus Protest gegen ihre Haftbedingungen in Hungerstreik getreten, worauf man sie mit Kanülen, die man ihr in den Rachen steckte, zwangsernährte. Das war der erste Fall von Zwangsernährung in Gefängnissen. Proteste gegen diese offizielle Gewaltanwendung führten schließlich zur Anwendung einer Katz-und-Maus-Strategie. Hungerstreikende wurden entlassen, nur um sie kurz darauf erneut einzusperren, weil sie ihre strengen Auflagen nicht erfüllt hatten. So geschehen mit Emmeline Pankhurst, die wieder verhaftet wurde, während sie dem Begräbnis von Emily Davison beiwohnte.

Man hat auch einige Frauen aufgehängt. So 1923 Edith Thompson, die man hängte, weil sie dabei war, als ihr Liebhaber ihren Ehemann tötete. Die letzte Frau, die in Großbritannien gehängt wurde, war 1955 Ruth Ellis. Es gab einen Proteststurm in der Öffentlichkeit, denn auch sie hatte in einem Zustand von Gefühlsverwirrung gehandelt – sie erschoß ihren Liebhaber, der sie verlassen hatte. Wenn du die ganze Geschichte wissen willst, schau dir den Film an »Dance with a Stranger«.

Camden School. Dieses Gebäude wurde 1879 für die »North London Collegiate School« errichtet und 1940 von der »Camden School« übernommen. Beide Schulen waren von Francis Mary Buss (geboren 1827), einer Wegbereiterin des Schulwesens, gegründet worden. Als Tochter eines Graveurs verließ sie selbst die Schule mit 14 Jahren, wurde von ihrer Mutter weiter unterrichtet und besuchte die Abendschule in dem neuen »Queens College« in der Harley Street. Sie war davon überzeugt, daß Töchter wie Söhne aus Mittelschichtsfamilien eine gute Grundausbildung benötigten, um den »elenden Zustand von Frauen« zu beenden, »die großgezogen werden, um zu heiraten, für die gesorgt wird und die dann mittellos in der Welt alleingelassen werden«.

Im Haus Lime Street Nr. 28 lebte 1894 Amie Hicks (1838 – 1917), Tochter eines Chartisten (Anhänger der frühesten Arbeiterbewegung) und lebenslangen Sozialisten. Sie selbst war Seilerin und half bei der Gründung der Seiler-Gewerkschaft Ost-Londons im Jahre 1889. (»Nach einer gewissen Zeit gab es Auseinandersetzungen, und die Männer traten aus, bildeten aber keine eigene Gewerkschaft. Die Frauen standen dagegen hartnäckig zu ihrer Organisation... Viele von den Frauen waren begeisterte Gewerkschafterinnen und befanden sich damit in krassem Gegensatz zu der Gleichgültigkeit der Männer.)« Fast dreißig Jahre lang war sie aktives Mitglied im Frauen-Industrie-Rat. Mindestens vier von ihren Kindern (einschließlich Frances) waren GewerkschafterInnen und SozialistInnen.

St. Pancras Gardens. Mary Wollstonecraft (1759 – 1797), Autorin des Buches »Verteidigung der Rechte der Frauen«, heiratete 1797 in der alten St.-Pancras-Kirche William Godwin, beide lebten dann im nahen Somers Town, Mary zog vom Judd Place West in The Polygon 29 um, und Godwin wohnte unweit davon in Evesham Buildings. Mary starb im Polygon im Kindbett und wurde auf dem St.-Pancras-Friedhof begraben. Als 1851 ein Teil des Friedhofs der Eisenbahn weichen mußte, wurden ihre sterblichen Überreste nach Bournemouth gebracht.

Chalton Street. In Haus Nr. 7 und 8 war die erste »Schule für Mütter« (1907) untergebracht, eine Vorläuferin der Kinderklinik, in der lokale Persönlichkeiten freiwillig bei dem Versuch zusammenwirkten, die Kindersterblichkeit zu bekämpfen und die Gesundheit der Kinder zu verbessern, indem sie die Mütter auf diesem Gebiet unterrichteten. Auf diese Weise boten sich neue Arbeitsmöglichkeiten für Ärztinnen, die gerade um ihre Anerkennung kämpften, und auch für anderes weibliches Personal wie Sozialarbeiterinnen, Gesundheitsfürsorgerinnen.

Elizabeth Garrett Anderson Hospital. Elizabeth Garrett (geboren 1836) beschloß erstmals Ärztin zu werden, nachdem sie 1859 eine Vorlesung von Dr. Elizabeth Blackwell über die Eignung von Frauen für medizinische Berufe gehört hatte. Da sie keine Zulassung zu einer der englischen Medizinschulen erhielt, bestand für Elizabeth Garrett der einzige Weg, eine Praxiserlaubnis zu erhalten, 1865 darin, sich an die Apothekervereinigung zu wenden, die sie nicht mit legalen Mitteln zurückweisen konnte. 1866 eröffnete sie die St.-Mary's-Sanitätsstation auf dem Seymor Place – wo sie manchmal über sechzig Menschen (hauptsächlich Frauen) an einem Nachmittag behandelte. 1872 gründete sie dann das Neue Krankenhaus für Frauen – das Geld dafür beschaffte sie fast alleine, indem sie auf 367 kleineren Versammlungen sprach. 1889 wurde das Krankenhaus an seinen jetzigen Platz an der Euston Road verlegt, und als Mrs. Garrett 1917 starb, bekam es den Namen EGA-Hospital. Das Personal bestand aus Frauen, die Patienten waren Frauen, der Großteil seiner Betten wurden von Frauenorganisationen und Mädchenschulen gestiftet. Die einzige Zeit, in der seine Tore auch für Männer offenstanden, war während des 2. Weltkriegs. Die ersten 20 Jahre war Mrs. Garrett Anderson die einzige unter dem Personal, die größere chirurgische Eingriffe durchführen konnte. Doch nie ließ sie von ihrem Wahlspruch ab: »Keine Männer oder kein Krankenhaus«, bis nach und nach die medizinischen Prüfungen auch für Frauen zugänglich wurden.

Tavistock House, Tavistock Square: von 1870 bis 1877 die Unterkunft von Georgina Weldon, Gesellschaftssängerin, Musiklehrerin, Konzertorganisatorin und notorische Prozeßführerin. Sie war, wie sie es selbst ausdrückte, Opfer der »Gesetze zur Behandlung von Geisteskranken, der Verleumdungsgesetze und der Ehegesetze«, lauter von Männern geschaffene Einrichtungen, und sie wunderte sich, »wie Frauen Männer aushalten können«. Ihr aufsehenerregendster Prozeß (1884) gegen die »verrückten Doktoren«, in deren Anstalt man sie sechs Jahre zuvor auf Veranlassung ihres Mannes beinahe gewaltsam eingeliefert hätte, führte zur Reform der Gesetze zur Behandlung von Geisteskranken. Sie verbüßte auch zwei Gefängnisstrafen wegen Verleumdung. Bei ihrer Freilassung aus Holloway im Jahre 1885 gingen angeblich 17000 Menschen auf die Straße.

Gordon Square, Nr. 46 war im Jahre 1904 die Heimat der Stephen-Kinder nach dem Tod ihres Vaters. Virginia Stephen heiratete später Leonard Woolf und wurde unter seinem Namen als Schriftstellerin bekannt. Eine blaue Gedenktafel mit ihrem Namen auf dem Fitzroy Square 29 kennzeichnet eine ihrer zahlreichen Behausungen im Bloomsbury-Viertel. 1915 zogen die Woolfs um nach »Hogarth House«, Paradise Road, in Richmond, Surrey, wo sie die Hogarth-Druckerei gründeten. (Die Original-Presse kann in Vita Sackville-Wests Schreibturm in Sissinghurst Castle, Kent, besichtigt werden.)

Später lebte Vanessa Bell, Virginias Schwester, mit ihrem Mann Clive und ihren drei Kindern in diesem Haus. Sie hatte Malerei an den Royal Academy Schools studiert und hatte großen Einfluß in der Bloomsbury-Gruppe. Später wurde sie eine der Leiterinnen der »Omega Workshops« ihres Geliebten Roger Fry, die unter dem Einfluß der Nach-Impressionisten-Ausstellung in London standen.

University College. Auf Druck der Londoner Frauen-Bildungs-Vereinigung (1868) und radikaler Unitarier am College war dies eine der ersten Universitäten, die weibliche Studenten zuließ, zuerst in getrennten Unterrichtsklassen, später gemeinsam mit Männern in allen Fakultäten mit Ausnahme von Medizin und Maschinenbau. Die »Slade School of Art« hatte ebenfalls Einfluß auf diesen Prozeß: Ihre Lehrer erklärten 1872, sie bemerkten nicht die geringste Schwierigkeit beim Unterricht in gemischten Klassen. Eine bekannte Absolventin an der Slade war Gwen John, Schwester des gleichermaßen berühmten Augustus John, beide malten. Gwen verbrachte die meiste Zeit ihres Lebens in Frankreich, zeitweise als Geliebte des Bildhauers Rodin. 1878 öffnete die Londoner Universität ihre akademischen Grade auch für Frauen, und sie wurden auf dieselbe Weise wie Männer zugelassen. Marie Stopes (siehe unter Whitfield Street) studierte hier Botanik, machte 1902 ihren Abschluß und kehrte 1911 als Dozentin für Paläobiologie zurück.

Tottenham Court Road. Eine Milchfrau, die der Tagebuchschreiber A. J. Munby hier 1862 beobachtete, legte normalerweise auf ihrer Runde vom Flußufer nach Norden und zurück mehrere Meilen zurück, und das wahrscheinlich zweimal am Tag. Solche Frauen (meist Waliserinnen oder Irinnen) arbeiteten für neun Shilling die Woche zuzüglich Frühstück. Sie trugen große, schwere Milcheimer, die mit Gurten, Haken und Schlössern (ähnlich dem Geschirr von Zugpferden) an einem ausladenden Tragegestell aus Buchenholz befestigt waren. Die Frauen waren noch bis Ende des letzten Jahrhunderts zu sehen, bis sie allmählich durch Karren, die nun Männer zogen, ersetzt wurden.

Whitfield Street. Sie war vormals bekannt als John Street, und um 1840 herum war in ihr die »John Street Institution«, ein Zentrum der Owen-Sozialisten-Bewegung. Hier hielt Emma Martin 1840 Vorlesungen darüber, daß der Sozialismus die einzige Lösung für die Unterdrückung der Frau darstelle. Sie war eine evangelische Baptistin, die einen Mann ihrer Kirche heiratete, aber nur, um ihn, die Kirche und Gott wieder zu verlassen und noch vor 1840 eine freidenkende Feministin und Sozialistin zu werden. Sie begann nach dem Gewohnheitsrecht mit einem anderen Mann zusammenzuleben und hatte eine illegitime Tochter. Sie war eine der bekanntesten unter den frühen sozialistischen Feministinnen – berühmt vor allem durch ihre »Überfälle« auf Kirchen, wo sie das Recht, gegen die Prediger zu sprechen, forderte »dem Hl. Paulus zum Trotz: die Stimmen der Frauen sollen gehört werden.«

1925 zog Marie Stopes mit ihrer Klinik für Geburtenregelung von North Holloway um nach Whitfield St. 108. Sie war »täglich unentgeltlich geöffnet für alle verheirateten Personen.« Marie Stopes und ihr Mann H. V. Roe finanzierten das Projekt und gaben Verhütungsmittel zum Selbstkostenpreis ab (notfalls sogar umsonst). Außerdem versuchten sie auf das neue Gesundheitsministerium einzuwirken, einen ähnlichen Gratis-Service einzurichten. Heute ist dort ein kleines Museum und eine medizinische Verhütungseinrichtung für Frauen.

Fitzrovia. Dieser nördliche Teil von Soho kann auf eine lange Tradition politischer Aktivität zurückblicken, die lokale KunsthandwerkerInnen, politische Flüchtlinge verschiedener Nationalitäten und eine Bohemien-Intelligenzia zusammenbrachte.

Fitzroy Square. Haus Nr. 19 ist das Gebäude, in dem Louise Michel, eine Frau, die aus politischen Gründen aus Frankreich geflohen war, zwischen 1890 und 1896 eine »Internationale Anarchisten-Schule« leitete. Konventionelle BesucherInnen waren geschockt durch die Guillotine, die an die Tafel gezeichnet war, und die Art und Weise, wie sich die Jungen und Mädchen frei im Raum bewegten, redeten, auf Stühle kletterten, auch mal auf ihren Lehrer, und wie sie anscheinend genau das taten, »was ihnen Spaß machte.«

Margaret Bondfield erzählt in ihrer Autobiographie über ihr Arbeitsleben als Verkäuferin im West End. Es war etwa 1859, als sie in der Fitzroy Street »Fish and Chips« kaufte, am Fitzroy Square herumbummelte und sie aß, während sie gleichzeitig die Zeitung las, in der sie eingewickelt waren. Dabei fiel ihr auch ein abgedrucktes Schreiben des Sekretärs der neuen Nationalen Gewerkschaft der Verkäufer auf mit der Aufforderung, sich zusammenzutun und gegen die miserablen Arbeitsbedingungen zu kämpfen. »Ich arbeitete ungefähr 65 Stunden in der Woche für 15 bis 25 Pfund im Jahr, was kaum zum Leben reichte. Da ging mir auf, das war genau das, was jetzt getan werden mußte, und ich trat sofort bei.«

Fitzroy Street. Im Morley House, Nr. 14, fanden Arbeitermädchen (Lehrerinnnen, Ladenmädchen, Hausangestellte usw.) um 1880 herum Unterkunft, das Bett für 2 Shilling 6 Pence die Woche, mit Verpflegung 4 Shilling 6 Pence. Ebenfalls in der Fitzroy St. hatten sich Clementina Black und ihre Schwestern einquartiert, als sie zum ersten Mal nach London kamen (1877), in einer großen, unkonventionellen Ein-Zimmer-Wohnung.

Clementina studierte zu der Zeit am Britischen Museum und verdiente sich den Lebensunterhalt mit Übersetzungen und literarischen Jobs. Später wurde sie Sekretärin der Frauen-Schutz- und Unterstützungs-Liga, als deren Gründerin, Emma Patterson starb, und eine bekannte Verfechterin gleicher Bezahlung und anständiger Arbeitsbedingungen für Frauen.

Charlotte Street. In den Jahren um 1880 wohnten auf Nummer 9 Mr. und Mrs. Wardle, beide aktive Mitglieder der Sozialistischen Liga. Eleanor Marx organisierte von hier aus gemeinsam mit Mrs. Wardle Veranstaltungen.

Nummer 11 war 1873 von der Britischen Frauenvereinigung für Emigrantinnen belegt. Emigration war eine der Reaktionen auf die Probleme der »überschüssigen« (d. h. unverheirateten) Frauen. Diese sollten, anstatt gegen Niedriglöhne und Arbeitslosigkeit zu kämpfen und dann dem Steuerzahler zur Last zu fallen, wenn sie dabei scheiterten, lieber in die Kolonien gehen und dort den Mangel an Haushaltshilfen und weißen Frauen überhaupt zu beheben helfen.

Auf Nr. 59 lebte Louise Michel.

Unter dem Dach von Nr. 98 versammelte sich die Vereinigung zur Hilfe und Unterstützung von Schneiderinnen und Hutmacherinnen. Viele der Frauen in diesem Bezirk waren nämlich in Schneiderwerkstätten und kleinen Hutmachereien angestellt, die die Geschäfte im West End belieferten.

Tottenham Street. In Nr. 49 saß der Kommunistische Arbeiter-Club. Die Bloomsbury-Sektion der Sozialistischen Liga hielt dort ihre Treffen ab. An sie wandte sich im Juli 1886 Annie Besant, die damals schon als antiklerikale Aufklärerin und Verfechterin der Geburtenregelung bekannt war. 1888 prangerte sie die Arbeitsbedingungen der Streichholzmädchen im East End an und unterstützte und publizierte deren berühmten Streik.

Store Street. Hier hatte 1792 Mary Wollstonecraft ein Haus, und hier schrieb sie auch das Buch »Verteidigung der Rechte der Frauen«.

Russell Square. In Nr. 8 (heute Teil des Russell-Hotels) war Ende 1888 die Pankhurst-Familie eingezogen, die bis 1893 dort lebte. Christabel, Sylvia und Adele waren noch Kinder, und in »The Suffragette Movement« (Virago Nachdruck 1977) erinnerte sich Sylvia, wie sie jeden Tag im »Square Garden« gespielt hatten. Ihre Eltern machten das Haus zu einem »Treffpunkt für SozialistInnen, AnarchistInnen, SuffragistInnen, FreidenkerInnen, Radikale und HumanitarierInnen aller Richtungen«. Auch Annie Besant verkehrte dort und Louise Michel, die in der Erinnerung von Sylvia eine »kleine alte Frau in einem braunen Mantel, sehr mager, mit funkelnden Augen und dunkler Haut« war. »Sie hatte eine Freude an Kindern.« 1889 war die »Frauenrechtsliga« hier untergebracht, eine Mittelschichtsorganisation von Frauen und Männern mit fortschrittlichen Gedanken über Koedukation, Eherechtsreform, Gewerkschaftswesen,

Internationalismus, die Verteidigung unterdrückter Rassen und andere Themen.

Gegenüber der *Lambs Conduit Street* ist der Eingang zu Thomas Coram's »Foundling Hospital«, das Waisenkinder aufnahm oder solche, deren Mütter sie nicht behalten konnten. Der Großteil dieser Kinder stammte von Dienstmädchen, die sie nicht behalten konnten, ohne ihre Stellung zu verlieren, und die es sich auch nicht leisten konnten, sie zu einer Kinderfrau zu geben. (George Moores Roman »Esther Waters« ist die klassische Schilderung dieses Zustands.) Auf diesem Gelände ist heute ein wundervoller Park für Kinder, zu dem Erwachsene nur in Begleitung eines Kindes Zutritt haben.

Great Ormond Street. In dem Kinderkrankenhaus wohnte Dr.Helena Wright, die erste englische Chirurgin, während des 1. Weltkriegs.

Great James Street. Nr. 24 war das Londoner Zuhause von Dorothy L. Sayers, Kriminalschriftstellerin und Schöpferin des berühmten aristokratischen Detektivs Lord Peter Wimsey. Sie ist in Oxford geboren und besuchte das dortige Somerville College, und als sie den Journalisten Oswald Fleming heiratete, zog sie nach Witham in Essex um, wo sie 1957 starb.

Great Russell Street. In Nr. 55 lebte Eleanor Marx, die sozialistische Schriftstellerin und Funktionärin, von 1884 an mit Edward Aveling. Sie forschte, studierte und schrieb gegenüber im Britischen Museum, und wie viele gebildete Frauen kämpfte sie für ein unabhängiges Leben.

Covent Garden. Dieses Viertel beherbergte bis 1975 den Großmarkt für Obst, Gemüse und Blumen. Im 18. Jahrhundert war hier ein Armenviertel; es ging rauh zu, und es gab viele Absteigen und Billigunterkünfte. In den Straßen verkauften meist Frauen Blumen und Obst, und sie kauften auch ihre Waren hier. Frauen erledigten auch einen Teil der Verladearbeiten (weibliche Lastenträger verschwanden erst in der zweiten Hälfte des 19. Jahrhunderts). Ältere Frauen saßen den ganzen Tag vor der Kirche und verkauften für ein paar Pence Erbsen oder Walnüsse.

Drury Lane. Das Theater hier ist untrennbar verbunden mit dem Namen Nell Gwynn (1650 – 1687), ein Musterbeispiel für den gesellschaftlichen Aufstieg durch Sex. Als junges Mädchen verkaufte sie hier Orangen an das Publikum. Sicher trat sie auch von Zeit zu Zeit als Statistin auf. Mit 15 bekam sie ihre erste Rolle und wurde schnell eine berühmte Schauspielerin. Sie machte sich einen Namen als Rezitatorin von Gedichten und durch Rollen wie die der Florimel in Drydens »Secret Love«, die sie in Männerkleidung spielte. 1669 wurde sie die Geliebte Charles II. und gab ihre Bühnenkarriere auf.

Unweit von hier, in der West Street, ist das *St. Martins Theatre* ein Denkmal für Agatha Christie geworden. Als sie 1976 in ihrem Haus in Wallingford, Oxfordshire, starb, lief ihr Stück »Die Mausefalle« im vierundzwanzigsten Jahr. Es heißt, sie sei die meistgelesene britische Schriftstellerin in der Welt. Agatha trennte sich 1928 von ihrem ersten Mann Archibald nach einem mysteriösen Vorfall. Sie war zehn Tage lang verschwunden und wurde schließlich in einem Hotel in Harrogate entdeckt, offensichtlich an Gedächtnisschwund leidend. (Wenn du Genaueres wissen willst, geh in den Film »Agatha« mit Vanessa Redgrave.)

Von hier weiter in Richtung Innenstadt, in der *Doughty Street,* ist Ivy Low (später Ivy Litvinoff) 1889 geboren. Von 1905 an schrieb sie für den »Manchester Guardian« über Zustände in den Slums und andere soziale Themen. Sie arbeitete bei der »Pru«, der »Prudential Assurance Company« in Clerkenwell, die schon früh die Frauen als billige Arbeitskraft für Registratur- und Vervielfältigungsarbeiten ausnutzte (1871). Die ersten höheren weiblichen Angestellten mußten Töchter von Akademikern sein. Sie hatten ihren eigenen Erfrischungsraum, durften ein Piano benutzen, ebenso einen separaten Eingang und ein eigenes Treppenhaus, und verfügten über Terrassen auf dem Dach, wo sie frische Luft schnappen konnten.

Doughty St. Nr. 58 lebte Vera Brittain, deren bewegende Autobiographie »Testament of Youth« von Virago nachgedruckt wurde, und ihre Freundin Winifred Holtby (Autorin von »Women – a changing civilization«) von 1921 bis 1923, beide kämpfend und schreibend.

Grays Inn Road. In Nr. 69 Clovelly Mansions, Grays Inn Road, hatte die neuseeländische Schriftstellerin Katherine Mansfield 1911-12 eine Wohnung. 1918 heiratete sie den Kunstkritiker John Middleton Murry und zog mit ihm in die East Heath Road 17 in Hampstead. Sie starb, nur 35 Jahre alt, an der Schwindsucht.

An der Kreuzung mit der Clerkenwell Road lag die Zentrale der »Women's Trade Union League.« Von hier aus wirkte die charismatische Mary MacArthur als Generalsekretärin der Liga. Sie wurde später als Labour-Kandidatin für die Wahlen 1918 aufgestellt; ihre politischen und gewerkschaftlichen Aktivitäten fanden schon 1921 durch ihren frühen Tod ein Ende.

Stonecutter Street. Als hier 1763 ein potentieller Käufer in einem Haus herumgeführt wurde, wurden drei tote Frauen entdeckt, die Hungers gestorben waren. Drei weitere lebten in bitterer Armut unter dem Dach, sie hatten von den Leichnamen nichts bemerkt. Alle wohnten sie illegal hier, alle waren sie Opfer ihrer gesetzwidrigen, schlecht bezahlten Arbeit. Die stärkste der überlebenden Frauen, Patten, arbeitete in einer Großküche nur für ihre Verpflegung. Zwei der Toten waren »Korbfrauen« (Lastträgerinnen auf dem Fleet Market), keine der dort lebenden Frauen wußte irgend etwas über die anderen.

Ludgate Circus. 1871 fand eine Demonstration der East-End-ArbeiterInnen aus der Zündholzbranche statt (»Väter, Mütter, Schwestern und Brüder, alle zusammen«). Sie waren aufgerufen, gegen eine drohende Steuer auf Zündhölzer zu protestieren. Ein langer Zug von einigen Tausend Menschen, »die Mehrzahl Mädchen zwischen 13 und 20 Jahren«, marschierte vom Victoria-Park nach Westminster. Nahe dem Ludgate Circus wurden sie von Polizisten angegriffen, die in großer Zahl hier auf sie warteten. Sogar die »Times« kritisierte damals die Brutalität des Einsatzes.

Fleet Street. In Nr. 190 über dem ABC residierte in den neunziger Jahren des letzten Jahrhunderts ein Schriftstellerinnen-Club, dem viele bekannte Frauen ihrer Zeit angehörten. Um die Jahrhundertwende ließ sich Honnor Morten, eine Autorin von Büchern über Stillen und Geburtshilfe, von anderen Mitgliedern herausfordern, die Fleet Street entlangzugehen und eine Zigarette dabei zu rauchen. Unglücklicherweise begegnete sie einem einflußreichen Mitglied ihrer Schulbehörde, und so mußte sie bei den nächsten Wahlen in einem anderen Bezirk kandidieren.

Aphra Behn, die Dramatikerin und Spionin aus dem siebzehnten Jahrhundert, lebte wahrscheinlich etwa 1660 irgendwo hier in der Nähe zwischen der Fleet Street und dem Fluß. Es heißt, sie sei die erste Frau gewesen, die sich mit Schreiben ihren Lebensunterhalt verdient habe. Ihre Stücke wurden in den siebziger Jahren ihres Jahrhunderts im »Dorset Gardens Theatre« aufgeführt; sie war »eine Berühmtheit in Whitefriars«, wie dieser Bezirk damals hieß.

In der *Paternoster Row* nördlich von St. Paul wohnten Charlotte und Anne Brontë im Chaper Coffee House, als sie zum ersten Mal nach London kamen, um sich bei ihren Verlegern Smith Elder und Co. im nahen Cornhill sehen zu lassen.

St. Paul's Churchyard war das traditionelle Zentrum der Verleger und Buchhändler; und »Johnson's Shop« veröffentlichte da 1792 Mary Wollstonecrafts »Vindication of the Rights of Women«.

Diesen Kirchhof benutzen heute die, die in der Innenstadt arbeiten, als Picknick-Platz, und du könntest hier auch eine Pause auf deinem Weg machen.

Queen Victoria Street. Hier gab es zur Jahrhundertwende viele Schreibmaschinenbüros, die die Büroarbeiten für die Geschäftshäuser in der City erledigten. Weibliche Unternehmerinnen waren auf diesem Sektor keine Seltenheit. Auch weibliche Büroangestellte waren ein vertrautes Bild in dieser Gegend, seit die Sparkassenabteilung der Post 1875 angefangen hatte, sie einzustellen. 1895 gehörten von 1651 Angestellten 706 dem »zarten Geschlecht« an. Sie fuhren gerne Fahrrad, und angeblich waren sie eifrige Benutzerinnen von Mudie's Wanderbücherei.

Bank of England. Sie ließ weibliche Angestellte erst 1894 zu, und auch dann nur auf Vorschlag, zu Beginn lediglich 25. Die offizielle Haltung ihnen gegenüber blieb mißtrauisch und schikanös: Noch bis zum Zweiten Weltkrieg konnte eine weibliche Bankangestellte nicht ohne Begleitperson von einem Teil des Gebäudes zu einem anderen gehen.

Old Broad Street. 1863 berichtete A. J. Munby von einer Begegnung mit einer »auf guten Glauben eingestellten Angestellten in der Innenstadt« (zweifellos eine Neuheit), sie stellte Abschriften in einem Handelshaus in der Old Broad Street her. Dabei verdiente sie ein Pfund wöchentlich bei einem Acht-Stunden-Tag – eine ungewöhnlich gute Bezahlung für Frauenarbeit. Sie war 22, hübsch angezogen, »eine edle, selbstbewußte junge Frau, fähig, ihren Weg in der Welt zu machen, beileibe nicht schüchtern, doch auch nicht frech«. Ihren Eltern gegenüber gab sie vor, bis spät in der Arbeit gebraucht zu werden, so daß sie Zeit hatte, tanzen zu gehen. Am meisten war Munby von ihrer Selbständigkeit beeindruckt; er nannte sie »einen tollen jungen Mann in Petticoats«.

King William Street. Im dritten Stockwerk auf Nr. 52 befand sich 1900 der »Enterprise Club«, ein Stadtclub für weibliche Büroangestellte. Bei einem annehmbaren Mitgliedsbeitrag verfügten die rund 200 Mitglieder über bequeme Clubräume, eine Bücherei und eine Stellenkartei. Sie konnten einer Schachrunde beitreten oder einem Frauen-Hockeyclub, billigen Urlaub machen, Französisch lernen oder Holzschnitzen, Konzerte besuchen oder Teeveranstaltungen. Sie konnten auch Freundinnen treffen und »sichergehen, ein bekömmliches Mahl zu erhalten, fein zubereitet und appetitlich serviert«, zu »niedrigsten Preisen und doch kultiviert und geschmackvoll«.

Monument. Als Annie Barnes noch ein ganz junges Mitglied bei der »East London Federation« war (die Wahlrechtsorganisation, die Sylvia Pankhurst ins Leben gerufen hatte, um die Frauen aus der Arbeiterklasse im East End zu mobilisieren), wurde sie bei ihrem ersten Auftrag zum Monument geschickt, von dessen Spitze aus sie Flugblätter zum Frauenwahlrecht herunterwerfen sollte. Als sie wieder herunterkam, wartete schon die Polizei auf sie, doch sie machte ihnen weis, daß sich droben immer noch eine junge Frau aufhalten würde, und entkam ihnen.

Über die *London Bridge* lief eine der Hauptadern des Verkehrs, über die viele der ArbeiterInnen in die Stadtbüros, die Lagerhäuser und die Werkstätten kamen. Die Sackmacherinnen aus Bermondsey (starke Frauen, die vermutlich Mützen trugen und sackleinene Schürzen, vielleicht auch grobe Männerjacken) überquerten die Brücke täglich mit riesigen Ladungen fertiggenähter Säcke, die sie zu den Lagerhäusern in der Stadt brachten. Die Straßenverkäuferinnen postierten sich mit Walnüssen und Orangen auf der Brücke und bei der London Bridge Station, die damals wie heute ein Pendlerbahnhof für die Arbeiter in der Stadt war und auch die Abfahrtsstation für die spätsommerliche »Stadtflucht« zum Hopfenpflücken nach Kent. Diese »Arbeitsferien« waren für die meisten die einzige Möglichkeit, eine Sommerpause auf dem Land einzulegen.

Auf der rechten Seite in der *Blackfriars Road* gab es ein wichtiges Zentrum der radikalen Arbeiterklasse in den dreißiger Jahren des vorigen Jahrhunderts, die Rotunda. Sie war die Plattform für eine Reihe von Feministinnen in dieser Zeit – die beachtenswerteste unter ihnen war Eliza Sharples, nach dem Gewohnheitsrecht Carliles Frau. Ihre populärsten Themen waren der Republikanismus, ein Leben ohne Religion und die Frauenrechte. Hier ihre Neu-Interpretation des biblischen Sündenfalls:

»Gott, der Tyrann, sagte zu seinem Untertan, dem Mann: ›Vom Baum der Erkenntnis von Gut und Böse sollst du nicht essen.‹ Süß und schön kam da die Freiheit herzu und mißachtete den Befehl. Sie nahm von der Frucht und aß, und sie gab auch ihrem Mann, und auch er aß. Wollt ihr jetzt nicht wie aus einer Kehle rufen: ›Gut gemacht, Frau!‹ Wenn das ein Fall war, meine Herren, dann war es ein glorreicher Fall... Eine solche Eva will ich sein, ein solch strahlendes Bild der Freiheit.«

Wenn du einmal in Südlondon bist, möchtest du vielleicht noch mehr interessante »Tatorte« von Frauen besuchen. In Viragos London-Führer »In den Fußstapfen unserer Großmütter« findest du noch viel mehr. Darunter auch Violette Szabo, die in Brixton, Burnley Road 18, gelebt hatte und von den Nazis 1944 als britische Spionin hingerichtet wurde. Während des Krieges lebte sie hier mit ihrem Mann Etienne und ihrer Tochter.

SW 1, die Gegend um Victoria Station bis zu Knightsbridge, ist voll Erinnerungsstätten berühmter Frauen. Im Norden der »Westminster Bridge« steht eine Statue von Boudicca, der Königin des britischen Stammes der Iceni. In der Zeit der römischen Eroberung führte sie um 60 v. Chr. einen fürchterlichen und aussichtslosen Krieg gegen die Römer. In »Victoria Tower Gardens« wirst du die zwei Statuen von Christabel und Emmeline Pankhurst finden. In »Hans Place«, in der Nähe von Harrods, stand das Haus von Jane Austens Lieblingsbruder Henry, wo sie sich aufhielt, wenn sie von ihrem Wohnort in Hampshire aus ihre Londoner Verleger besuchte. Ebenfalls in der Nähe, in St. James Square 4, war das Londoner Heim von Nancy Lady Astor, der ersten Frau im Unterhaus von Westminster. Sie und ihr Ehemann Waldorf Astor lebten in Cliveden bei Maidenhead in Berkshire. Sie nahm den Platz ihres Mannes im Parlament ein, nachdem er 1919 zum Peer geadelt worden war und auf seinen Sitz verzichten mußte. So wurde sie Abgeordnete für Plymouth Sutton und behielt ihren Sitz für die Dauer von sechs Wahlperioden. Trotz ihrer Position nahm sie nicht aktiv an der Suffragettenbewegung teil.

Danach würdest du vielleicht gerne eine Zeitlang in Hampstead herumspazieren, früher einmal ein hübscher grüner Vorort von London, wo in Frognal 97, NW 3 Kathleen Ferrier mit ihrer Schwester Winifred und ihrem Vater während der Zeit ihrer kurzen und überwältigenden Laufbahn als Sängerin lebte. Ihre aufsehenerregendste Darbietung war in Händels »Messias« in der Westminster Abbey. Ihre schöne, volle Altstimme ist uns auf Schallplatten erhalten geblieben. Sie starb im Alter von 41 Jahren an Krebs.

In 17 East Heath Road lebte, ihr erinnert euch, die neuseeländische Schriftstellerin Katherine Mansfield mit ihrem Mann John Middleton Murry. Sie hinterließ zwei Bücher mit Kurzgeschichten und ein Tagebuch. Begraben liegt sie in Avon.

Wenn du die Staße zum South Park Hill noch weiter gehst, kommst du zum Magdala Pub, wo 1955 Ruth Ellis ihren jungen Liebhaber Colin Blakeley erschoß. Sie wurde, wie schon gesagt, als letzte Frau in Großbritannien gehängt. Die Todesstrafe wurde 1969 abgeschafft.

Rose Collis

London für Lesben

Es wundert mich nach wie vor – und vielen anderen Londoner Lesben und Besucherinnen geht es genauso –, daß eine der größten Städte auf der Welt kein Café oder Restaurant hat, die nur für Frauen sind, und keine Bar, keinen Club oder keine Disko, in denen jede Nacht »Frauennacht« ist. In Amsterdam gibt es das und in München, selbst in New York. Nicht so in London, bei uns gibt es das nicht.

Natürlich ist das nicht immer so gewesen. Bis vor ungefähr zwei Jahren gab es ein Frauen-Café und auch eine Bar, die sieben Nächte in der Wochenur für Frauen war. Das erstere jedoch mußte dichtmachen, als die Rezession zu stark zubiß; letztere mußte entdecken, daß sich die Situation völlig gewandelt hatte und die Wirte die Frauen hinausdrängten, weil sie glaubten, mit schwulen Männern mehr Geld machen zu können.

Und was sagt es uns, daß sich 1985 der legendäre »Gateway Club« auflöste? Die Schließung dieses ältesten Clubs für Lesben in Europa diente vielleicht dazu, uns rechtzeitig aus unserer auf Sand gebauten Selbstzufriedenheit aufzurütteln, in der wir angenommen hatten, daß es diese gut etablierten Lokale immer geben würde. Aber wir Lesben sind nicht unterzukriegen. Allein daß es uns gibt, in dieser Verschiedenheit gibt, ist Beweis genug dafür. Wo auch immer zwei oder drei von uns in unserem eigenen Namen beisammen sind, versuchen wir Kneipenbesitzer zu überreden, uns ihr Lokal an einem der ruhigeren Abende zu überlassen. Sie machen dadurch einen größeren Umsatz und machen uns glauben, sie täten uns einen Gefallen. Die dunklen, schäbigen Keller ohne jedes Niveau haben wir satt, wir kratzen lieber Geld zusammen und suchen uns was Besseres. Manchmal ist das nur für eine Nacht im Monat möglich, wie im »Eve's Revenge«, aber dann sind wir auch besonders geschickt darin, das Beste aus dem Angebot zu machen.

Überall in der Stadt verstreut gibt es eine ganze Reihe Frauenzentren mit unterschiedlichen Angeboten, einige davon sind besonders auf Lesben ausgerichtet und veranstalten z. B. regelmäßige Treffen. Aber nicht in allen sind Lesben so willkommen, und nicht jede Frau hat eines in ihrer Nähe. Das »Camden Lesbian Centre«, das große Schwierigkeiten mit den Anwohnern gehabt hat, wird bald eröffnet werden. Es wird von der Stadtgemeinde finanziell unterstützt, aber bei der gegenwärtigen politischen und sozialen Reaktion gegenüber Lesben und Schwulen, die täglich schlimmer wird, sind die Tage möglicherweise gezählt, in denen ähnliche Projekte mit öffentlichen Geldern unterstützt werden, wenn wir nicht ganz entschieden etwas dagegen unternehmen.

Ach ja, das Geld. Selbst in guten Zeiten ist es ein unanständiges Wort, besonders aber dann, wenn es fehlt. Es gibt kaum etwas in London für Lesben, das wenig oder gar nichts kostet. Wenn der Sommer schön ist (und gelegentlich ist das tatsächlich der Fall), findet frau die meisten Lesben, die etwas auf sich halten, am Frauenteich in Hampstead Heath. Sie picknicken dort, unterhalten sich, liegen in der Sonne, die eine oder andere nimmt sogar ein Bad in dem trüben Wasser. Der Sommer in London ist ganz unterschiedlich lang – manchmal scheint er nur eine Woche zu dauern, wenn wir Glück haben, sind es ein oder zwei Monate. Die Beliebtheit dieser »Einrichtung«, die einst der Stadtverwaltung gehört hat und jetzt in Privathand liegt, beweist einmal mehr, daß die Lesben zweifellos wissen, wie sie das Beste aus beschränkten Voraussetzungen machen.

Für eine Lesbe, die tagsüber in irgendeiner Ecke von London sitzt, nicht viel Geld flüssigmachen kann und sich danach sehnt, andere Lesben zu treffen, gibt es nicht viele Möglichkeiten, wo Frauen unter sich sein können. Aber du kannst reinschauen in Lokale wie den »First Out Coffee Shop« oder das »Fallen Angels«; die Frauen, die dort bedienen, sind immer freundlich, und du kannst gemütlich deinen Kaffee oder Tee trinken, eine Kleinigkeit essen, in den Zeitungen schmökern und die bunte Vielfalt der Kassettenmusik genießen. Wenn du es lieber ein bißchen ruhiger hast, kannst du immer in das Frauenzimmer im »London Lesbian and Gay Centre« gehen – auch wenn es zur Zeit noch gar nicht so viel genutzt wird. Hier gibt es überhaupt keine Musik, nur bequeme Stühle, Sofas und ein Pool-Billard. Das (gemischte) Café ist einen Stock tiefer. Mit den Geldern von der Stadtverwaltung, die zur Errichtung des LLGC zur Verfügung standen, konnte alles so umgebaut werden, daß frau/man überall auch mit dem Rollstuhl hinkommt. Damit ist es immer noch eine der ganz wenigen Einrichtungen für Frauen in London (egal welcher Art), die so etwas hat.

Viele Frauen-Treffs haben erkannt, daß Lesben sich oft mehr Unterhaltung wünschen als reine Diskomusik, und in Lokalen wie »Rackets«, »Underground Club«, »Martina's«, »Eve's Revenge« oder »Duke of Wellington« kannst du jetzt das Beste an Frauenmusik und -kabarett sehen und hören. Es gibt jetzt auch immer mehr weibliche Diskjockeys. Einige, wie Rankin Josie und »The Sleaze Sisters«, sind so beliebt, daß sie die Frauen scharenweise in die gemischten Diskos ziehen – z. B. ins »The Bell« oder ins »LLGC« –, in denen sie die Platten auflegen.

Was ist überhaupt mit den Diskos? Ganz klar ist das Geschmackssache, warum du die eine oder andere vorziehst. Nicht alle sind dafür geeignet, daß frau leicht jemanden kennenlernt, sei es nun für ein Gespräch oder auch für mehr. Und erzählt mit bitte nicht, daß so etwas eh nicht stattfindet. Aus irgendwelchen Ecken ist mir nämlich immer wieder zu Ohren gekommen, daß viel zuwenig passiert. Aber es ist ja, Göttin sei Dank, so, daß wir uns aus dem bestehenden Angebot aussuchen können, worauf

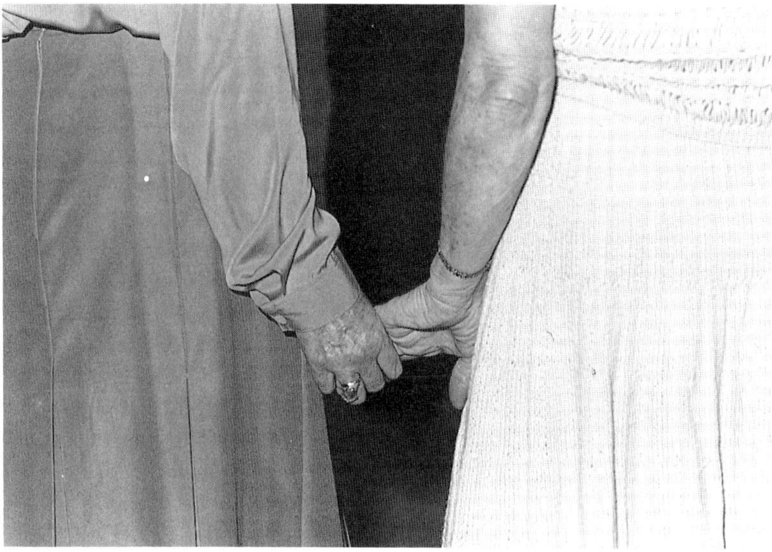

wir gerade Lust haben. Es gibt die Orte, wo wir uns zur wilden Musik austoben können, aber da sind auch die ruhigeren Plätze, wo frau einfach etwas trinken, den Sound der Musik in sich aufsaugen oder mit ihrer Clique zusammen sein kann.

In der Lesben-Szene wirst du meistens eine Vielfalt an Kultur, Stilen und Meinungen finden. Politisch und kulturell haben in den letzten Jahren ein paar grundlegende Veränderungen stattgefunden; bis zu einem gewissen Grad spiegelt sich das auch in den Lokalen wider, in denen wir uns treffen. Und obwohl gerade die Unterschiedlichkeiten die Szene sehr lebendig halten und uns die nötigen Anstöße geben, sind es doch die Trennungen, die daraus resultieren, die die Entwicklung begrenzen. Eine Entwicklung, die hin geht zu gut organisierten, finanziell abgesicherten Unter-Gemeinschaften, in denen wir die Möglichkeiten finden, die uns zukommen. Im Moment können wir das genießen, was wir bekommen haben. In Zukunft werden wir das bekommen, was wir genießen.

Amanda Sebestyen

Mein ganz persönliches London

In Shepherd's Bush wurde im Frühjahr 1988 das erste Frauenhotel eröffnet: das »Reeves Private Hotel«. Es liegt an der Buslinie zum Flughafen Heathrow. Frau kann das Restaurant auch besuchen, wenn sie nicht dort übernachtet. Für die Gäste gibt es eine Sauna, ebenso wie Zimmerservice, einen Photokopierer, Bademäntel und mehr.

Auf dem Land gibt es noch mehr Übernachtungsmöglichkeiten für Frauen. Das »Hen House« ist »im georgianischen Stil erbaut und liegt in dem unverdorbenen Heideland von Lincolnshire«. Es hat einen Tennisplatz und wird von einer ehemaligen »Spare-Rib«-Mitarbeiterin geführt. Die Wochenenden bieten viel Schöpferisches: Kino von Frauen, Herstellen von Schmuck, vegetarische Köstlichkeiten, Video, Gedichte, Tanzen, Photographieren, Gartengestaltung, um nur einiges zu nennen. Zu besonderen Gelegenheiten wie Weihnachten, Silvester gibt es Feste. Am Wochenende zum Valentinstag feiern die älteren Frauen, und sie machen auch eine jüdische Feier mit »traditionellem, aber nicht ganz strikt koscherem Essen«.

Das »Women's Holiday Centre« in den Yorkshire Dales hält die Preise niedrig und staffelt sie auch für Frauen, die nicht viel verdienen. Die Verpflegung ist vegetarisch, und du kochst für dich oder mit anderen Frauen zusammen.

»Ramsey Island« vor St. David an der Westküste von Wales ist ein wunderschöner und einzigartiger Urlaubsplatz, der nicht ausschließlich von und für Frauen geführt wird. Auf der Insel steht nur ein einziges bewohntes Gebäude; sie ist ein Schongebiet für Seehunde, seltene Vögel und Rotwild. Frau findet dort auch ungewöhnliche Pflanzen und Mineralien und kann beeindruckend schöne Aussichten genießen. Früher war es einmal eine Pilgerstätte und ein Kloster und davor wahrscheinlich ein heiliger Platz einer älteren Religion. Es ist ein Ort mit einer magnetischen Ausstrahlung.

Bibliotheken für Frauenforschung

»Fawcett Library Calcutta House«, City of London Polytechnic, East Castle St, E1, 293 1030: Die älteste und größte feministische Bibliothek wurde von der frühen Suffragetten-Bewegung gegründet und enthält alte Kopien ihrer Zeitschriften (einschließlich des von Frauen gedruckten »Women's Penny Paper«), private Briefe von Josephine Butler, Fahnen, Postkarten und Denkwürdigkeiten, ebenso auch Bücher, Flugschriften und Monographien auch aus der Gegenwart.

Vergriffene Bücher von und über Frauen aus allen Zeiten sind auf brief-

liche Bestellung zu kaufen bei: Frances Wetherill, 47 Manor Place, Cambridge, oder bei Elisabeth Crawford, 20 Cassland Rd., London E9.

»The Women's Library« (früher: »Women's Research and Resource Centre): Hungerford House, Embankment, WC2. Neue Sammlung, 1975 gegründet. Besonders gut auf dem Gebiet wissenschaftlicher Untersuchungen und Flugblätter. 5000 Bücher, 7800 Zeitschriften, umfangreiche Liste der Kurse für Frauenforschungen, einiges fremdsprachige Material. Die Subventionierung wurde gerade gestrichen, so daß die Zukunft noch ungewiß ist.

»Wiser Links«: internationales Frauen-Informations-Zentrum. 173 Archway Road, N6 5BL. Feministisches Informationszentrum mit Schwerpunkt auf den Frauen aus der Dritten Welt.

»Temperance Library«: Cexton St., SW1. Frauenwahlrecht im 19. Jahrhundert und »Social-Purity«-Bewegung gegen Prostitution, männliche Gewalt und Frauen als Sexualobjekte. Enthält Kopien von Josephine Butlers »The Shield« und andere Zeitschriften, die es in der »Fawcett«-Bibliothek nicht gibt. Ebenso auch zeitgenössische Statistiken über Alkoholismus und andere Suchtformen.

»The Salvation Army Archives«: 101 Queen Victoria St., EL4. Genau wie in der vorherigen Bibliothek findet frau hier Unmengen an Lebensgeschichten aus der Arbeiterklasse, über Menschen, die, wie die frühere Prostituierte Rebecca Jarrett, in die Heilsarmee eingetreten waren.

»London School of Economics« (LSE): Houghton St, WC2. Beherbergt die »British Birth Control Ephemera/Collis Collection« zur Geburtenkontrolle von 1870 bis 1947. Enthält Informationen (und Illustrationen) über Hygiene-Vorsorge und Abtreibungsmittel, ebenso auch einen utopischen Science-Fiction-Roman über Geburtenkontrolle, geschrieben in den vierziger Jahren des vorigen Jahrhunderts. (Darin wird die Oneida-Methode empfohlen, wenn du es genau wissen willst, bei der die Frau auf die Harnröhre des Mannes drückt, so daß dieser nicht ejakulieren kann.)

»Bishopsgate Institute«: 230 Bishopsgate EC2. Bedeutende Sammlungen zur sozialistischen Bewegung; die Sammlungen der Londoner co-op-Gesellschaft; die »George Holyoake-« und »National Secular Society« der Freidenker (einschließlich Annie Besant); die »George Howell-Collection« zur Gewerkschaftsarbeit und zum Frauenwahlrecht.

»Marx Memorial Library«: 37a Clerkenwell, EC1. Gegenüber dem neuen Hauptsitz der britischen Freimaurer. Enthält alles, was je über die Arbeiterklasse geschrieben wurde.

»Women Artist Slide Library«: Fulham Palace, Bishops Avenue, SW6 6EA. National-Archiv früherer und jetziger Künstlerinnen. Sie machen jedes Jahr einen Kunstkalender mit Werken ihrer Mitglieder und veranstalten Ausstellungen.

»Witt Library«: Portman Square NW1. Umfassende Photobibliothek von Gemälden und Zeichnungen, enthält auch Werke aus Privatbesitz oder solche, die verlorengegangen sind. Weniger bedeutende neben bedeutenden Künstlerinnen.

»The Anti Slavery Society«: 180 Brixton Rd., SW9. Geschichte der Farbigen und der Kampagnen von Weißen gegen die Sklaverei, bis in unsere Zeit. Die Gesellschaft wurde 1839 gegründet; die Bibliothek hat Kopien sehr früher Bücher, wie z. B. »Orinooco«, die Geschichte eines versklavten Prinzen. Geschrieben wurde es im siebzehnten Jahrhundert von Aphra Behn, die erste Frau in England, die vom Schreiben lebte.

»Museum of the Jewish East End«: 80 East End Rd., N3. Sozialgeschichte, Frauen im Textilgewerbe, mündliche tradierte Geschichte aus Interviews mit Überlebenden des Holocaust.

Gut Essen in der Nähe der Bahnhöfe

Kingscross: »Ganpath«. Ein unabhängiges südindisches vegetarisches Restaurant. Ganz anderes Essen als in den Lokalen der »Bel Puri«-Kette. Gemüse in Kokosfett, Zitronenreis, ausgebackener gewürzter Linsenteig. Unglaublich billig, sehr freundliche Bedienung durch Tamilen, fürchterliche Dekoration, aber frau kann schließlich nicht alles haben.

Fünf Minuten zu Fuß die King's Cross Road hinunter ist die beste Snack-Bar Londons. Alles nur zum Mitnehmen, aber die Auswahl ist riesig, einschließlich Vollwertkost, Sahnekuchen, frischen Orangen und Unmengen verschiedener Sandwich- und Kaffeesorten. »Supertaste Sandwich Bar«.

Gleich nebenan kann frau ab sieben Uhr abends eine soziologische Exkursion machen. Das japanische Restaurant »Gonbei« ist klein, und das Essen ist in Ordnung, nur die Bedienung ist etwas kühler als gewöhnlich. Wenn du von der Damentoilette den falschen Ausgang nimmst, dann befindest du dich mit einem Mal in einem viel größeren Raum, voller japanischer Männer, die komplizierte Spiele spielen. Die Stammgäste haben ihre eigenen Whiskeyflaschen an der Bar, mit ihren Namen drauf.

Es gibt noch mehr Restaurants in der Nähe des Bahnhofs. Ich habe sie alle ausprobiert und kann dir nur raten – vermeid sie.

Paddington: »Garfunkels«. Ist amerikanisch, die Salate dort sind frischer als sonst in England. Es gibt eine Salatbar zum Selbstaussuchen, die recht gut ist, und du kommst schneller dran. Wenn du einen Tee trinken willst, während du auf deinen Zug wartest, geh in das »Great Western Hotel« im Bahnhof.

Marylebone: »The Raw Deal« in der York Street. Klassisches vegetarisches Restaurant, in dem viele Feministinnen ein und aus gehen.

Euston: In der Drummond Street gibt es drei indische vegetarische Restaurants (außerdem solche, die Fleisch servieren; exotische Geschäfte; »Lawrence Corner« ist der größte Restposten- und Klamottenladen; dann noch ein wunderschönes Geschäft für Kleider, es heißt »Modern Art« und die Frau, der es gehört, Carole Semaine). Ich mag die knusprigen Snacks vom »Gupta Sweet Mart« sehr gern, und am allerbesten ist die »Nature's Delight Juice Bar«, dort kannst du grünen Kokosnuß-, Zuckerrohr-, Mango-, Karotten-, Passionsfruchtsaft bis zum Geht-nicht-mehr trinken. Sie verkaufen auch indisches Eis und am Wochenende gekochtes Essen. Leider gibt es nichts zum Hinsetzen, so daß du halt mit der Bar vorlieb nehmen oder dir die Sachen mitnehmen mußt.

Viktoria: »Overton Oyster Bar« am Terminus Place, mit Blick auf den Bahnhof. Das Restaurant ist gut, im ersten Stock bewegen sich all die schon etwas abgewrackten Stadttypen, aber in der Bar unten kannst du ruhig und für dich alleine sitzen und das Fisch-Menü zu dir nehmen. Ganz traditionell englischer Fisch – gegrillt oder pochiert mit Kartoffelbrei oder frischen Kartoffeln, gebräunter Butter usw.

Das Essen in »Victoria Station« ist besser als in jedem anderen Bahnhof. Im »Café Europa« gibt es Croissants und Perrier, und an den Kiosken kannst du dir einen Orangensaft auspressen lassen usw.

Es gibt in London kein Restaurant und keine Bar mehr, die nur für Frauen sind. Aber wenn du die Autobahn 160 km nach Norden fährst, findest du eines im Keller des neuen Frauenzentrums von Nottingham. Dieses großartige, vierstöckige Haus steht in der Chaucer Street, ein viktorianisch-gotisches Gebäude, das früher eine Blindenschule gewesen ist und von der Stadtverwaltung gestiftet und vollkommen hergerichtet wurde. Die jetzige konservative Stadtverwaltung zeigt kein großes Interesse mehr an dem Haus, aber es steht noch, und viele Gruppen nutzen es. (Im März und April gibt es das Nottinghamer Frauenfestival.)

Bestimmte Lokale in London werden häufig von Feministinnen besucht. Die meisten sind billig und das Essen vegetarisch, alle sind sie für Frauen sehr angenehm, die alleine oder zu mehreren unterwegs sind (in London ist das immer noch nicht so einfach wie in anderen Großstädten). »Anna's Place« (90 Mildmay Park, Stoke Newington, NI) steht dabei ganz an der Spitze. Die Küche bietet eine Art skandinavische »nouvelle cuisine«. Das »Ajimura« in Covent Garden (51 Shelton St., WC2) ist ein anderer Ort, an dem ich abends oft Feministinnen gesehen habe. »The Olive Tree«, nahe am Leicester Square (11 Wardour St., W1) wird von Libanesen geführt und ist hauptsächlich vegetarisch. Ich habe ein paarmal dort vorbeigeschaut und nie männliche Gäste gesehen. »Gaby Continental« (30 Charing Cross Rd.) ist sogar noch billiger. Gesalzenes Rindfleisch und Felafel auf Plastiktabletts. Das israelische Personal scheint erst seit kurzem freundlicher zu sein, oder ich hab' sie vielleicht zu oft zurückgewiesen. »Pasta Underground« (214 Camden High St., NW1) ist bekannt dafür, daß sich dort viele Lesben aufhalten.

Das beste englische Essen ist »Fish and Chips«. Und die besten »Fish and Chips« gibt es in Yorkshire, wie sie dort überhaupt SpezialistInnen für Schlagteig sind. (Der Yorkshire-Pudding in Yorkshire ist wie ein Soufflé, in London dagegen wie klitschiger Bisquitteig.) Das berühmteste »Fish and Chips«-Restaurant liegt in der Nähe von Haworth, dem Geburtsort der Schwestern Brontë. Aber auch in London gibt es guten »Fish and Chips«, z.B. im »The Upper Street Fish Shop« (324 Upper St.N1).

Klassische englische Küche findest du immer noch im »The Hungry Horse« (196 Fulham Rd. SW10). In der Ära des »Swinging London« war es sehr in Mode. Jetzt geht es dort ein bißchen ruhiger und langsamer zu, aber das Essen ist immer noch köstlich. Das ist mehr, als man/frau von den meisten anderen englischen Restaurants sagen kann. Entweder ißt du irgendwo aufgewärmtes Kantinenessen, und die Varieté-Musik dudelt dir ins Ohr, oder, was noch ungemütlicher ist, du mußt dir die aktuellen Börsenkurse vom Nachbartisch anhören, wo die Typen sitzen, die nach »seriösem Geld« riechen.

Ein Kunst-Gang durch Kensington

Wähl dir einen Mittwoch oder Samstag aus, denn nur an einem dieser Tage kannst du mit dem außergewöhnlichen »Linley Sambourne House« (16 Staffort Terrace W8) beginnen. Es ist unverändert geblieben seit jener viktorianischen Zeit, in der sein Erbauer, ein berühmter »Punch«-Cartoonist, dort lebte. Bis ungefähr 1950 war es noch in Familienbesitz und wurde dann der »Victorian Society« vererbt, der es noch heute gehört. Das Haus ist demnach auch noch ein Monument des aristokratischen »Retro-Chics«, dem englischen Äquivalent zum »New Look« der Nachkriegszeit. Innen ist es nahezu vollkommen dunkel, Bilder bedecken jeden Zentimeter der dicht gemusterten Wände, und ein riesiger Farn nimmt die ganze Fensterbank ein. Neben den Cartoons von Sambourne gibt es Sepiadrucke der Photos von seinen Reisen in den Orient, Reproduktionen seiner Lieblingsklassiker und Geschenke seiner ebenfalls erfolgreichen Freunde aus der Künstlerkolonie in Kensington.

Wende dich nach Westen Richtung »Holland Park«, hier findest du Pfaue, natürlichen Wald und angelegte Blumengärten. Das ganze Jahr über sind in dem alten »Ice House« kleinere Ausstellungen (oft auch von Frauen).

Am Ende des Parks, in der Kensington High Street, liegt das »Commonwealth Institute«. Für Kinder ein herrlicher Ausflug; es gibt Ausstellungen aus der ganzen Welt. Für Erwachsene ist die hervorragende Kunstgalerie besonders interessant, die im übrigen fest in linker Hand ist und der natürlich auch die Subventionen gestrichen wurden. Glücklicherweise machen sie weiter. In dem kleinen Laden des Instituts gibt es Hunderte von glitzernden kleinen Geschenken und Schnickschnack, hauptsächlich aus Indien, Originalpostkarten und Poster aus verschiedenen Ländern und eine Auswahl an Gedichten und Geschichten aus der Dritten Welt.

Wenn du in westlicher Richtung den Park verläßt, kommst du zum »Leighton House« (12 Holland Park Rd., W14), einem weiteren Denkmal viktorianischer Exotik. Frederick Lord Leighton war einer der meistgekauften akademischen Maler, spezialisiert auf Aktmalerei nach antiken Vorbildern in brillanten Farben. Sie leuchten hier von allen Wänden, gemeinsam mit den Werken des anderen großen Meisters der verfeinerten Pornographie, Sir Laurence Alma Fadema, und denen des seelenvollen Frederick Watts. Auch die Prä-Raphaeliten findest du hier: einen berühmten Burne-Jones und einen ganzen Raum, ausgestaltet durch William Morris. Aber Leightons arabischer Saal übertrifft alles andere weit an Extravaganz. Er ist ganz und gar mit leuchtend blauen Kacheln ausgekleidet, und in der Mitte plätschert ein Brunnen.

Im Sommer ist vielleicht später am Abend eine Vorstellung unter freiem Himmel beim »Holland House« im Park. Runde diesen Tag ab und genieße die Schönheit des Parks.

Kate Murphy

Heisse Sossen

Das »East End« von London mag ein ungewöhnlicher Rahmen sein für Großbritanniens allererste, garantiert ganz und gar gesunde »Scharfe-Pfeffersoßen-Fabrikation«, aber genau dort wird Dounne (sprich: Dawn) Moore selbige demnächst eröffnen. Bis dahin werden kleinere Mengen von »Gramma's Hot Pepper Sauce« weiterhin direkt auf Dounnes Sozialwohnungs-Herd in »East Ham« produziert werden.

So ein Relish wie »Gramma's« gibt es nirgendwo. Es ist nach Dounnes Großmutter benannt, die, wie es bei den karibischen Frauen üblich ist, ihre Soßen immer selbst gemacht hat, nach Rezepten, die von einer Generation an die nächste weitergegeben wurden. Die Soße verleiht dem Essen sowohl Schärfe als auch Würze. In der Volkskunde weiß man, daß in den alten karibischen Kulturen der scharfe Pfeffer als hervorragende Heilpflanze diente, und manche Menschen, wie z. B. auch Dounne Moore, schwören noch heute darauf. Sie ist zu einem leidenschaftlichen Kreuzzug aufgebrochen, um die scharfen Soßen auf jeden Tisch in England und dann in der ganzen Welt zu bringen.

Auf dem Zettel, der jedem Glas »Gramma's« beiliegt, steht, was alles an wertvollen Stoffen darin enthalten ist: Vitamin A, B, C, E und P (Zitronensäure), Kalium, Eiweiß, Kalzium, Phosphor, Eisen, Magnesium, Kohlehydrate und Ascorbinsäure. Die Liste der Leiden, die angeblich geheilt werden können, ist eigentlich endlos: Fieber, Erkältungen, Blutandrang, Bauchschmerzen, Diphterie, Delirium, Impotenz, Rheuma, Tripper, Arthritis, Müdigkeit, Untertemperatur... Es soll auch das Herz kräftigen, die Herztöne gleichmäßig machen, das Blut reinigen und Embolien verhindern.

Bei der Zubereitung ihrer Soßen versteht Dounne keinen Spaß. Den frischen schwarzen Pfeffer läßt sie sich direkt aus der Karibik einfliegen und mischt ihn dann, in einer geheimen Zusammensetzung, mit 25 verschiedenen Kräutern und Gewürzen. Dabei verwendet sie nur beste Zutaten: Sonnenblumenöl, Apfelessig, rohen Rohrzucker und Meersalz; in ihren Produkten sind absolut keine künstlichen Farbstoffe, Geschmacksverstärker oder Konservierungsstoffe zu finden.

Sie stellt die Soßen in vier verschiedenen Stärken her, um allen Geschmacksrichtungen zu entsprechen: »Mild« (d. h. scharf), »Hot« (d. h. sehr scharf), »Extra Hot« (d. h. außerordentlich scharf) und »Super Hot« (d. h. unvorstellbar scharf). Die Gläser sind zwar klein, aber die Soße ist sehr stark konzentriert, und man braucht viel weniger als einen Teelöffel, um jedem Gericht ein gewisses Etwas zu verleihen. Dounnes Soßen kosten auch etwas mehr als andere Marken, aber wenn du mal vergleichst, wie dünn und wäßrig die anderen sind, dann merkst du den Unterschied.

Du kannst »Gramma's« auf ganz verschiedene Weise verwenden: entweder als Marinade vor dem Kochen, als Gewürz während des Kochens oder als Relish auf deinem Teller, in das du die Speisen immer eintauchst (so ißt es Dounne, wenn sie es sich nicht gerade auf den Toast streicht). Sie empfiehlt auch für die Wintermonate als »Aufwärmer« ein bißchen von der Soße mit heißem Wasser zu vermischen und zu trinken – das ist dann so etwas wie ein karibischer heißer Bovril.

Wie kam es überhaupt zu »Gramma's«? Bis vor ein paar Jahren hat Dounne nicht im Traum daran gedacht, eine Geschäftsfrau zu werden, geschweige denn eine erfolgreiche. Mehr als ein Jahrzehnt machte sie die Soße nur für die Familie und für Freunde und vervollkommnete dabei den Geschmack, den sie aus ihrer Jugend kannte. 1986 nahm sie einen Bankkredit auf und machte ein kleines Geschäft auf, wobei die Bestellungen brieflich abgewickelt wurden. Sie schrieb an Dutzende von Zeitungen, Zeitschriften und Geschäften, schickte ihnen Probegläser und überflutete sie mit Informationen über den hohen Gesundheitswert. Ihre Hartnäckigkeit zahlte sich aus: Innerhalb weniger Monate stand »Gramma's« in den Regalen von Harrods, Fortnum and Mason, Neals Yard und anderen Gesundheitsläden.

Dounne wickelt immer noch die brieflichen Bestellungen ab, arbeitet an der Eröffnung ihrer Fabrik und entwickelt noch eine ganz neue Reihe von Feinschmecker-Wein-Soßen; in den nächsten fünf Jahren will sie zwanzig weitere »tolle« Geschmacksrichtungen auf den Markt bringen. Außerdem läuft ihre aufklärerische Kampagne, in der sie für den medizinischen Nutzen des scharfen Pfeffers wirbt, und sie findet auch noch Zeit, ihre beiden Töchter im Teenageralter großzuziehen. Und den grünen Gürtel in Karate hat sie auch – ist das nicht eine gute Reklame für die Wirkung ihrer Soßen?

Rose Christie

Tips für Nachtschwärmerinnen

Wenn du wie ich ein Pilsvampir bist und immer außerhalb der Zone 2 (Innenstadt) herumstreunst und dabei zum Beispiel den 12.15-Nachtbus ins Westend nimmst, wirst du dich an die für Tages-Streunerinnen ungewöhnlichen Ereignisse der nächtlichen Londoner Szene schon gewöhnt haben. Mit nächtlicher Szene meine ich übrigens nicht die Zeit, in der die Bürofrauen mit ihren Stilettoabsätzen und die Anzugmännchen nach Wasserlöchern im Westend suchen und dann ihren letzten Vorortzug nach Hause nehmen. Ich spreche von diesen vernebelten Stunden zwischen eins und vier, wenn alle möglichen Nachtgewächse auf der Suche nach Bier und Boogie ihre Untergrundaktivitäten beginnen. In dieser nachtschlafenden Zeit erinnern die Straßen von London eher an Fellini-Filme. Verschwunden sind die europäischen Touristenherden, verschwunden auch die amerikanischen Rucksackwanderer. Sie werden durch düstere Typen, streunende Nachtlichter und gestrandete Existenzen verdrängt, zwischen die sich ein paar Trendsetter mischen. Sie alle kommen raus, heben ab, haben Spaß. Die Frage ist – wie kommen sie heim?

Solltest du ein Auto haben und zur Zeit deiner Heimreise nüchtern sein (eine unwahrscheinliche Kombination für nächtliche Westend-Wanderer), gilt das Folgende für dich nicht. Für alle anderen, und ich denke, sie sind die Mehrheit, gibt es drei Möglichkeiten, nach Hause zu kommen, die sehr von der jeweiligen finanziellen Lage abhängen: »Minicab« (Minicar), »Black Cab« (schwarzes Taxi) und »Nightbus« (Nachtbus).

Mit dem Taxi zu fahren, ist natürlich die luxuriöseste Methode, nach Hause zu kommen, aber die Taxis, die zu so später Stunde überhaupt noch fahren, scheinen das Gesetz in die eigenen Hände zu nehmen. Sie entscheiden, wen sie mitnehmen und wie weit sie fahren werden. Ein Taxi wird wohl kaum anhalten, wenn du irgendwie nach Dritter Welt aussiehst, wenn du aussiehst, als wärest du minderjährig, oder wenn du aussiehst, als würdest du im Süden Londons wohnen.

Taxis halten vorzugsweise bei einzelnen Frauen, die möglichst Straps und Mieder, Minirock und Stilettoabsätze tragen sollten. Sie halten gerade noch für bebrillte Karrierefrau-Typen (allerdings lassen sich diese Frauen zu so später Stunde kaum noch im Westend blicken). Und sie halten für Leute, die so aussehen, als kämen sie gerade aus dem »Hippodrome«. Taxifahrer scheinen zu glauben, daß Leute, die ins »Hippodrome« oder in ähnliche feine Clubs gehen, jede Menge Kohle haben.

Sollte es dir doch gelingen, ein Taxi anzuhalten, dann ist immer erst die halbe Schlacht geschlagen. Camberwell, Peckham, Brixton oder Hackney sind Flüche für einen nächtlichen Taxifahrer. Die Reaktion auf meine Bitte, mich zum Südosten Londons zu fahren, hätte nicht herber ausfallen können, wenn ich nach »Lands End« in Cornwall gewollt hätte. »Tut mir leid, Mädel, ich bin schon auf dem Heimweg«, kann auch gut übersetzt werden mit: »Du mußt doch bescheuert sein, in so einer abgerissenen Gegend wie Camberwell zu wohnen.« Allerdings wird ein Taxifahrer so gesprächig gar nicht mehr sein; vermutlich bekommst du auf eine so unverschämte Bitte nur eine Dieselwolke um die Ohren, und das war's dann.

Wenn du unbedingt mit dem Taxi heimfahren willst, um jeden Preis sozusagen, kannst du natürlich telefonisch eins bestellen. Die Nummer rund um die Uhr ist 2720272 oder 2860286.

So wie schwarze Taxis verwegen aussehende NachtschwärmerInnen meiden, so hüten sich diese vor der Rostlaubenmafia der Minicabs (vergleichbar mit deutschen Minicars, allerdings sind die in Deutschland selbstverständlich den allgemeinen TÜV-Bestimmungen angepaßt). Von dem Moment an, wo du deinen polierten Schuh auf Westend-Pflaster setzt, wird der Minicar-Fahrer versuchen, dich in seinen Sitz ohne Sicherheitsgurt zu holen und dich irgendwohin zu fahren. Das Problem der Minicars ist, daß du nie genau weißt, ob du für dein Geld auch einen Gegenwert bekommst. Sie haben keine Gebührenzähler, und jedesmal wenn ich mit einem Minicar gefahren bin, mußte ich mindestens ein Pfund mehr bezahlen, als ein schwarzes Taxi verlangt hätte. Es gibt allerdings Möglichkeiten, zu einigermaßen vernünftigen Preisen ein Minicar im Westend zu erwischen, zum Beispiel, wenn du regelmäßig nachts ausgehst und dich die Fahrer kennen.

Für alle GelegenheitsbesucherInnen der Nachtszene empfiehlt es sich, den regen Taxiorganisator beim »Wag Club« (auch einer der In-Clubs in London) in der Wardour Street aufzusuchen. Er geht seinen Geschäften in einer Telefonzelle in Chinatown nach. Du kannst bei ihm ein Minicar bestellen und wirst vermutlich nicht beschissen, weil er schließlich einen Ruf zu verlieren hat. Beide Teile sind bei diesem Geschäft meistens zufrieden. Es gibt ähnliche Minicar-»Büros« für die späten Stunden auf der Old Compton Street (am Ende der Charing Cross Road), in der Greek Street (direkt außerhalb des »Lime Light Clubs«), in Song Acre (gegenüber dem Hippodrome) und am nördlichen Ende der Brewer Street.

Manche der Minicabs, die im Westend nachts herumkreuzen, sind wirklich dubios. Es kann dir passieren, daß du sogar zu einer so alltäglichen Adresse wie »Elephant« und »Castle« jeden Meter erklären mußt, weil sich der Fahrer sonst hoffnungslos verfährt. Du kannst dann nicht sicher sein, ob der Fahrer nicht überhaupt so ein Nachtcowboy ist, der sich 'ne schnelle Mark verdienen will und deinen fußkranken Notstand ausnützt. Es gibt natürlich die kleine Chance, daß du neben einem solchen unprofessionellen Nachtcowboy die billigste Reise durch London machst, da verläßt du dich am besten auf deinen Instinkt – aber beim kleinsten Zweifel laß es besser sein.

Das bringt uns zur dritten und letzten Möglichkeit, nachts den heimatlichen Hafen anzusteuern: die Nachtbusse. In manchen Teilen Londons ist der Nachtbus legendär, und es gehört zu den aufregendsten kulturellen Ereignissen, damit zu fahren. Nachtbusse sind ziemlich billig, und es gibt keinen Stoßverkehr, der die flotte Fahrt behindert. Nachtbusse sind ziemlich schnell, zuverlässig, und sie fahren die ganze Nacht. Die meisten Nachtbusse enden irgendwo in einer verschlafenen Vorstadt; das kann ganz schön traumatisch werden, wenn du eingenickt bist und statt in Peckhem in Thamesmead aufwachst.

Alle Nachtbusse fangen ihre Fahrt am Trafalgar Square an. Um nach Norden oder Osten zu kommen, solltest du am nördlichen Teil des Trafalgar Squares warten, vor der »National Gallery«. Wenn du nach Süden willst, stellst du dich vor die kanadische Botschaft, willst du nach Westen, gehst du über die Straße und stellst dich auf die gegenüberliegende Strassenseite der kanadischen Botschaft. Obwohl es im Westend viele Haltestellen für Nachtbusse gibt, gehen die meisten NachtschwärmerInnen zum Trafalgar Square. Das hängt damit zusammen, daß die Busse ziemlich voll werden; wer zuerst einsteigt, hat noch eine gute Chance auf einen Sitzplatz. Während die früheren Nachtbusse hauptsächlich von Leuten besetzt sind, die bis spät in die Nacht gearbeitet haben oder nicht wissen, wo sie noch hingehen sollen, sind die späten Busse Asyl für feuchtfröhliche Parties: Alle haben nur ein Ziel, so angenehm wie möglich nach Hause zu kommen und dabei noch Spaß zu haben. Die Preise sind vernünftig. Trotzdem versuchen die Leute immer wieder, den Fahrpreis zu sparen, schleichen sich in den Bus, wenn andere aussteigen, werfen sich gegenseitig die Fahrkarten aus dem Fenster zu. Da die Tageskarte um 3 Uhr nachts ausläuft, werden immer wieder Fahrgäste versuchen, den Fahrer anzufeuern, daß er es vor drei Uhr bis zur gewünschten Haltestelle schafft – meistens ohne Erfolg.

Die Atmosphäre an der Haltestelle ist zwar fröhlich und freundschaftlich; wenn du länger in London lebst, wirst du hier immer Bekannte treffen. Aber trotzdem kann es manchmal zu traumatischen Szenen kommen, wenn Skinheads, Fußballrowdies und sonstige Randale-Typen dazustoßen. Früher verteilte sich das Nachtvolk auf verschiedene Busse, weil die Nachtclubs verschiedene Schließungszeiten hatten. Heute schließen alle um drei und erzeugen so in den Bussen manchmal drangvolle Enge, die noch von kontrollierenden Bus-Inspektoren dramatisiert wird. Alle Nachtbusse sind übrigens mit Alarmanlagen ausgestattet, die direkt mit Polizeistationen verbunden sind.

Ich finde eigentlich, daß der Nachtbus die spannendste Art der nächtlichen Heimreise ist. Du erfährst von Ereignissen, die du vielleicht versäumt hast, jemand bietet dir lauwarmes Pils an, und du hörst die neuesten Gerüchte und Klatschgeschichten. Störend finde ich, daß es Männer gibt, die Nachtbusse als Ball der einsamen Herzen mißverstehen und immer wieder versuchen, Frauen anzumachen.

Du weißt jetzt also, wie du auch in der tiefsten Nacht noch nach Hause kommen kannst. Laß dir nur noch gesagt sein: Geh verwegenen Rostlauben, getarnt als Minicars, und Männern, die dich im Bus um eine Zigarette anhauen, aus dem Weg, dann wirst du nachts keine Probleme haben.

Jay Armstrong
Sport für Frauen

Solltest du gehört haben, daß du in London Gefahr läufst, von einem Taxi überfahren, von einem Straßenräuber niedergeschlagen oder von der Aktentasche eines Nadelgestreiften zermalmt zu werden – vergiß es. In Wirklichkeit ist die Gefahr viel wahrscheinlicher, von einem Radfahrer über den Haufen gefahren, von einem Jogger überrannt oder von einer Sporttasche erschlagen zu werden. In London scheint die Bevölkerung, wie übrigens in allen kleinen und größeren Städten, dem Sportwahnsinn erlegen zu sein. Einerseits rauchen und trinken wir, tanzen die ganze Nacht durch, andrerseits aber halten wir uns fit. Also pack deine Shorts, zieh deine Laufschuhe an, komm zu uns, mach mit. Wenn du keine Freunde in London hast, dann kann das der Weg sein, Londoner zu treffen; du wirst so eher mit ihnen in Kontakt kommen, als wenn du ihr Leben beobachtest.

Iß irgendwo an der Themse zu Mittag. Zwischen zwölf und zwei Uhr tritt eine ganze Armee von Joggern und Marathonläufern zum täglichen Brückenlauf zwischen Tower- und Chelsea-Bridge an. Sie sind Angestellte aus der City und dem Westend, und sie müssen wieder ins Büro zurück. Du aber mußt nicht. Renn mit, und du wirst genauso viel von London sehen wie bei einer Stadtrundfahrt oben in einem Doppeldeckerbus. Was du wirklich ansehen willst, kannst du dann später entscheiden. Du wirst dabei auch eine bessere Vorstellung davon bekommen, daß die Themse Kurven hat. Du wirst dich freilich schwer tun, unterwegs eine Umkleidemöglichkeit, eine Waschgelegenheit oder eine Dusche aufzutun, obwohl die Damentoilette in der »Royal Festival Hall« gut und gern als Umkleidekabine mißbraucht werden kann.

Hyde-Park, St. James-Park und Regents-Park eignen sich ebenfalls hervorragend zum Laufen. Verbinde den Regents-Park mit einem Treidelpfad-Rennen den Kanal entlang und den St. James-Park mit einem raschen Sprung zu den Londoner Königs- und Schlachtendenkmälern. Der St. James-Park ist Drehort von vielen englischen Spionagefilmen. Absolvier dort deine Joggingrunde an einem nebligen Morgen, und du wirst wissen, warum. Wenn du durch den Hyde-Park rennst, verlaß ihn bei Bayswater und lauf dann durch Queensway hinauf zum »Porchester Centre«. Dieses Sportzentrum untersteht der Stadtverwaltung von Westminster. Gebaut wurde es in den Zwanzigern, und du findest in ihm die luxuriösen russischen und türkischen Bäder mit den Original-Kacheln. An Einrichtungen gibt es drei Saunen, ein Schwimmbecken, eine Turnhalle und zwei Dampfbäder. Massage kostet extra. Frauentage sind dienstags, donnerstags und freitags, jeweils von 9 bis 22 Uhr (letzter Einlaß um 20

Uhr). Die Eintrittspreise sind erschwinglich, Gebühren für Leihgeräte und Unterrichtsstunden ebenfalls nicht teuer.

In vielen Parks, sogar in den kleinsten, gibt es Tennis-, Bowling- und Golfplätze. Die Platzmiete beim Tennis liegt zwischen zwei und drei Pfund in der Stunde. Die Plätze werden bei dem Mann in der kleinen Hütte am Rande gebucht. Fehlt der Mann in der Hütte, und ein Platz ist frei, benütz ihn. Einige wie der Battersea-Park oder der »Paddington Recreation Ground« in London haben offene Trimmpfade mit Fitness-Stationen angelegt, deren Benutzung umsonst ist. Üblicherweise sind in den Parks Erfrischungen erhältlich, wohingegen die Umkleidemöglichkeiten wieder sehr beschränkt sind.

Es gibt auch viele privat betriebene Fitness- und Sportzentren. Einige geben sich ganz exklusiv und verlangen einen Jahres-Mitgliedsbeitrag bis zu 500 Pfund, andere sind traditionell für Männer. Wieder andere wie das »Pineapple Dance Centre« in Covent Garden oder das »Covent Garden Fitness Centre« bieten besondere Kurse und Einrichtungen für Frauen gegen Gebühren plus Tagesmitgliedschaft. Das luxuriöseste und exotischste Zentrum ist »The Sanctuary«, 11 Floral Street. Ein Paradies ausschließlich für Frauen mit Swimming- und Whirlpool, Massage und Schönheitssalon, Sauna und anderen Vergnügungen. Sogar nach einem anstrengenden Tag an den Touristenschauplätzen wirst du dich eingehüllt in eines ihrer weichen, weißen Badetücher entspannt und angeregt zugleich fühlen.

Eine andere Sporthalle nur für Frauen, die gut im Geschäft ist in Nord-London, ist der »Sequin Park« in 134 Stoke Newington Church Street, eine weniger teure Ausgabe des »Sanctuary«, dafür mit mehr Sinn für Gemeinsamkeit.

Wenn du an besonderen Sportarten in London interessiert bist, dann lies die Sportprogrammseiten in »Time Out« oder »City Limits«, die offene Veranstaltungen wie Radrennen und kurze Läufe ankündigen. Getrennte Läufe für Frauen sind in einer separaten Liste aufgeführt. In den gleichen Spalten findest du auch die Ankündigungen über Sportereignisse für ZuschauerInnen. Die geschickteste Art, Wimbledon und die meisten anderen Zuschauersportarten mitzuverfolgen, ist zweifellos das Fernsehen. Für Frauen, die gerne einmal ein Kricket-Spiel in natura sehen wollen, ist ein öffentliches Lokalspiel oft die beste Gelegenheit. Der traditionsreichste und schönste Ort, Kricket anzuschauen, ist »Lord's Stadium«, und, frau höre und staune, da gibt es auch ein Frauen-Kricketteam, das für England spielt und dem das Betreten des heiligen Rasens beim »Middlesex Cricket Club« gestattet ist.

London ist nicht nur vom Lauf-, auch von Eislauffieber gepackt. Öffentliche Veranstaltungen sind billig in Richmond, Queensway, Sobell und Lea Valley, um nur die Hauptbahnen zu nennen, und Schlittschuhe gibt es zum Leihen. Die verrückten, lauten Plätze sind oft mehr eine rutschige Disko als ein sportlicher Treffpunkt. Die wirklichen Stars und die wahren Anhänger sind am frühen Morgen auf dem Eis.

Wenn du für längere Zeit in London oder einer anderen größeren Stadt bist, dann bieten sich die Volkshochschulkurse oft als billigste und beste Trainingsmöglichkeit für Sport und Tanzen an. Auf ihrem Programm steht Yoga, T'ai Chi, Afrikanische Tänze, Gewichtstraining und Entspannungsübungen in einer clubähnlichen Atmosphäre. Du triffst hier alle beliebigen Menschen, und es gibt auch wieder viele Kurse ausschließlich für Frauen. Die Einschreibung beginnt normalerweise im September, die Programme liegen in den örtlichen Büchereien aus. In London geben sie ein Buch mit dem Titel »Floodlight« heraus, das bei allen Zeitungshändlern erhältlich ist, das du aber auch in den Büchereien durchsehen kannst.

Schwimmen: Es gibt Bäder, die das ganze Jahr über geöffnet sind, die Qualität ist je nach Stadtteil unterschiedlich. Mit die besten sind das »Oasis« auf der Shaftesbury Avenue, Ecke Endell Street, mit seinem Sommerschwimmbecken im Freien, und die »Ironmonger-Row«-Bäder. Sie sind am neuesten, hellsten und saubersten, haben ein türkisches Bad im Untergeschoß und Frauentage am Mittwoch und Freitag. Der tollste Schwimmteich für Frauen liegt in Hampstead Heath, den mußt du selbst finden. Frag einfach ein paar Frauen mit Handtüchern, sie werden ihn dir sagen.

Sharon Maxwell

Ein Krankenhaus von Frauen für Frauen

Es ist ruhig im Krankenzimmer. Eine weißhaarige Frau plaudert und lacht mit ihrer jüngeren, punkig aussehenden Bettnachbarin. Im übernächsten Bett liegt eine Frau, noch an Kanülen angeschlossen, und starrt auf die bunten Plakate an den cremefarbenen Wänden. Eine Krankenschwester geht von Bett zu Bett, redet mit den Patientinnen, bewundert ihre Blumen, nimmt sich Zeit. Die Ausstattung dieses staatlichen Krankenhauses erinnert mehr an ein teures Hotel als an die Standardausstattung der englischen »National-Health«-Krankenhäuser. (»National Health« ist die staatliche Gesundheitsversorgung.)

Die Rede ist von einem ungewöhnlichen Krankenhaus, dem Elizabeth-Garret-Anderson-Hospital, in einer kleinen Seitenstraße der Euston Road gelegen und eines der letzten Juwele des »National Health Service«. Es ist auch das letzte Krankenhaus in Großbritannien, das nur von Frauen für Frauen unterhalten wird. Das ganze Personal, vom medizinischen bis zum Reinigungsbereich, ist weiblich. Männer finden sich höchstens mal als Besucher oder der eine oder andere Anästhesist, der dazugeholt wird.

Das Krankenhaus hat eine bunte Geschichte, es wurde von Elizabeth Garrett Anderson vor mehr als hundert Jahren gegründet. Sie war Großbritanniens erste Ärztin. Im Krankenhaus werden Frauen aus dem ganzen Land aufgenommen. 1976 wollte die Regierung das Krankenhaus schließen, mußte es aber auf den Druck der weiblichen Öffentlichkeit drei Jahre später wieder öffnen; 1984 wurde es für zwei Millionen Pfund renoviert. Allerdings ist die Zukunft des in neuem Glanz erstrahlten Krankenhauses ungewiß. Das Gesundheitsamt Bloomsbury, zu dem das EGA-Spital gehört, ist in finanziellen Schwierigkeiten und muß Einsparungen machen. Derzeit ist noch nicht klar, ob Teile des Krankenhauses beschnitten oder die ganze Klinik geschlossen werden soll. Ehemalige und derzeitige Patientinnen protestieren vehement gegen Maßnahmen, die ausgerechnet diese Klinik treffen sollen. Sie empfinden gerade die ausschließlich weibliche Präsenz des Personals als wohltuend und heilend, besonders bei Frauenkrankheiten.

Die Ironie des Schicksals will es, daß gerade die Qualität der Klinik, nämlich ihr hoher Pflegestandard und ihre gute Betreuung, Gründe für finanzielle Kürzung darstellen. Im EGA-Hospital ist der seltene Fall eingetreten, daß es eine Warteliste für interessierte Krankenschwestern gibt und nicht umgekehrt, daß das Pflegepersonal wegläuft, wie in anderen Kliniken. In den letzten drei Jahren ist dank der ausgewogenen und intensiven Betreuung der Patientinnen nur eine einzige Frau gestorben – eine

Krebspatientin, die schon todkrank aufgenommen worden war. Allerdings herrscht in der heutigen Zeit, in der alle sozialen Ausgaben gekürzt werden, die Ansicht bei den Behörden, daß eine so ausgezeichnete Behandlung der Frauen Luxus und daher unnötig ist.

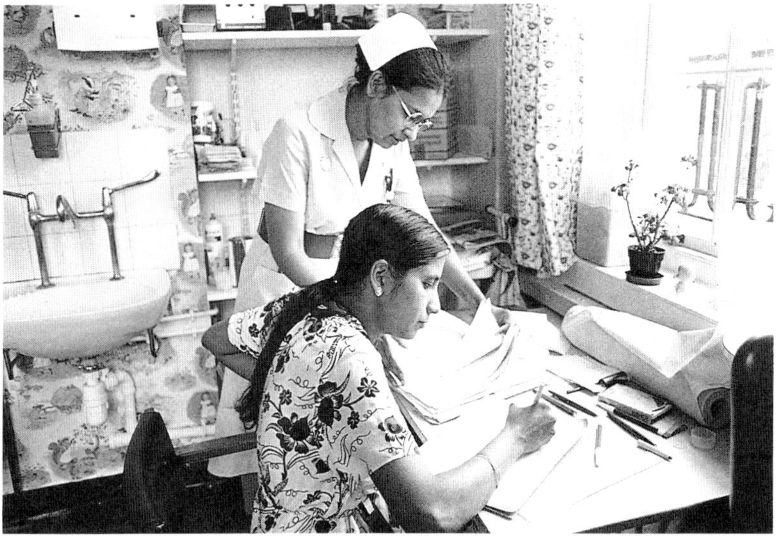

»Die Atmosphäre hier ist ausgesprochen sanft«, sagt eine Patientin, die seit Wochen hier liegt. »Ich war vorher in einem anderen Krankenhaus und empfand den Arzt als zusätzliche Belastung in meiner Krankheit. Der Körper ist schließlich etwas sehr Intimes und Persönliches, und es ist nicht leicht, wenn so ein kurz angebundener Fachmann an dir herummacht. Ich fand auch die Atmosphäre bei den Visiten angespannt. Alles mußte nach der Pfeife der Ärzte tanzen, und sie schnauzten dich an, wenn du auf dem Bett der Nachbarin gesessen bist. Das ist hier im EGA ganz anders.«

»Als wir es wieder eröffneten, wollten wir ein vorbildliches Heil-Zentrum daraus machen«, sagt Hannah Hanley, die Oberschwester des EGA. »Aber es fehlen uns noch so viele technische Dinge. Wir bekommen einfach die notwendigsten Erneuerungen nicht finanziert.«

Viele haben gar nicht mitbekommen, daß das Krankenhaus wieder geöffnet wurde. Geschlossen wurde es nämlich unter großem öffentlichen Geschrei, aber die Wiedereröffnung ging ganz still vor sich, so daß es immer noch Behörden und Abgeordnete gibt, die gar nicht wissen, daß es das EGA-Hospital noch gibt. Behindert wird die Klinik zum Teil auch von Ärzten, die ihre Patientinnen einfach nicht ins EGA überweisen –

aus irgendwelchen chauvinistischen Gründen, weil sie das Konzept der EGA-Klinik zu feministisch finden.

Während die teureren Zwei-Bett-Zimmer deshalb oft leerstehen, gibt es für andere eine Sechs-Monate-Warteliste. Die Klinik bietet Vorsorgeuntersuchungen, Unfruchtbarkeitsbehandlung, psycho-sexuelle Behandlung, Chirurgie, Brustbehandlung/operation und Früherkennung von Krebs. In dieser Breite der Untersuchung, Vorsorge und Behandlung für Frauen ist das EGA-Krankenhaus führend in London.

Die Fachfrauen des Krankenhauses arbeiten auch mit Frauen-Selbsthilfe-Gruppen und -Zentren zusammen und halten dort Beratungen ab. Das Krankenhaus ist dabei wichtige Basis, weil dort alle erkannten Probleme und Krankheiten sofort behandelt werden können.

Es scheint ohnehin verblüffend, daß das EGA-Hospital bislang den Sparmaßnahmen der Thatcher-Regierung noch entkommen konnte. Die Beseitigung dieses Krankenhauses würde allerdings dem Wahlspruch von Frau Thatcher in die Quere kommen, der da lautet: »Recht auf freie Wahl der Behandlung.« »Da sie sich für die Wiedereröffnung dieses Krankenhauses vor Jahren eingesetzt hat, wäre es natürlich widersinnig, wenn sie es heute schließen würde«, sagt eine Patientin, die die Geschichte des Krankenhauses verfolgt hat.

Jede Frau in Großbritannien kann sich von ihrem Arzt ins Elizabeth-Garrett-Anderson-Krankenhaus überweisen lassen, auch deutsche Frauen, die für längere oder kurze Zeit dort leben. Früherkennungsmaßnahmen stehen ebenfalls allen Frauen offen, allerdings haben Frauen, die in Bloomsbury leben, Priorität.

SAVE YOUR HEALTH SERVICE
Have a heart Support your NHS

Luisa Francia

Das Britische Museum und die Frauen

Als ich zum ersten Mal einen Bibliotheksausweis in der heiligen »British Library« beantragen wollte (man muß schwerwiegende wissenschaftliche Gründe haben, um dort lesen zu dürfen), antwortete der Beamte auf mein Ansinnen, ich wolle über Göttinnen etwas lesen: »We have no Goddesses in our library.« Es war ziemlich einfach, diese Behauptung zu widerlegen, und ich habe die interessantesten Veröffentlichungen über Göttinnen gefunden. Die Suche ist nicht ganz unkompliziert, weil alle Bücher nach Autoren geordnet sind, so daß man mindestens einen (oder eine) kennen muß, um sich am roten Faden weiter hineinzuziehen in die spannenden Universitätsaufsätze und Veröffentlichungen der Archäologischen Gesellschaften.

Mittlerweile habe ich auch im Museum interessante Dinge entdeckt: zum Beispiel die Tatsache, daß die wundervollen Kykladengöttinnen auf dem Weg zu Coffeeshop und Toilette nicht besonders gut beleuchtet ihr Dasein fristen. Aber auch, daß es jede Menge Material für Matriarchats- und Frauen-Forscherinnen hier gibt.

In Raum 25 zum Beispiel finden sich die vier schwarzen Löwengöttinnen, die Sekhmet darstellen. Sie stammen aus dem Ägypten des 15. Jahrhunderts vor unserer Zeitrechnung. Sie standen in Karnak, Theben und Luxor und behüteten den Tempel der Göttin Nur, ägyptische Himmelsgöttin und Hüterin der Nacht. Sekhmet heißt die Mächtige. Sie ist Sonnengöttin und auch Kampfgöttin. Auf dem Kopf trägt sie die Sonnenscheibe, denn sie repräsentiert den Aspekt des Sonnenfeuers, und eine Kobra, Symbol für Tod und Wiedergeburt. Daß Sekhmet mit Glutsymbolen dargestellt wird und der Legende nach in die Wüste geschickt wurde, um nach einer Zeit der Abgeschiedenheit in die Gesellschaft der Menschen zurückzukehren, spricht für ihre Funktion als Hüterin des Menstruations-Zyklus der Frauen.

Ein paar Schritte weiter steht die ägyptische Katzengöttin Bast. Sie ist als sitzende Bronzekatze mit Ohrringen dargestellt und stellt die Hüterin der Stadt Bubastis dar. Sie wird oft mit Rassel und Schild ausgestattet und wird als Verkörperung der Mondkraft gesehen. Als Göttin der Lust liebte sie Musik und Tanz, und sie beschützte die Frauen vor bösen Geistern.

Im selben Saal befindet sich auch eine große graue Steinstatue von Isis, der großen ägyptischen Muttergöttin, Urgöttin. Isis wurde im Ägypten der Frühzeit als Ursprung allen Lebens gesehen. Sie ist die Hüterin der Magie; alle Toten wurden mit einem roten Garn bestattet, das den Isis-Knoten, eine besondere Form der Verknotung, vulva-ähnlich, trug. Isis stand in einer engen Verbindung zum Hunds-Stern Sirius und trug die

Bezeichnung »Meerstern«, die später auf die Jungfrau Maria überging.

Im Raum Nr. 24, der allerdings nicht immer geöffnet ist, befindet sich ein Goldamulett der Göttin Astarte. In Goldblech wurden die Symbole des weiblichen Körpers graviert und mit Punzen eingeklopft. Der ursprüngliche Name Astarte bedeutete Leib, Schoß, Bauch und wurde im Hebräischen zu Astoreth, »Beschämte«. Astarte war die Große Göttin von Palästina und verkörperte die sexuelle Lust der Frauen. Sie wurde auch Königin des Himmels genannt und mit Venus gleichgesetzt. Der Name Esther stammt ursprünglich von Astarte. Astarte wurde in heiligen Hainen und auf Berggipfeln verehrt. Im selben Raum finden sich aber auch einfachere Terrakotta-Figuren von Astarte, die frühesten Funde stammen etwa aus der Zeit 7000 vor dieser Zeitrechnung.

Im Raum Nr. 12 ist ein Amazonen-Relief zu sehen, das den Kampf zwischen Griechen und Amazonen zeigt. In der dargestellten Szene versucht Herakles, Themiskyra in Kleinasien ihren Gürtel abzujagen. Der Kampf und Sieg gegen die Amazonen scheint für die Griechen ungeheuer wichtig gewesen zu sein. Die Amazonen werden mit Pfeil und Bogen, mit Doppelaxt, Halbmond-Schilden und Helmen dargestellt. Sie tragen kurze, dünne Tunika-Kleider.

Im Raum 13 sitzt die Göttin Demeter auf einem Steinthron aus weißem Marmor. Sie wurde an der Westküste der Türkei gefunden. Demeter ist Muttergöttin, wird oft mit Schweinen dargestellt, und der Mythos sagt, daß Persephone, ihre Tochter, in die Unterwelt entführt wurde. Demeter klagte und ließ die Erde verdorren, bis ihre Tochter wieder zurückkam. Demeter und Persephone (auch Kore genannt) stehen in engem Zusammenhang mit den eleusischen Mysterien, die bislang noch nicht entschlüsselt wurden.

Im Raum 84, gut versteckt hinter einem Diskuswerfer, steht Hekate, die griechische Göttin der Kreuzwege, die dreifache Göttin mit den drei Gesichtern. Ursprünglich kam Hekate aus Ägypten, wo sie Heket, Hekt oder Hequit hieß und als heiliges Tier den Frosch an ihrer Seite hatte. Es gibt Vermutungen (»Goddess Guide Group« in ihrer Veröffentlichung »Goddesses in the British Museum«), daß Hekate sogar aus Nubien stammt, wo sie Hekau hieß, »Machtworte der Mutter«, und die Gebieterin der Magie war.

Im Raum 90 ist ein Ishtar-Tempel aufgebaut. Gefunden wurde er im heutigen Irak, als die alte Stadt Ninive ausgegraben wurde. Ishtar ist die »rote Göttin«, die Göttin des Frauenblutes, der Lust, der Fruchtbarkeit und der Liebe. Ihre Feste wurden zum vollen Mond gefeiert und waren sinnliche, lustvolle Tanzfeste.

Im Raum 55 gibt es im Schaukasten Nr. 6 eine Anzahl von Augen-Göttinnen, Augen-Idolen aus Alabaster. Sie stammen aus Syrien und sind etwa 3000 vor dieser Zeitrechnung angefertigt worden. Fast alle Augenidole wurden im Augentempel von Khabur (Ostsyrien) gefunden. Agatha Christies Ehemann hat ihn ausgegraben.

In Raum 54 oder 64 (das Musum verändert gelegentlich die Anordnung der Ausstellungsobjekte) steht eine weiße Steinfigur der Lilith, die von zwei Eulen flankiert wird. Lilith ist die babylonische/semitische Ur-Göttin, sie wird als Eule, als Nachtdämonin, als kinderfressendes Ungeheuer dargestellt. In alten Zeiten symbolisierte sie Weisheit und Geburt.

Einige frühgeschichtliche Ur-Göttinnen befinden sich im Raum 65. Sie stammen alle aus der Zeit 4000 bis 3000 vor dieser Zeitrechnung und sind aus Ton geformt und gebrannt.

Im Raum 34 (»Oriental Gallery«) steht Chamunda oder auch Kali, die Hindugöttin des Tanzes und der Verwandlung. Mit ihr eng verbunden – auch im Museum – ist Durga, die die dreifache Kraft der Schöpfung, des Lebens und des Todes darstellt. Im Sri-Lanka-Teil der Orientalischen Galerie steht auch Tara, die hinduistische und buddhistische Göttin, die Mutter Erde und Übergangs-Helferin in andere Ebenen. Es gibt von der Göttin Tara den grünen und den weißen Aspekt.

Weitere Göttinnnen aller Kulturen befinden sich in den Räumen der »Quing Dynasty«, im Raum 57, 73, 69, auf dem Weg zu Raum 36 im Treppenhaus.

Das Museum hat einen Laden, in dem Museumsrepliken, Bücher, Postkarten und anderes verkauft werden. Günstig ist es, nach auslaufenden Katalogen und Veröffentlichungen zu fragen oder zu suchen, weil sie billig verkauft werden und oft sehr gut sind.

(Einige der Informationen stammen aus der Broschüre »Goddesses of the British Museum« der »Goddess Guide Group«, London 1988. Andere Informationen aus »The Womens Encyclopedia of Myth and Secret« von Barbara Walker.)

Rose Christie

Frisiersalons in London

Heutzutage ist ein Besuch beim Friseur weniger eine Qual als vielmehr gesellschaftliches Ereignis. Die Salons haben ihre Ausstattung, das Ambiente und den Unterhaltungswert beim Haareschneiden so weit getrieben, daß man sie gut auch als Tages-Nachtclubs bezeichnen könnte.

Viele Salons werben genau wie Nachtclubs, ganz zu schweigen von ihren Mode- und Video-Shows. Unter all den 9-5-Uhr-Clubs erfüllt »Vision« im Kensington Market alle Erwartungen. »Vision« ist leicht zu finden. Rechts und links vom Eingang stehen riesige Kunststoffplastiken, und um die Eingangstür hängen immer so clubbig aussehende Leute herum. Bei »Vision« gibt's einen Willkommensdrink, Kaffee oder Gin-Tonic umsonst. Und sie umgarnen dich auch nicht mit einem Drink, um dich auf ihre Preise vorzubereiten, denn die sind vernünftig. Die Musik läuft in vier Kategorien ab, von Funk bis Jazz, alles recht erträglich.

Wenn »Vision« der »Wag-Club« (Nachtclub, berühmt) der Friseure ist, könnte ich »D-Mop« in der Upper St. James Street, am Rand von Soho, als gutes Kaufhausangebot bezeichnen. Obwohl der Salon wild aufgemacht ist, sind die Frisuren eher durchschnittlich. »Wir sind keine Antennen-Friseure«, sagt Lesley, die Chefin, und bezieht sich dabei auf einen Salon in London W 8, der den Frauen die Haare zu Berge stehen ließ. »D-Mop« wird hauptsächlich von Karrierefrauen, vorzugsweise aus der Medienbranche, frequentiert, die während der ganzen Prozedur ihre Augen ständig in ihren Filofax-Notizbüchern schweifen lassen, weil sie so beschäftigt sind.

Wenn dich deine Aktivitäten auf die reichere Seite von Mayfair treiben, wirst du vielleicht den berühmten Salon von Molton Brown in der South Molton Street besuchen wollen. Der ist vergleichbar mit den Nachtclubs »Annabels« oder »Kensington Roof Garden« – wer würde dort nicht gern gesehen werden! Aber wer kann sich schon den Eintritt leisten? Molton Brown benutzt nur eigene Präparate, alles biologisch und sehr gesund. Die Musik variiert von Jazz zu klassischer Musik bis hin zu Oldies. Die Atmosphäre ist friedlich, und das bittere Erwachen kommt erst, wenn du deine frisch manikürte Hand in deinen Geldbeutel steckst. Sogar eine Tasse Tee (Earl Grey bis Kamille) kostet dich ein Pfund. Du könntest theoretisch bei Molton Brown mehr Geld für Essen und Trinken lassen, als du bei »Vision« für einen Haarschnitt ausgeben mußt.

Ein ähnlich schicker, aber erschwinglicher Haarsalon ist »Worthingtons« am Charlotte Place, W1. Ich ging rein und wünschte mir sofort, ich hätte mir die Haare gekämmt und meine Schuhe geputzt. Der Besitzer Charles war aber sehr freundlich und nahm mir die Scheu. Ein Schwätz-

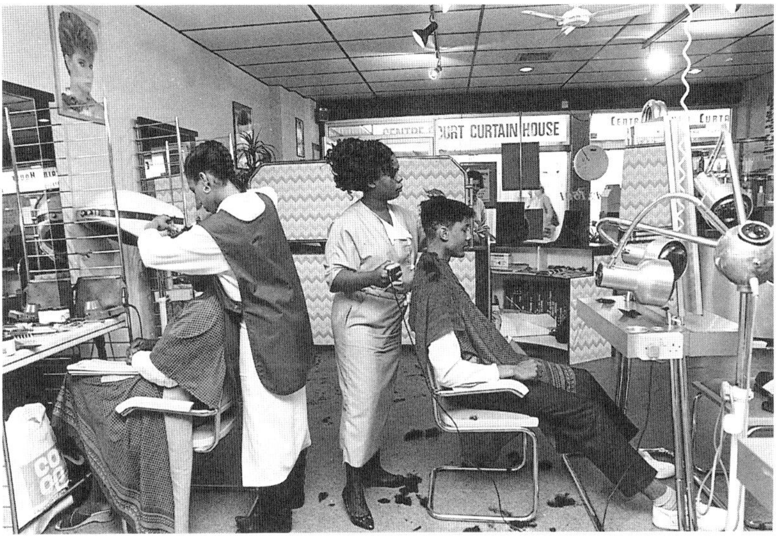

chen, Kaffee, Obstsaft, Wein und Minzbonbons werden vom Haus spendiert. »Sonst fühlen sich die Kundinnen betrogen«, sagt Charles.

Garantiert nicht betrogen fühlst du dich bei »Hebe«, wo die Preise im Rahmen des schmalen Geldbeutels bleiben. In der Friseur-Welt ist »Hebe« das, was die »Hippodrome«-Clubs bei Nachtclubs sind. Es gibt sechs Filialen am Strand, Villiers Street, Fleet Street, Charing Cross Road, Charing Cross Hotel und William IV Street. »Hebe« ist ideal für müde-Touristinnen oder abgearbeitete Bürofrauen, und wenn du »Capital Radio« nicht leiden kannst, geben sie dir Ohrstöpsel, damit du es nicht hören mußt.

Gillian Slovo

An einem Donnerstag in Dalston

An einem Sonnentag zeigt Dalston seine zwei Seiten: Eine ist voller Leben, die andere voller Dreck. An diesem Donnerstag waren beide zu sehen. Abfälle vom Markt verbanden sich mit dem üblichen Straßenmüll zur örtlichen Schmutzorgie. Auf der »Kingsland Road« spuckte der Verkehr seinen abstoßenden Rauch aus, der die Luft säuerte und die schon schlimm ausschauende Architektur mit einem Grauschleier überzog.

Aber jenseits der Hauptstraßen, in den rückwärtigen Straßen und Hinterhöfen lag eine Spannung in der Luft: eine Spannung, die sich langsam aufgebaut hatte und nun dabei war, ihren Höhpunkt zu erreichen.

Lange Zeit war Dalston eine Gegend gewesen, wo die Familien, schwarze und weiße, friedlich Tür an Tür lebten. Aber die steigenden Hauspreise, in deren Gefolge ein Zustrom junger weißer Mittelschichtleute und eine wachsende Militanz unter den schwarzen Einwohnern hatten die Atmosphäre verändert.

Als ich vor zwei Jahren die »Amhurst Road« hinuntergegangen war, hatten mich am meisten die verkommenden Häuser und die Ausstrahlung von Absterben in diesem Viertel betroffen gemacht. Als ich jetzt in Richtung zum Kang's-Supermarkt ging, konnte ich dem strengen Geruch von Marihuana nicht mehr entkommen.

Ich sah auf die andere Seite. Dort hatten sie in einem verlassenen Gebäude einen Spielsalon eingerichtet. Davor standen etwa zwanzig Farbige in Gruppen zusammen und unterhielten sich unbekümmert. Es war ein eher zwangloses Beisammenstehen, aber als ich länger hinsah, nahmen die einzelnen Gruppen Form an und bildeten schließlich eine geschlossene Masse, als zwei Polizisten sich auf den Eingang zubewegten.

Ich war nicht die einzige Beobachterin. Bis der erste Polizist den Eingang erreicht hatte, waren noch mehr Menschen aufgetaucht. Zielbewußt und selbstsicher kamen sie von allen Seiten heran. Der Polizist verschwand in der wachsenden Menge; von drinnen waren laute Stimmen zu hören. Der zweite Polizist hielt sich in einiger Entfernung und begann in sein Taschen-Walkie-Talkie zu sprechen.

Er bekam seine Anweisungen gerade noch rechtzeitig. Die Unmutsäusserungen aus der Menge wurden lauter, als er sich zwischen sie drängte. Er rief seinem Kollegen etwas zu, und der bahnte sich einen Weg heraus. Er sah erleichtert aus, doch in seinem Gesicht spiegelte sich noch der Schrecken. Höhnische Worte wurden den beiden Männern, die sich eilig entfernten, hinterhergerufen.

Über die Straße hinweg richteten sich die Augen auf mich. Die Blicke drückten Verwunderung darüber aus, was ich hier zu suchen hätte. Ich wunderte mich selbst, spürte die Trennlinie zwischen Schwarz und Weiß, zwischen Mann und Frau und wußte nicht, wie ich über die Straße kommen sollte. Ich lächelte kurz. Dann ging ich und machte meine Einkäufe. Als ich wieder herauskam, waren die Männer fort. Alles war so ruhig wie vorher.

Es war einer von diesen seltenen Abenden, an denen es sich auch nach Sonnenuntergang nicht abkühlt. Ich spazierte durch die Dämmerung und genoß die Wärme und die Menschen. Die Straße war belebt mit Gruppen von Leuten, die auf den Gehsteigen zusammenstanden, miteinander schwätzten, dann weitergingen. Sie verwandelten die »Essex Road« aus einer häßlichen Verkehrswüste in einen Ort, der eine Bestimmung hatte. Es war eine Verwandlung, die den ganzen Sommer über vor sich ging und jetzt ihren Höhepunkt erreicht hatte. Die Straße war von den Jungen übernommen worden, die kein Geld hatten und keine Aussichten, die aber voller Tatendrang waren und voller Bereitschaft, ihn zu befriedigen.

Weil es dunkel geworden war, gab es keine Fußstreifen der Polizei mehr. Stattdessen saßen in Seitenstraßen und Garagen ganze Wagenladungen von blau gekleideten Männern und warteten auf das Zeichen, sich in Bewegung zu setzen. Die Leute in der Straße wußten das, aber sie kümmerten sich nicht darum.

Anfangs war ich noch ziellos umhergestreift, aber schließlich folgte ich der Menge in Richtung Dalston. Als ich mich der »Kingsland Road« näherte, hatten sich die verschiedenen Gruppen von Menschen zu einem Pulk zusammengeschlossen, alle gingen jetzt schneller. Auch der Lärm war stärker geworden, aber das kam nicht von uns. Denn als wir in Richtung »Dalston Junction« einbogen, bot sich uns ein Bild generalstabsmäßiger Planung.

Die Straße war überflutet mit Polizei. Sie standen an jeder Ecke, sie saßen in ihren Mannschaftswagen, die jetzt nicht mehr verborgen gehalten wurden, sie hatten sich mit Schutzschilden in den Toreinfahrten aufgestellt. Sie verbreiteten eine Atmosphäre von Geschäftigkeit und Tüchtigkeit, die aber ihre innere Verwirrung nicht überdecken konnte. Sie verstanden nicht, was da vor sich ging; es gefiel ihnen nicht. Das Recht, die Straßen zu kontrollieren, das hatten sie als ihr Privileg angesehen, und jetzt wurde es ihnen wegenommen.

Während ich dastand und beobachtete, veränderte sich die Szene auf einmal. Von rechts kam eine Gruppe farbiger Jugendlicher. Sie rannten schnell und machten einen ausgelassenen Eindruck. Niemand führte sie an, und sie schienen mühelos dahinzufliegen. Als sie bemerkten, daß man ihnen zusah, reckten sie ihre Hände in Siegergebärde nach oben. Die Menge jubelte.

Für die Gruppe, die sie verfolgte, mußte sich das entmutigend anhören.

Es waren Polizisten, die in dreireihiger Formation rannten, sich mit Disziplin bewegten. Man sah ihnen an, daß sie das haßten. Im Gleichschritt hämmerten ihre Füße ihre Wut auf's harte Pflaster. Sie rannten in gleichbleibendem Tempo, ihr Ziel war die Gruppe vor ihnen. Doch wie schnell sie auch rannten, der Abstand verringerte sich nicht. Sie waren organisiert, die, die sie verfolgten, inspiriert. Als sie um die Ecke bogen, sah ich ihre Schultern, sie drückten ihre Niederlage aus.

In diesem Augenblick wurde ich von hinten gestoßen. Ich drehte mich um, da war ein junger Polizist, der mich anschaute. »Gehen Sie weiter«, befahl er, »oder ich werde Sie wegen Behinderung mitnehmen.«

Ich zuckte die Schultern und ging. Andere um mich herum ebenfalls. Wir gingen wie in einer Gruppe, bis wir bemerkten, daß die Polizisten Anstalten machten, uns zu umzingeln. Da stoben alle auseinander. Schreie klangen durch die Nacht, als die Menschen durch Alleen und Hintergärten flohen.

Ich kannte die Gegend gut und hatte nicht viele Schwierigkeiten wegzukommen. Bald fand ich mich allein wieder. Da spürte ich, wie sich nach all der Aufregung eine Müdigkeit in mir ausbreitete. Ich überlegte, auf dem Heimweg bei »Sam's« vorbeizuschauen, doch dann kam mir das »Green Horse« in den Sinn. Es war nicht weit von dort, wo ich gelandet war, und es schien einen Versuch wert.

Jay Armstrong

Treffpunkt: Die Bar der Royal Festival Hall

Wo kannst du als Frau allein sowohl Alkohol wie auch Kaffee trinken, essen oder nicht und tolle Musik umsonst haben? In der Bar der Royal Festival-Hall. Sie ist einer der besten Treffpunkte für Frauen, hat einen Buchladen, Cafeterias, Austellungen, und oft wird auch feiner Schmuck verkauft. Unterschiedlich die Musik beim Mittagessen. Du kannst drinnen sitzen oder im Freien mit Blick auf die Themse, du hörst einen Kinderchor oder eine Steel-Band, Modern Jazz oder einen Konzertpianisten. Oben ist eine riesige Konzerthalle, wo klassische Musik-Aufführungen stattfinden und seit neuestem auch andere Sachen von »Sweet Honey in the Rock« bis George Michael und Dollar Brand.

Zur Festival-Hall haben besonders die Sozialisten eine Beziehung. Sie wurde von der GLC (Greater London Council) eröffnet, die einmal die sozialistische »Kommunalregierung« von London stellte und dann von den Konservativen abgelöst wurde. Die GLC befreite dieses unansehnliche Schaustück der Fünfziger-Jahre-Architektur von seinem muffigen Konzertbesucher-Image und verwandelte es in eine wirkliche Kulturstätte für das Volk. Die Festival-Hall ist polizeilich überwacht, steht aber dennoch den Obdachlosen mit ihren Pappdeckel-Matratzen genauso offen wie den Mitgliedern von der Krawattenfraktion. Geöffnet ist jeden Tag und jeden Abend, bis die Konzerte oben zu Ende sind. Draußen vom Flußdamm aus, der mittlerweile »Parisian« heißt, eröffnet sich ein schöner Blick auf all die Touristenattraktionen, besonders auf den Big Ben bei Nacht.

Auf der rechten Seite der Hall steht das »National Film Theatre«, eines der besten Repertoire-Kinos in London, wo auch das jährliche Filmfestival stattfindet. Weiter gibt es hier die Nelson-Mandela-Statue und die Denkmäler der Arbeitslosen-Volksmärsche zu Beginn dieses Jahrzehnts. Und dann wirf auch noch einen Blick auf die »County Hall«, das ist das imposante Gebäude zur Linken, wo einmal der Sitz der GLC und die Londoner Bildungsbehörde waren. Wie so vieles in Thatchers Großbritannien steht es zum Verkauf.

Der schönste Weg dorthin ist mit der U-Bahn bis zur Haltestelle Embankment (gleich daneben im Hungerford-House ist das Frauenzentrum) und dann über die Hungerford-Fußgängerbrücke.

Von hier aus befinden sich auch noch in Fußgängerentfernung zwei der besten Kunstgalerien. Die »Tate Gallery« liegt rechts am Uferdamm, bevor du über die Brücke gehst. Gleich bei der Festival-Hall liegen die »Hayward Galleries« mit ihren wechselnden Ausstellungen, die in ganz Europa gezeigt werden.

Micki Marschall

Soho – der Quadratkilometer der sinnlichen Erlebnisse

Soho, begrenzt von Leicester Square im Süden, Oxford Street im Norden, Charing Cross Road im Osten und Regent Street im Westen, ist zu Fuß leicht in zwanzig Minuten zu durchqueren. Aber wenn man sich Zeit läßt zu schauen, kann man sich tagelang hier aufhalten und immer wieder Neues endecken. Leicester Square hat an jeder Seite ein riesiges Premierenkino und ist so voll von Teenagern, Touristen und Tauben, daß man sich schnellstens entfernen möchte. Nur im Morgengrauen, etwa nach einer Nacht in der schicken Disko »Café de Paris«, sieht man, daß dieser Platz auch in Paris nicht schlecht aussehen würde. Charing Cross Road ist eine Oase für Bücherliebhaberinnen, und es lohnt sich, einen kurzen Abstecher in die Great Newport Street zu machen, um die beiden Hälften der Photographers Gallery (Eintritt frei) zu besichtigen. Oxford Street schließlich ist die Haupteinkaufsstraße, aber alles andere als eine Oase. Von dort fliehen wir über den schattigen Soho Square, auf dem mittags die Büroangestellten ihre Sandwiches essen und die Penner ihren Cider trinken.

An dieser Stelle muß man anmerken, daß in Soho die größte Dichte von Cafés, Restaurants und Bars herrscht, es ist unmöglich, alle zu besuchen. Jenseits der Shaftesbury Avenue, dem Theaterland Londons, in der Gerrard Street ein Konzentrat chinesischer Kultur – »Chinatown«. In den verschiedenen Supermärkten und Läden gibt es Akupunkturnadeln, Papierdrachen, Kung-Fu-Schuhe, mir völlig unbekanntes Grünzeug, chinesische Platten und um die Ecke in Warour Street das chaotischste Eßerlebnis in »Chinatown«, den »Dim-Sum«-Palast »Chuen Chen Ku«. Dim Sum sind kleine, schwer zu identifizierende Leckerbissen, die von verächtlich dreinschauenden Kellnern blitzschnell auf Wagen an den Tischen vorbeigefahren werden. Aber selbst wenn es nicht gelingt, die richtige Bestellung zu machen, die Atmosphäre ist großartig, und es ist alles eßbar.

Wieder zurück in Richtung Old Compton Street, hier haben Generationen von europäischen Einwanderern aus Frankreich, Griechenland und Italien ihre kulinarischen Spuren hinterlassen. Soho ist ein Wallfahrtsort für Delikatessenfreaks – an jeder Straßenecke ist entweder ein altetablierter italienischer Deli oder irgendwelche kleinen feinen Lädchen, die zu entdecken sich lohnt. Carnaby Street ist tot, ermordet vom Post-sechziger-Jahre-Nostalgietourismus aber an ihrem Ende findet, wer lange und gründlich sucht, »Lascelles Old English Tea Room«. Zwei Schwestern mit einem an Kunst grenzenden Gespür für Kitsch machen hier Tee und die traditionellen Gurkenbrötchen.

Was Soho berühmt oder vielmehr berüchtigt gemacht hat, sind natürlich weniger die Delikatessenläden und die französischen, italienischen und griechischen Cafés und Restaurants, sondern das Nachtleben. Hier existieren die Striptease-Läden (von Feministinnen in den siebziger Jahren in den »Reclaim the Night«-Demonstrationen angegriffen) ganz diskret neben den teuren Nouvelle-cuisine-Restaurants; die Frauen aus der Peepshow verbringen ihre Mittagspause in den Cafés – genau wie die Journalisten und die Angestellten der Filmvertriebe in der Wardour Street. In Soho wird es nie beschaulich. Wenn um sechs die Cafés und Läden zumachen, geht ringsum der Theaterbetrieb los, vor den populären Restaurants der preiswerteren Klasse bilden sich Schlangen, an warmen Abenden füllen sich die Gehsteige vor den Pubs mit trinkenden, plaudernden Vergnügungssüchtigen, die später die Nachtklubs füllen. Zwischen Pub und Club kann man noch schnell ins schicke neue Metro-Kino gehen, das Kunst- und alternativen Filmen gewidmet ist, oder sich das neugebaute, scheußlich-faszinierende Trocadero-Vergnügungszentrum ansehen, z. B. die »Guinness World of Records«, wo man zusehen kann, wie die längste Dominoreihe der Welt umfällt.

Oder wir spazieren einfach noch einmal durch die belebten Straßen von Soho und Chinatown und genießen es, in einer Großstadt zu sein, wo das Nebeneinander von Altem und Neuem, Schäbigem und Großartigem ein ganz exklusives Erlebnis der Sinne und Phantasie erzeugt. Und außerdem – entgegen dem Ruf, den Soho genießt, ist es völlig ungefährlich.

Jay Armstrong

Portobello Road – die heissgeliebte Ecke

Ich weiß, sie ist eine alte Touristenfalle – aber nach dreißig Jahren »Swinging London« ist Portobello Road immer noch voller Zauber. Die teuren Stände auf dem Stück zwischen Notting Hill Gate und Blenheim Crescent täuschen – der Markt hat sich verändert. Und dieses Stück mit seinen schäbigen, überteuerten Antiquitäten, den Wechselbüros und dem überdachten Markt wird am besten gemieden, außer von Frauen, die sich gerne inmitten von Touristenmengen vorwärtswälzen. Hier sieht man London als eine Ansammlung von »bunten Typen« wie in einem Museum. Unter der Woche ist hier kaum einer der feinen Antiquitätenläden offen, sie machen ihre Türen eben nur für die reichen, leicht verführbaren Touristen auf.

Aber bei Blenheim Crescent nimmt die Geschichte einen ganz anderen Charakter an. Der Markt fängt hier erst richtig an, hier kaufen auch die »Einheimischen« ein, und »einheimisch« heißt hier, die Bewohner kommen aus mehr Ländern, als es Stände gibt. Viele Touristen sehen die Obst- und Gemüsestände und Kinderkleider aus Akryl und schließen daraus, der Markt sei hier zuende. Weit gefehlt: Ab hier geht der Spaß erst richtig los.

Blenheim Crescent ist etwas für Frauen, die Englisch lesen können – Reisebücher im »Travel Bookshop«, Okkultes im »Open Book« und »Books for Cooks«. Hier sind die Läden bunt und billig, das Obst sieht lecker aus, die Läden verkaufen bedruckte und gebatikte Kleider und Leder- und Bondageklamotten. Ein Stück weiter versetzt uns der Laden »Planet Alice« mit seinen psychedelischen Comics und Klamotten zurück in die sechziger Jahre; und daneben die Mutter aller Hippie-Gesundheitskostläden, »Ceres«, die immer noch schmackhaft-gesunde kleine Imbisse über die Straße verkauft. Für Frauen der achtziger Jahre bietet sich eher das Grove Café an der Ecke Lancaster Road an, im ersten Stock über einem Reggae-Plattenladen. Auf dem Balkon kann man die Marktaktivitäten beobachten und Avocadobrötchen mit Mozarella zum Cappuccino essen. An Samstagen kann es hier sehr voll werden, deshalb lohnt es sich, die Portobello Road auch mal unter der Woche abzugrasen.

Die nächste Finanzkrise steht an unter der Bahnüberführung, am Portobello Green. Die Läden sind umwerfend und die Preise dementsprechend, aber hier werden einige der schönsten Schmuckstücke in London hergestellt und verkauft. Hier, unter der Westway-Unterführung, macht das Einkaufen am meisten Spaß. Besonders gut sind die Kleider und Accessoires aus den fünfziger Jahren, und die Stände daneben bieten handgemachte Modekleidung zu erschwinglichen Preisen. Gegenstände von erstaunlicher Schönheit liegen neben erstaunlichem Mist, und ein Stand, der CND(Anti-Atomwaffen)-Buttons verkauft, kann direkt neben dem Typen mit den sexistischen T-Shirts stehen. Nirgendwo sonst teilen sich ein Streichquartett und ein schreiender »Socialist Worker«-Zeitungverkäufer dieselbe Bühne.

Portobello Road hat eine Ecke, wo sie aufhört, schick zu sein. Hier breitet sich ein typisches Flohmarkt-Szenario aus – Haushaltswaren der vierten Generation oder noch älter, ein Haufen Klamotten auf dem Boden, Kleider, Bücher und Platten werden aus einem Lieferwagen heraus verkauft. Das Tempo hier ist gemütlicher, die Verkäufer plaudern, an der Straßenecke stehen ein Pferd und ein schäbiger Wagen. Am oberen Ende der Portobello Road sind ein paar neue Galerien – Augenweiden zwar, aber doch wieder Zeugen dafür, wie die ansässige Bevölkerung aus dem Viertel hinausgedrängt wird zugunsten der sich immer weiter ausbreitenden Konsum & Genußgesellschaft. Wo jetzt die Galerien sind, waren bis von kurzem ein griechischer Friseur, eine Tierhandlung, ein Blumenladen.

Etwas, was man nicht beschreiben kann, sind die Gerüche hier: Knoblauch und Räucherstäbchen, Kaffee und »sensi« (Gras), der musikalische Soundtrack dazu – Sinatra und Hip-Hop, Marley und Vivaldi – und die grinsenden, fröhlichen, angestrengten, konzentrierten Gesichter all der Menschen, für die dieser Markt ihren ganzen Samstag ausmacht.

Der Markt ist nur am Samstag offen, die Geschäfte, Cafés, Galerien und Menschen sind die ganze Woche da, exklusiv für die, die sich außerhalb der Touristen-Pfade bewegen.

Ein Wochenende im Jahr spielt die ganze Gegend verrückt: Am letzten Wochenende im August (»Bank Holiday Weekend«) findet hier der »Notting Hill Carnival« statt, der größte karibische Karneval außerhalb der Karibik. Reggae Bands, Steel Bands, Umzüge mit wunderschönen Kostümen, die von den Teilnehmern über das Jahr vorbereitet werden, Hunderttausende von Besuchern aus ganz London, Touristen, Polizisten. Jedes Jahr gibt es Reibereien zwischen der Polizei und den Jugendlichen, aber jedes Jahr ist auch immer wieder das typische Bild in der Zeitung, auf dem ein Polizist (der hier mal als freundlicher Bobby auftritt) mit einer schwarzen Frau auf der Straße tanzt, sie mit seinem Helm geschmückt. »Blow your whistle!«

Siobhan Dowd

Südlich des Flusses

In Londons sogenannten intellektuellen Kreisen besteht Übereinstimmung darin, daß in den Vierteln südlich der Themse lauter Dummköpfe wohnen, wenn nicht gar Barbaren. Wer etwas auf sich hält, lebt in den sonnigen Zonen nördlich des Flusses, näher dem Zentrum zu, »wo etwas los ist«. Die SüdlondonerInnen dagegen halten die »Nordlichter« für maniriert und snobistisch. Für sie ist Südlondon das »echte« London, wo die »echten« LondonerInnen leben, und das Höchste an Lebensstil überhaupt ist eine Wohnung in Battersea, Balham oder Brixton. Beide Überzeugungen entbehren natürlich jeglicher Vernunft, doch die Kluft des Denkens, geographisch versinnbildlicht im Verlauf der Themse, ist sehr real und findet ihre Entsprechung in Thatchers Großbritannien, wo der Gegensatz zwischen Nord und Süd immer größer wird.

BesucherInnen der Hauptstadt sollten sich dennoch nicht von NordlondonerInnen einreden lassen, daß es am anderen Flußufer und darüberhinaus nichts zu entdecken oder zu erforschen gäbe. Von Greenwich im Osten bis Richmond im Westen und noch hinaus in das weit ausgedehnte Vorstadtgebiet, das rund um Londons ersten Flughafen in Croydon entstanden ist, spannt sich ein faszinierendes Netz von Vororten. Die Architektur umfaßt dabei in einem weiten Bogen ebenso die schönsten Wohnblocks aus dem achtzehnten Jahrhundert wie die schäbigsten Betonklötze aus den sechziger Jahren. Weit ausschlagend auch das Kulturpendel: auf der einen Seite der weltberühmte Südufer-Komplex mit dem Nationaltheater, der »Royal Festival Hall« und der »Hayward Art Gallery«, auf der anderen die StraßenmusikantInnen in den Einkaufszentren und U-Bahnstationen.

Und dann erst die Freiflächen: Da ist Richmond, einst das Jagdrevier von Heinrich VIII., heute Londons größter Park – Hampstead Heath im Norden erscheint als zweitgrößter armselig dagegen –, da sind aber auch die häßlichsten Müllhalden, traurige Zeichen städtischen Verfalls. Schließlich die Menschen: die »young upwardly mobiles« (Yuppies), die sich damit brüsten, fast Tür an Tür mit Prinzessin Fergie in Clapham Common zu wohnen; Seine Durch(schnitt)laucht, der Südlondoner, der seine Sonntage damit verbringt, seinen Rover zu wienern; die Kriminellen aus den Verbrechersyndikaten, mit denen verglichen sich die Mafia wie eine Gruppe Pfadfinder ausnimmt. Südlondon ist ein Mischmasch grundverschiedener Elemente, seine Anziehungspunkte sind nicht leicht zu erkennen, deshalb auch weniger bekannt, aber nichtsdestoweniger entdeckenswert.

Wenn du dich in den Zug setzt, der von der London-Bridge nach South

Bermondsey fährt, könnte es dir niemand verdenken, daß du dich plötzlich in eine nachindustrielle Wildnis verschlagen fühlst. Unterhalb der Schienen siehst du diese wohlbekannte Gestrüppwüste mit den großen weißen Plastiksäcken voll mit wer weiß was für einem Dreckzeug, dazwischen vor sich hin rostende Schrottautos; dahinter verkommene, graffittibeschmierte Wohnblocks, in denen noch Menschen leben.

Südlondon war während des Krieges schwer getroffen worden, und die Art des Wiederaufbaus in den sechziger Jahren gestaltete sich zu einem einzigartigen Desaster. ArchitektInnen entschieden, sie wüßten, was gut wäre für die Menschen, und zogen gnadenlos ihre Wohnsiedlungen hoch. Heute sind viele von ihnen abbruchreif, nachdem Tausende von Menschen in ihnen ein elendes Leben geführt haben. Scharen von Kindern sind zu leimschnüffelnden Meuten heruntergekommen, die heute wie hungrige Wölfe durch die öden Siedlungen streifen. Von der Außenwelt abgeschnitten, sitzen Mütter im 20. Stockwerk und fragen sich, wo ihre Kinder sind. Briefträger stellen die Post nur zu zweit zu. »North Peckham Estate« zum Beispiel hat heute den Ruf, die wildeste und gewalttätigste Siedlung in ganz Europa zu sein.

Es gibt einige Einkaufszentren, die ebenfalls architektonischen Katastrophen gleichkommen. »The Elephant and Castle« heißt ein Viertel im Süden der Waterloo-Bridge, nach einem Pub, das mitten auf einer Strassenkreuzung liegt. Es war eine freundliche kleine Gemeinde, in der das Pub und ein Wassertrog für Pferde einen allgemeinen Treffpunkt darstellten. Heute steht da ein häßliches Gewirr von unterirdischen Gehsteigen und ein eigentlich ungenutztes Einkaufszentrum mit einem abstoßenden Gebilde aus grauen Zementplatten in der Mitte, das sich Skulptur nennt. Es waren diese autoritären Architekten, die Südlondon seinen unverdienten schlechten Ruf verschafft haben. Der Schlamassel, den sie angerichtet haben, ist sehenswert, wenn auch nur als Beispiel dafür, wie Stadtplanung auf keinen Fall stattfinden sollte.

Doch nur einen Steinwurf vom »Elephant« entfernt, in einer Nebenstraße der »Kennington Park Road«, findest du das genaue Gegenteil. »Cleaver Square« ist georgianische Wohnkultur reinsten Stils: goldene Ziegel, Schiebefenster und Baumreihen davor. Das Viertel ist wohlbekannt bei den Abgeordneten des Parlaments, weil es in Hörweite der Westminster-»Abstimmungsglocke« liegt, die sie zur Stimmabgabe bei wichtigen Themen aufruft. Noch mehr architektonische Kleinode lassen sich während eines Spaziergangs durch Richmond, Kew oder Barnes entdecken; kleine viktorianische Landhäuser mit Gärten voll wild wachsender Blumen; schmale Häuser mit Balkonen und Blick auf den Fluß; elegante, breite Straßen, die einen fast ländlichen Charme ausstrahlen. Viertel mit guterhaltener alter Bausubstanz werden geschwind von Sanierungsunternehmen aufgekauft und in altem Glanz herausgeputzt.

Unglücklicherweise nutzt dieses Verfahren nur denjenigen, die genug Geld für eine Eigentumswohnung aufbringen können. Am Schicksal der Ausgestoßenen in ihren heruntergekommenen Wohnsilos ändert das gar nichts.

Einer der kulturell reizvollsten Plätze in London ist der »Brixton Market« auf der »Electric Avenue«, die so heißt, weil sie als erste Londoner Straße eine elektrische Beleuchtung erhalten hatte. Dennoch könnten die BesucherInnen zu recht annehmen, der Name käme von der berühmten »Electric Avenue« in Jamaica, angesichts des Angebots westindischer Lebensmittel – grüne Bananen, getrockneter Fisch, Mangos, süße Kartoffeln, Yamswurzeln –, die hier neben dem üblichen Obst und Gemüse verkauft werden. Farbige Frauen in bunt bedruckten Kattunkleidern feilschen gutgelaunt mit den (meist weißen) Straßenhändlern und vertreiben sich die Zeit im Gespräch mit ihren NachbarInnen an den Straßenecken. Und die ganze Szenerie scheint in strahlendes Licht getaucht. Das macht die Reggaemusik aus den Kofferrecordern der farbigen Jugendlichen und der nahen Geschäfte. Der Markt hat einen überdachten Teil. Dort verkaufen sie alles von weiblichen Schönheits-Accessoires wie Haarteile im Afro-Look bis zum besten Fisch in London. Es ist auch lohnend, sich einmal in den Secondhandläden umzugucken. Mit ein bißchen Glück kannst du hier Klamotten aus den fünfziger und sechziger Jahren zu einem Zehntel des Preises bekommen, den du dafür im Nordlondoner »Camden Lock« bezahlen müßtest.

Die Arbeitslosigkeit in vielen Vierteln Südlondons ist hoch, wenn auch nicht so drückend wie im Norden Großbritanniens. Es gibt da eine Theorie, daß in Zeiten wirtschaftlicher Depression die Künste eine Blüte erleben. Die kleinen Theater, Tanzgruppen, Galerien und Musik-Treffs sind in den letzten Jahren offenbar wie Pilze aus dem Boden geschossen, und alle haben sie für Arbeitslose verbilligte Eintrittspreise. Tatsächlich sind viele von den KünstlerInnen selbst arbeitslos. Die Londoner Bildungsbehörde (sie soll bald abgeschafft werden) hat Mittel zur Verfügung gestellt, damit Arbeitslose sich weiterbilden können. Dennoch ist die »South Bank« zweifellos ein bedeutendes nationales Kunstzentrum für solche SchauspielerInnen, MusikerInnen und KünstlerInnen. die ihren Weg schon gemacht haben. Und selbst in den weniger bekannten Etablissements Südlondons kann dir Atemberaubendes geboten werden, wenn auch das Niveau nicht überall gleich sein mag. Folgende Einrichtungen sind zu empfehlen: Das »Battersea Arts Centre« und das »Albany Empire«, zwei Kleinkunstbühnen, die besonders junge Lokaltalente fördern wollen und auch Frauenveranstaltungen haben; »The Young Unknowns Gallery«, in der jeder sein Kunstwerk für 50 Pence in der Woche ausstellen kann; »The Brixton Art Gallery«, gleich hinter der U-Bahnstation.

Die Lokale und Restaurants Südlondons geben Stoff für eine ganze

Doktorarbeit. Doch gewiß einen Besuch wert ist »The George« in der Borough High Street, obwohl es dort schon touristisch zugeht. Es ist das letzte noch verbliebene Lokal mit Galerie in London und ein bevorzugtes Objekt von Filmemachern – es war zum Beispiel ein wichtiger Drehort in dem Musical »Oliver Twist.« Du kannst sommers wie winters in dem gepflasterten Hof sitzen, und die niedrigen Decken machen die Räume drinnen sehr gemütlich.

Ein weiteres interessantes Lokal ist das »Phoenix and Firkin«, das eigentlich zur Bahnstation in Denmark Hill gehört. Während du starke Ale-Biere wie das »Dogbolter« schlürfst, kannst du zu den durchfahrenden Zügen hinunterschauen, die müde Pendler nach einem langen Tag heimbringen – und du kannst dich glücklich schätzen, nicht zu ihnen zu gehören. Eine Sommerattraktion sind die Lokale am Flußufer.

Südlondon besteht aus einer Vielzahl von Widersprüchlichkeiten. Du kannst eine bedrückend schlimme Straße wie die Lothian Road in Camberwell entlanggehen, und plötzlich, wenn du irgendwo einbiegst, stehst du vor einer wirklichen Oase – so wenn du beispielsweise nach links in die Calais Street einbiegst und einen herrlichen Park entdeckst, Myatts Fields. Meist wohnen Arm und Reich dicht beisammen, eine seltene Ausnahme bildet Dulwich Village (wohin Margaret Thatcher sich einmal zurückziehen will). Ein fröhlicher gemeinsamer Spaziergang und freundliche Nachbarschaftsgesten sind hier noch nicht ausgestorben. Ein Spaziergang durch Südlondon ist wie eine Reise durch einen Mikrokos mos Großbritanniens, es gibt alles: häßliche Warzen und strahlende Schönheit.

3
Stadt – Land – Fluss

Hazel Gillard

Reisetip: Überall in England…

Ich glaube, ich liebe einfach England; ich habe oft gar keine Lust, woanders hinzufahren; und jedesmal, wenn ich was Neues entdecke, bin ich wieder begeistert. Letztes Jahr entdeckte ich zufällig den »Peak District«. Ich war in Hope, in der Nähe von Sheffield, wo wir ein Cottage gemietet hatten. Und da war nur wenige Kilometer weiter diese schöne einsame, wilde Berglandschaft. Obwohl viele Wanderer mit Rucksäcken dort unterwegs sind, ist es möglich, ganz allein zu sein in den tiefen Schluchten zwischen steilen Wänden, die fast wie Meeresklippen aussehen. Ganz allein mit den Schafen…

Die andere Entdeckung war Essex, nordöstlich von London und ein absolutes Muß für die, die die Bilder von Constable lieben. Hier hat er seine flachen grüngelben Landschaften gemalt, und die Gegend hat eine ruhige Weite, ereignislos, die manchmal gut für die Seele ist.

Schöner, dramatischer – ebenfalls unbedingt hinfahren – die »South Downs« und die Küste zwischen Seaford und Eastbourne, genannt »The Seven Sisters«, nach den sieben halbrunden weißen Kreidefelsen, die sich hier aneinanderreihen. Von Eastbourne geht es sehr steil hinauf zum »Beachy Head«, einem Aussichtspunkt mit Pub, Leuchtturm und Touristen, und dann geht's auf und ab bis Seaford. Vom »Hope Gap«, vor dem ersten Abstieg, habt ihr eine Aussicht über die gesamte »Seven-Sisters-Küstenlinie. Hin und wieder gibt es (lange) Abstiegsmöglichkeiten zum Strand hinunter. Der Strand bei Birling Gap ist schön und nicht zu voll. Eine wunderschöne lange Wanderung, mindestens sechs Stunden, genau das, wonach ich mich in London sehne. Es ist auch schön, wenn die Sonne nicht scheint, nur bei Sturm zu meiden. Auch ein kleiner Abstecher Richtung Alfriston lohnt sich – in Berwick befindet sich die kleinste Kirche Englands.

Margaret Hickman

Brighton – London by the Sea

Brighton ist eine aufregende Stadt, die für jede etwas bietet – eine faszinierende Mischung aus Kultur und Vergnügen, eine Weltstadt mit dem Duft von Ozon und »fish 'n' chips«.

Ein namhafter Erholungsort wurde Brighton zum erstenmal vor 200 Jahren, als der damalige Prinzregent, später George IV., den Ort besuchte und davon so angetan war, daß er hier den königlichen Sommersitz bauen ließ. Dieser »Royal Pavillon« wurde dann während seiner Regentschaft zu dem Prunkgebäude erweitert, das heute noch als eine der Hauptsehenswürdigkeiten Brightons gilt.

Mit der Eisenbahn Mitte des 19. Jahrhunderts kamen immer mehr Menschen, die Stadt dehnte sich aus, die berühmten »Piers« wurden gebaut, und Brighton war nun ein populäres Seebad. Mittlerweile ist es für Londoner gleichbedeutend mit Tages- oder Wochenendausflug, so bequem von London aus zu erreichen, daß es den Beinamen »London am Meer« erhielt.

Das Stadtbild ist geprägt von einer Mischung aus »Regency«- und viktorianischer Architektur, doch Brightons besondere Atmosphäre resultiert aus seiner sozialen Mischung von Arbeiter- und Mittelstandskultur der Bewohner und Besucher. Heute hat es 150000 Einwohner, darunter viele StudentInnen (University of Sussex und andere Colleges), und ist zu jeder Jahreszeit eine höchst lebendige Stadt. Neben den traditionellen Attraktionen eines Seebads gibt es ein viel frequentiertes Tagungszentrum, lebendige kulturelle Treffpunkte und Clubs und eine starke Lesben- und Schwulenszene. Im Gegensetz zu anderen Städten der Südküste regiert im Stadtrat die Labour-Partei, die künstlerische, soziale und sportliche Aktivitäten großzügig unterstützt.

Die Stadt ist dicht bebaut, was den Vorzug hat, daß fast alles in Gehentfernung voneinander liegt. Einer der interessanten weiter entfernten Bezirke ist Kemptown (von der Stadtmitte aus östlich entlang der Küste) mit seiner eigenen faszinierenden Mischung von Läden, Restaurants und Wohnstraßen – dort findet ihr höchstwahrscheinlich »Bed and Breakfast«. Und wenn ihr das Gefühl habt, die Füße fallen euch gleich ab, dann steigt doch einfach in die »VOLK's Railway«, die am Meer entlang fährt: Sie ist die älteste elektrisch betriebene Eisenbahn Großbritanniens.

Mit die interessantesten Einkaufsviertel sind die »Lanes« und die »North Laines« mit einer ungewöhnlichen Vielfalt an Läden.

Die »Lanes« sind der älteste Teil Brightons, mit einem Gewirr von engen Gassen und Sträßchen. Hier gibt es teure Modekleidung und unbe-

PALACE PIER

zahlbare Antiquitäten, Schmuck und Geschenkartikel – es ist mehr eine Gegend zum Anschauen als zum Einkaufen! Doch sie hat einfach eine anziehende urbane Atmosphäre und außerdem eine Reihe von guten Kneipen.

Die »North Laines« sind da schon viel eher eine »funky« Gegend – ein wahres Paradies für Modefreaks und Leute auf der Suche nach günstigen Gelegenheitskäufen. Die kleinen Straßen zwischen dem Bahnhof und den Laines waren bis vor kurzem ziemlich heruntergekommen, doch dank der Anstrengungen des Stadtrats und der niedrigeren Gundstückspreise ist die Gegend jetzt zu neuem Leben erwacht.

Wenn euch das hungrig gemacht hat, müßt ihr nicht weit gehen, um etwas zu essen oder zu trinken zu bekommen. Doch leider ist trotz der vielen Restaurants wirklich gutes Essen in Brighton gar nicht so leicht zu finden.

Bed and Breakfast in einem Gasthaus ist mühelos zu bekommen. Wenn ihr nirgendwo übernachten wollt, dann macht die Nacht durch!

Es gibt eine Menge Lokalitäten, wo ihr bis zum Umfallen tanzen oder einfach nur zuhören könnt. Amerikanische und afrikanische Bands beginnen mit ihrer Tournee oft in Brighton.

Wenn ihr mit der Fähre von Dieppe in Frankreich herkommt, dann fahrt doch einfach erst mal nach Brighton herüber – es ist nicht weit von New Haven. Der Bahnhof ist nur einen Katzensprung von den »North Laines« und wenige Gehminuten vom Meer und anderen Anziehungspunkten entfernt. Mit dem Auto ist frau auch schnell in Brighton, zumindest nachdem London hinter euch liegt; doch einen Parkplatz zu finden, ist ein Problem – und die Verkehrspolizei arbeitet auch sonntags.

Jay Armstrong

Das Krautbeet im Garten Englands – Westgate

Kent gilt als der Garten Englands und die »Isle of Thanet« als das Krautbeet. Wenn ihr gerade die Strapaze mit den Autofähren und Dover überstanden habt, wundert ihr euch vielleicht, daß ich euch empfehle, ein wenig an der Küste von Kent zu bleiben.

Westgate-on-Sea an der Nordküste von Kent ist eine Stadt, in der ich während der letzten 35 Jahre immer wieder – gern oder widerstrebend – zu Besuch war. Als Kind war's für mich ein Paradies, als Teenager gerade noch erträglich (warum reisten die Eltern meiner Freundinnen nach Spanien?), und jetzt als Erwachsene halte ich es immer noch für eine ausgezeichnete Ausgangsbasis für Ferien in England.

Es ist ein merkwürdiger Ort. Den Zenit seiner Popularität erreichte Westgate in den frühen fünfziger Jahren, als die Reichen dort das Kindermädchen mit den Kindern zurückließen, während sie selbst den Sommer in St. Tropez verbrachten oder was immer damals in Mode war. In Mode kam Westgate nie. Es blieb in den fünfziger Jahren stehen, wenn auch seine Strandhotels mittlerweile zu Altersruhesitzen, Erholungsheimen und Englischschulen umfunktioniert wurden.

Es gibt einen Bahnhof und eine »High Street« (Hauptstraße); Banken, ein Postamt, aber keine Wechselstube – nichts so Ordinäres. Die »Manz«-Läden und ihr Sortiment haben sich seit meiner Kindheit kaum verändert, sie verkaufen vernünftige Badeanzüge, warme Strickjacken und Regenmäntel sowie Schwimmgürtel und Wasserbälle. Ich bin sicher, die Friseure würden lieber eine »Marcel Wave« (Dauerwelle) legen als eine Fönwelle. Die Läden hier sind mittags und am Mittwochnachmittag geschlossen.

Hinter der Ladenpromenade in der St. Mildreds Road und Station Road liegen die großen viktorianischen Plätze. In den Seitenstraßen verbergen sich eine Reihe aufregender Second-hand-Läden. »Kings« ist eine Schatztruhe, deren Hüterin, Mrs. King (ich hoffe, sie ist noch am Leben), dir die Geschichte von jedem ihrer Kleinode erzählen, dir freimütig ihre Sorgen und Wehwehchen verraten wird – alles, nur nicht die Preise.

Was frau auf keinen Fall auslassen sollte, ist das »Carlton-Kino« im ehemaligen Rathaus. Wenn mich nicht alles täuscht, läuft da immer der gleiche Film, nämlich »The Sound of Music«; und als man vor kurzem meiner Mutter und den anderen alten Damen mit weißen Haaren und weissen Strickjacken den Film »Maurice« bescherte, litten sie unsäglich und bezeichneten ihn später in der Bingo-Halle als »abscheulich«.

Die Bingo-Halle ist ein zweckentfremdetes Theater an der Meerseite. Falls ihr je den Wunsch hattet, in die Mysterien dieses Spiels eingeweiht zu werden, bei dem alte RentnerInnen und andere ihre Ersparnisse, Renten usw. verspielen, seid ihr hier richtig. Einsätze und Gewinne sind niedrig, vielleicht gewinnt ihr eine Tüte Zucker!

Doch dann geht die Mildreds Road hinunter, denn dort liegt das, was Westgate eigentlich ausmacht: zuerst Parkanlagen und dahinter zwei herrliche Buchten. Es gibt nur wenige Stufen, bei der Planung wurde an Kinderwagen und Rollstühle gedacht. Links West Bay. Rechts St. Mildreds Bay. Beide Strände werden zweimal täglich von der Flut überspült, und das Ergebnis ist der beste Sand zum Burgenbauen, der mir je untergekommen ist. Eimer und Schaufel sind ein Muß. Jede Sandfläche ist von Felsen mit kleinen Wasserbecken eingerahmt. Zwischen den beiden Buchten auf Strandhöhe ist der »crab pool« (Krebs-Becken), der, sobald ihn die Flut freigibt, sofort von Kindern umringt wird, ausgestattet mit Schollenkopf (vom Fischhändler gekauft oder geschnorrt), Krebsangel und Eimer. Diese Tätigkeit hält Kinder stundenlang beschäftigt, bei jedem Wetter; hunderte Male täglich ziehen sie Krebse heraus und werfen sie wieder zurück. In beiden Buchten läßt sich's gefahrlos baden.

Die Meerseite Westgates ist wirklich bemerkenswert: Strand, Promenade, preiswerte und fröhliche Cafés und keine »amusement arcades«, die Pest aller schönen englischen Badeorte, mit Spielautomaten etc. – so lassen sich billige Tage am Meer verbringen; das teuerste hier ist vermutlich ein Ritt auf dem Esel.

Zu Teenagerzeiten war es allerdings die Nähe von Margate, die Westgate für mich erträglich machte. Der Strand dort ist scheußlich, die Arkaden davor laut und teuer, jede Menge Videospiele und, natürlich, Preis-Bingo. Doch hinter diesen Arkaden liegt »Beerbohm Brothers Fair« (Jahrmarkt) – das Land meiner Kinderträume. Es empfiehlt sich nur, wenn eure Kinder alt genug zum Karussellfahren sind, denn sonst rentiert sich das hohe Eintrittsgeld nicht. Wenn ihr einmal drinnen seid, sind alle Karussells kostenlos – und die Warteschlangen endlos. Vergrabt euer Geld tief in der Tasche: Die Angestellten verdienen sich ein beachtliches Nebeneinkommen mit dem Einsammeln von Geld, das den Leuten während der Fahrten aus der Tasche fällt. Ein wirklich heißer Tip ist Margate vor allem, wenn ihr mit einer Gruppe Schulkinder kommt, die ihr für ein paar Stunden loswerden wollt.

Es gibt noch eine Reihe anderer Orte am Meer, alle relativ nahe und leicht mit Auto, Bus oder Zug zu erreichen. Broadstairs, bekannt aus Dickens »Bleakhaus«, ist eine Stadt für Leute mit Kindern, denen dort viel geboten wird – sehr romantisch mit einigen alten Ruinen auf den Kuppen oder am Fuß der steilen Hügel. Ein Stück weiter südlich, nahe Hastings, liegt Rye in Sussex, eine der bezauberndsten alten Küstenstädte, mit einem wunderschönen langen Strand und einem süßen kleinen Teehaus neben dem alten Pfarrhaus.

Auf der anderen Seite von Westgate liegen Herne Bay – verwelkte Pracht aus viktorianischen Zeiten – und Whitstable: ein ehemaliger Fischereihafen, voller Secondhand-Läden, Cafés und bunten Badehütten am Kiesstrand.

Die Fahrt von Westgate nach London führt durch Kent und Sussex und einige der schönsten und üppigsten Landschaften, die es in England gibt. Nach Canterbury ist die Gegend mit Burgen, Schlössern und Parks übersät: Sissinghurst, Hever Castle, Arundel (weiter im Westen), um nur einige zu nennen.

Mein persönlicher Rat an Frauen mit Kindern: Macht einen weiten Bogen um den allerorts angepriesenen »Quex Park« – als ich als Siebenjährige dort war (es war das erste und letzte Mal und ist schon über 30 Jahre her), rannte ich schreiend davon. Alles ist vollgestopft mit aufgespießten Hirschköpfen und anderen Relikten der kolonialen Vergangenheit mit ihren Großwildjagden in Afrika. Mehr Spaß machen euren Kindern vielleicht die »banger«(alte Autos)-Rennen weit hinten in den Hügeln bei Lyddon. Vielleicht ist das wie Westgate eine merkwürdige englische Eigenheit?

Ilse Zambonini
Reisetip: Southwold in Suffolk

Southwold wird oft spöttisch liebevoll »Hampstead-on-sea« genannt. Während die Großfamilien aus dem East End nach Clacton, Couthend oder Margate fahren und die Trendies und Eiligen nach Brighton, ist Southwold eine Domäne der gutbürgerlichen englischen »middle classes«. Keine Spielautomaten im Ort, keine vulgären Plastiksouvenirläden, keine Hamburgercafés – alles ist solide, gute Qualität und auch zur Blütezeit des Meerestourismus ruhig. Man fährt nach Southwold, um im feinen Hotel der Adnams-Brauerei, »The Crown«, zu speisen (natürlich nur nach telefonischer Voranmeldung), um in einem der vielen Pubs die verschiedenen Biere zu probieren (natürlich alle von Adnams), um kleine Spaziergänge durch den Ort zu machen, am Leuchtturm vorbei zu der langen Promenade, von der aus man Richtung Dänemark übers Meer schauen kann; wer unbedingt will, kann auch den umstrittenen »Sizewell«-Atomreaktor erspähen – aber darüber spricht man nicht in Southwold.

Der Strand ist lang, windig, kleine Steinchen und weiter draußen feiner weißer Nordseesand und richtige Dünen mit Büscheln drauf. Am Strand unterhalb Southwolds stehen endlose Reihen buntbemalter Strandhäuschen, die ungeheuer fotogen sind, besonders wenn man dahinter den Leuchtturm mit draufkriegt, der aus irgendeinem Grund mitten im Ort steht.

Als ich zuletzt dort war, übernachtete ich im »Swan«-Hotel, direkt am Marktplatz, überwachsen mit Efeu und mit Blick aufs Meer. »Afternoon tea« gibt's in der altmodischen, etwas verstaubten »Lounge«, und nachher ist ein weiterer Spaziergang angesagt, vorbei am »Fishermens Reading Room« (ich hatte den Verdacht, als ich heimlich reinlugte, daß die zwei uralten Fischer dort drinnen intensiv eine Flasche Scotch lasen) in Richtung Walberswick, ein hübsches Dorf auf Holzstelzen. Eine hölzerne Brücke über den Blyth führt weiter nach Blythburgh, wo eine Kirche steht, die von Kennern als der Höhepunkt der Architektur in Suffolk angesehen wird.

Von Southwold aus gibt es zwei Möglichkeiten; eine ist, Suffolk, Norfolk, die Broads (ein Netzwerk von Kanälen auf denen man Bootsfahrten unternehmen kann) und die vielen zauberhaften, etwas verschlafenen Städtchen zu erforschen, die andere: zurück nach London zu fahren, aber nicht direkt, sondern über die Feinschmecker- und Kulturroute. Erst mal Aldeburgh, Geburtsort von Komponist Benjamin Britten und Dichter George Crabbe und Schauplatz eines alljährlichen Festivals im Juni. Weiter nach Snape Maltings, wo es in einer umgebauten Malzmühle eine

Konzerthalle gibt und das ganze Jahr über Musikveranstaltungen stattfinden.

Ich aber fuhr weiter nach Orford, wo das berühmteste Fisch- und Austernrestaurant des Westens steht, eine bescheidene kleine Kneipe mit dem unmißverständlichen Namen »The Butley Orford Oysterage«. Die Londoner Yuppie-Bevölkerung hat den Geheimtip so weit verbreitet, daß das Lokal vor kuzem anbauen mußte.

Wieder ein kurzer Spaziergang über die Schloßruine zum Wasser – man sieht das Meer hier nur von weitem, Orford ist nicht am Strand, und dann zurück nach London. Im Auto, versteht sich. Einer der Gründe, warum diese Gegend trotz ihrer relativen Nähe zu London noch nicht touristisch ausgebeutet ist – mit öffentlichen Verkehrsmitteln ist es schwierig, hierher zu fahren. Selbst mit dem Auto braucht man für die etwa 140 km fast drei Stunden – die Hälfte davon, um aus London erst mal rauszukommen. Aber das ist eine andere Geschichte.

Michele Roberts

Wochenende in Norfolk

Wir verschlingen die Luft wie Erde
der Himmel ist eine köstliche Wand
wir malen mit Wolken darauf

Der Garten verneigt sich
dunkelrosa fallen
Äpfel ins hohe
Gras, kleine
Sonnenuntergänge
in grüner Dämmerung

Das Land ist gespickt
mit Kirchen, fünf
am Horizont
gleichwohl breitet es sich braun
und steinig aus

Weit übers Feld
schnattern die Raben
rote Scheunen umarmen die Erde
Bäume pfeifen nach fliehendem Blau:
Blaue Ziegel, blaue Dächer, blau-
dunkler Himmel

Frances Coleman

Reisetip: Cambridge

Alle halbe Stunde fährt vom Londoner Bahnhof Liverpool Street ein Zug nach Cambridge, und dieser kleine Ausflug von London lohnt sich. Bekannt ist Cambridge als eine der beiden ältesten englischen Universitätsstädte, die in der englischen Umgangssprache zu Oxbridge verschmelzen.

Cambridge ist kleiner, weniger prächtig und bescheidener als Oxford und ist umgeben von einer ganz einmaligen Landschaft, den »Fens.« Bis zum 18. Jahrhundert waren die Fens eine fast unzugängliche Sumpflandschaft und wurden dann trockengelegt, um sie landwirtschaftlich nutzbar zu machen. Durch ihre Unzugänglichkeit boten die Fens über die Jahrhunderte vielen Verfolgten, von Königin Boadicea bis »Harry with the Hook«, Schutz und Versteck. Die »Hauptstadt« der Fens ist Ely – es thront auf der einzigen Erhebung in dieser scheinbar endlosen Ebene, und dieser kleine Ort hat eine der größten und ältesten Kirchen in England, mit einer der frühesten Dachkonstruktionen aus Holz. Ely wurde früher als »Insel Ely« bezeichnet, und das erklärt vielleicht, warum Cambridge im Mittelalter eine Hafenstadt gewesen sein soll, an den beiden zur Nordsee fließenden Flüssen Cam und Ouse.

Der Fluß Cam ist immer noch einer der schönsten Anblicke in Cambridge, er lädt ein zum Spazierengehen und Bootfahren. Man kann ein »Punt« mieten, eine Art nordischer Variante der Gondel, und mit einem Picknick den Fluß hinuntergleiten (die schrecklichen Studenten mit ihren Strohhüten und Champagnerflaschen muß man am besten ignorieren). Am Fluß entlang finden sich auch die alten »Commons«, Land, das traditionell seit dem Mittelalter den Gemeinden gehörte, und wo die Jahrmärkte stattfinden.

Cambridge selbst hat keine hervorragenden Restaurants, aber auf Parker's Piece, einer der Gemeindewiesen, steht ein alter Pavillon aus dem letzten Jahrhundert, wo man gemütlich Tee trinken und den Kricketspielern zusehen kann.

Das »Art Cinema« hat einen sehr guten Ruf, es zeigt Repertoire-Filme und hat sein eigenes jährliches Filmfestival. Ein weiteres Festival, das den Namen von Cambridge auf die kulturelle Landkarte gesetzt hat, ist das jährliche »Cambridge Folk Festival«, das im Juli stattfindet.

Die beste Art, sich in Cambridge wie eine Einheimische zu fühlen, ist, sich ein Rad zu leihen und die Stadt mit ihren vielen Winkelchen, den Collegegärten, den Brücken und Gäßchen gemütlich selbst zu erforschen.

Cecily Walker

Reisetip: Isle of Wight

Ich bin in meinem Leben viel gereist, jetzt bin ich 76. Aber immer wieder bin ich gerne auf die Isle of Wight gefahren. Ich wohne in Newhaven bei Brighton und nehme den Zug nach Portsmouth und die Fähre hinüber nach Ryde, die Überfahrt dauert ca. eine halbe Stunde. Meine Leidenschaft ist Wandern, und auf Wight bin ich zu allen Jahreszeiten auf den Küstenwegen gewandert. Am schönsten ist es im Frühjahr, bevor die Touristensaison beginnt und die Familien die Strände belagern. Zugegeben, für Kinder ist die Insel ideal, die verschiedenfarbigen Sandschichten in Alum Bay, die Dampflokomotiven in Havenstreet, die kilometerlangen Sandstrände in Shanklin, Ryde und Ventor und die etwas wildere Freshwater Bay.

Vom wunderhübschen Old Village von Shanklin mache ich mich auf den Weg, links die schönen Sandstrände und das blaue Meer, rechts die grünen Wiesen, auf denen die Kühe grasen. Auch im Inneren der Insel gibt es viel Hübsches zu entdecken – verschlafene kleine Dörfer mit schattigen Friedhöfen und dichten Wäldern, und danach macht es Spaß, in einer der größeren Städte mit ihren viktorianischen Promenaden herumzubummeln und einzukaufen – zum Beispiel auf dem überdachten Markt in Ryde oder in den eleganten Läden in Cowes.

Für mich ist die Isle of Wight Südengland in Miniaturform; es ist alles da: Leuchttürme, Buchenwälder, in denen im Frühjahr die Hyazinthen durch das Grün leuchten, die Kreidefelsen und Piers der südenglischen Küste, Wiesen, Schafe, kleine von Hecken überwachsene Wege und saftig grüne Hügel. Und trotz des schlechten Rufs, den das englische Wetter hat, hole ich mir meistens meine Sonnenbräune auf den Wanderungen über Wight.

Luisa Francia

Orte der Kraft

England ist übersät mit berühmten Kraft-Plätzen: Stonehenge, Avebury, Silbury Hill, die Steinkreise in Cornwall, in Devon und Dorset, in Wiltshire. Dann drängt sich Tintagel mit dem sattsam bekannten Artus-Mythos auf, Bath, das alte Bad der Göttin, die geheimnisvollen gravierten Steine mit Ringen und Schalen im Peak-District und in Derbyshire. Ich will besonders die beschreiben, die eine Geschichte mit Frauen haben.

In »Stonehenge« interessiert mich von allem am meisten der »Hel-Stone«, der Stein innerhalb der Steinkreisanlage, der am weitesten außerhalb, nordöstlich der Mittelsteine, steht, direkt am Maschendrahtzaun. Mit diesem Stein habe ich eine seltsame Episode erlebt. Ich besuchte Stonehenge an einem Tag, an dem Tausende von Touristen, die Fotoapparate gezückt, an den riesigen Steinen vorbeidefilierten, Schulklassen, Reisegruppen, Busse voller Japaner. Ich ging einmal um Stonehenge herum und setzte mich am Hel-Stein nieder. Die Sonne schien, Fotoapparate klickten, und ich dachte, um Stonehenge wirklich zu erleben, müßte ich allein sein. Dann hatte ich das Gefühl, daß es reichen würde, wenn es regnet. Ich begann mit dem Hel-Stein zu sprechen. »Könnte es nicht regnen?« Hel-Stein, das erinnerte mich an Hel, die germanische Göttin des Todes und Schicksalsfrau. Ob der Stein nach ihr benannt war? Jedenfalls bezog ich mich in meiner stummen Zwiesprache mit dem Stein auf Hel, die alte Göttin, und nach einer Weile fing es zu regnen an. Ich stand auf, als alle Besucher geflüchtet waren, ging in die Mitte des Steinkreises, besah und berührte die Steine und hatte eine gute halbe Stunde meine Ruhe, während die Wärter in ihren grünen Blechkisten standen und den Regen abwarteten. Als ich zurückkam, fand ich am Fuß des Hel-Steins eine Rabenfeder.

Weit im Westen, in Cornwall findet sich eine ganze Ansammlung alter Frauen-Kultplätze. Da ist vor allem »Madron Well«, ein alter Wunschbrunnen, von dem es heißt, wer sich darin badet und ganz mit dem Wasser benetzt – was nicht besonders leicht ist, weil die Quelle sehr schwer zugänglich ist –, heilt alle Krankheiten in sich. »Madron Well«, da sehe ich einen Zusammenhang auch mit Matron, Mutter: eine alte Heil- und Wunsch-Quelle, zu der die Frauen mit ihren Anliegen gingen. Wer einen Wunsch hatte, band einen bunten Wollfaden oder einen Fetzen eines Kleidungsstückes an den Baum, der über die Quelle seine Zweige beugt.

Etwas weiter entfernt, aber auf derselben Straße zum Meer hin liegt »Men-an-Tol«. Der Schmied von St. Ives meint, es müßte früher ein alter Frauenkultplatz gewesen sein, weil er auch heute noch hauptsächlich Frauen anzieht. Durch diesen Lochstein muß, wer gesund werden will,

neunmal gegen die Sonne mit den Füßen zuerst kriechen. Das ist eine ziemliche Tortur, und ich könnte mir vorstellen, daß sich bei diesem Ritual entscheidet, ob man lebensfähig ist oder schon während der Prozedur einen Kollaps erleidet.

In der Nähe des Lochsteins Men-an-Tol liegt der Steinkreis der »Nine Maiden«, von dem es heißt, daß neun verwunschene Frauen jetzt als Steine dort zwischen Ginster und Macchia stehen und auf ihre Erlösung warten.

Interessanter, aber auch schwerer zu finden ist »Boscawen-Un«, ein Steinkreis mit einem schräg liegenden Mittelstein, der von zahlreichen völlig überwucherten Hügelgräbern und kleineren Steinkreisen umgeben ist. Der Mittelstein scheint ein direktes Sprungbrett in den Kosmos zu sein. Interessanterweise klettern Kinder immer sofort hinauf, obwohl er nur leicht geneigt und recht steil ist. In der Nacht ist »Boscawen-Un« ein Treffpunkt für Katzen aus der Umgebung.

Ein Kultplatz, der laut Anwohnern immer noch von Frauen besucht und durch nächtliche Tänze belebt wird, ist der Steinkreis »Merry Maiden«. Er liegt direkt an der Straße von Newlyn nach Porthcurno. In diesem Steinkreis sollen schon vor Jahrtausenden Frauen ihre Tänze abgehalten haben und tun es bis heute. Am schönsten ist der Platz, wenn der Bauer seine Kühe im Steinkreis weiden läßt. Und bei Sonnenaufgang ist es dort zauberhaft.

Ein anderer Ort lebendiger englischer Hexenkultur ist die gegenüberliegende Küstengegend, um Wicca und Zennor herum. In Wicca gibt es eine Wiese, direkt neben dem Küstenpfad, in der drei Dreieckssteine liegen, die »die drei Königinnen« genannt werden. Tief unten, ein paar hundert Meter weiter, liegt »Wicca pool« mit einem riesigen flachen dreieckigen »Tanzplatz«, ein Stein, der nur bei Ebbe zu sehen ist. Wicca heißt der alte englische Hexenkult; der Name läßt auf eine alte Tradition der weisen Frauen in dieser Gegend schließen.

Am Zennorhill werden bis heute von Frauen zu bestimmten Mond- oder Jahres-Zeiten Tänze abgehalten. Der Wind hat die Felsen dort oben in wilde Tiere und Steingeister verwandelt. Ein Elefant, ein Jaguar und andere wilde Wesen aus Stein lauern dort und feiern alle Feste mit. Zennorhill ist ein guter Orakelplatz.

In Boscastle gibt es ein sehr merkwürdiges Hexen-Museum. Von außen sieht es fürchterlich aus: Eine häßliche Hexenpuppe und widerliche magische Utensilien lassen das Schlimmste vermuten. Im Inneren gibt es dagegen angenehme Überraschungen. Das Museum versucht, die Geschichte der weisen Frauen, die Hexen genannt werden, von den Idolen und Kultsteinen der Urzeit her aufzuzeigen. Liebevoll sind Tierfetische, Frühgeschichtsfunde, Steine, Idole, Kessel, Schalen, magische Zutaten gesammelt. Selbstverständlich fehlen auch die üblichen Geschmacklosigkeiten

nicht. Besonders schön: ein Stein, wie eine Vagina geformt, der einer weisen Frau gehörte und den sie »meine Fanny« nannte. Mit diesem Stein wurden viele Menschen geheilt, und die Frau, die mit diesem Vaginastein arbeitete, war zu ihren Lebzeiten sehr geachtet.

Hier zeigt sich, daß Hexen, Heilerinnen und weise Frauen in England eine viel ungebrochenere Tradition haben als bei uns. Sie sind vom Volk eigentlich immer geehrt und geachtet worden.

Eines der ältesten Quellheiligtümer, die ich je besucht habe, ist »Sancreed Holy Well«. Die Quelle ist kaum irgendwo beschrieben. Sie liegt auf der Farm, gegenüber der Kirche. Zu finden ist sie eigentlich nur durch das Kriegerdenkmal, das sich in ihrer unmittelbaren Nähe befindet. Interessanterweise kennen alle Leute des Dorfes das Kriegerdenkmal, aber auf die Frage nach der Quelle ist große Ratlosigkeit zu finden. Mich hat ein kleiner Junge hingeführt. Kinder, die überall herumstreichen, sind überhaupt die besten Führer zu Heiligtümern.

»Sancreed Holy Well« liegt tief in der Erde. Eine steile Steintreppe führt hinunter in den Bauch der Erde, und dort unten entspringt, in Steine gefaßt, die Quelle. Ihr Wasser heilt und macht glücklich. Sie beantwortet für die Menschen, die es verstehen, auch Fragen und Probleme, ist also auch eine Orakelquelle. Die Steinfassung der Quelle dürfte vorkeltisch sein.

Wer nach Cornwall reist, sollte nicht versäumen, direkt durch das Dartmoor zu fahren. Mit Bodmin Moor ist es eines der schönsten Moorgebiete. Es empfiehlt sich, mit wasserfesten Schuhen dort einfach loszuwandern und von »Bed and Breakfast« zu »Bed and Breakfast« zu wandern. Im Dartmoor verstreut liegen Steinkreise, einzelne »Standing Stones«, uralte Brücken über verschlungene Bachläufe. Überall laufen Schafe und Ponys frei herum. Autos müssen langsam fahren, weil die Tiere Vorfahrt haben.

Es gibt wunderschöne kleine Gästehäuser, und wer über die Grenze von Cornwall kommt, darf nicht versäumen, nachmittags einen »Cream Tea« zu probieren. »Cream Tea« ist eine Spezialität Cornwalls und nur dort zu haben. Ein besonders schöner Ort im Dartmoor ist North Bovey, ein Dorf aus dem 16. Jahrhundert, liebevoll, aber gar nicht kitschig erhalten und besonders außerhalb der Saison zu genießen. Romantische Übernachtungen sind im »Ring of Bells«, oder quer über den Kirchhof auf dem Hügel und zur anderen Seite hinunter im »Black Aller« zu empfehlen. Beide Gästehäuser sind nicht teuer, uralt und wunderschön restauriert.

An der Südküste liegt noch ein weiterer, zauberhafter Platz, der vor allem Stein-Sammlerinnen entzücken wird: »Lyme Regis«, mit einem Küstenstreifen, an dem sich die seltsamsten Versteinerungen, Amoniten und Donnerkeile finden. GeologInnen aus aller Welt nehmen hier Erd- und Gesteinsproben, weil an diesem Ort die Geschichte der Erde ablesbar ist.

Ganz in der Nähe findet sich noch eine weitere Rarität: Chesel Beach in der Nähe von Wexmouth, ein Strand aus lauter winzigen und wunderhübschen Kieselsteinen, die mit der Bewegung des Meeeres immer neue Töne und Geräusche erzeugen. Ein Mondritual am Chesil Beach gehört zu den aufregendsten Erlebnissen in England. In der Nähe von Lyme Regis, Chesil Beach und Abborsbury liegt schließlich ein Ort, den ich zum Schluß noch empfehlen möchte, eine Art kosmisches Loch, in dem das Gehirn zu wirbeln anfängt, wenn man nachts dort sitzt: »Valley of the Stones«, ein Tal, in dem eine Steinreihe zu mehreren kleinen Steinkreisen führt, die aber kaum erhalten sind. Das Besondere an diesem Kraftplatz ist die Ausstrahlung des Ortes und die seltsamen Körper/Geist-Sensationen, die man dort spüren kann. Für Anfängerinnen empfehle ich einen Besuch bei Tag. Für Genießerinnen steht ein Vollmondfest dort an.

In der Legende englischer Landkarten finden sich Steinzeitdenkmäler unter »Antiquities«. Die Karten sind so genau, daß es möglich (und wunderbar) ist, eine Wanderung von Kultplatz zu Naturschauspiel auf der Karte auszusuchen und danach dann loszuwandern.

Wer in Cornwall wandern möchte, darf einen Ausflug zu den »Coast-Path«-Küstenwegen nicht auslassen. Der Küstenpfad schlängelt sich zwischen Erde und Meer um ganz Cornwall (und natürlich auch an den Küsten anderer Grafschaften) entlang.

Wie in Dartmoor ist wetterfeste Kleidung mit wasserdichten Schuhen unerläßlich. Da Cornwall in den schönsten Gegenden hauptsächlich ein Altersheim für »Colonial Chappies« (ehemalige Kolonialbeamte) und pensionierte Armeeleute ist, kann jede Frau sich unbesorgt auch allein auf den Weg machen. Es ist mir in elf Jahren nicht einmal passiert, daß mich auf dem Küstenpfad oder auf einsamen Landspaziergängen jemand angesprochen hätte – außer, um zu erfahren, wie spät es ist, oder um mich um meine Meinung über das Wetter zu fragen.

Das Wetter ist Hauptgegenstand des Konversationsrituals und darf in Gesprächen nicht vernachlässigt werden. Man fragt nicht gleich, welcher Weg da- und dorthin führt, sondern leitet die banale Frage mit einer poetischen Formulierung über das Wetter ein: »The weather is lovely, isn't it, not too windy...«, worauf der Gefragte möglicherweise antworten wird: »Yes, we do get good weather at inconvenient times!«

Asphodel
Upwey Wishing Well
In der Nähe von Weymouth, Dorset

Diese klare helle Quelle springt aus der Tiefe der Erde und wird von grünen Blättern und Blumen umrahmt. »Upwey-Wunschbrunnen« ist der Ursprung des Flusses Wey. Seit den frühesten Zeiten wurden hier Zeremonien und Rituale gefeiert und nachgewiesen; sie wurden nie, auch nicht durch die Christianisierung verboten oder beendet. Bei der Quelle befindet sich folgende Beschreibung:

»Wallfahrten wurden zur Quelle gemacht, um zu verhindern, daß alte Bräuche christianisiert werden. Silberstücke wurden anstelle der alten Opfergaben in die Quelle geworfen, aber das Ritual blieb das gleiche: Man nimmt das Wasser auf, wünscht etwas und läßt es in die Quelle zurückfließen. Das Ritual wird bis zum heutigen Tag durchgeführt.«

Und so soll das Ritual durchgeführt werden, wenn du dir etwas wünschen willst:

»1. Halte ein Glas in der rechten Hand und fülle es mit Quellwasser.
2. Steh mit dem Rücken zur Quelle.
3. Trink etwas von dem Wasser und wünsch dir etwas.
4. Schütte das verbleibende Wasser über deine linke Schulter in die Quelle zurück.

Nun hast du ein Ritual gefeiert, das schon seit uralter Zeit Brauch ist.« Weiter heißt es: »Besondere Bedeutung hat die Tatsache, daß du etwas Wasser aus der Quelle nimmst, nicht alles trinkst und einen Teil wieder an die Quelle zurückgibst, und zwar von rechts nach links über den Körper kreuzend.«

In der Beschreibung der Quelle heißt es: »Man war der Überzeugung, daß die Quelle heilende Wirkung hatte.«

Ich fuhr zur Quelle, als ich krank war und meine innere Zufriedenheit verloren hatte. Ich fühlte mich einsam und hatte starken Husten. Zu dieser Zeit wußte ich über die Quelle nur, daß sie der Ursprung des Flusses Wey war. Das hatte ich im »Occult Guide to Britain« gelesen. Meine Freundin Bali begleitete mich. Sie ist eine große Skeptikerin. Als wir unsere Gläser füllten (die uns das Café am Eingang lieh), sagte sie: »Ich hoffe, das vergiftet uns nicht.« Ich trank. Es war wirklich erstaunlich. »Bali«, sagte ich, »das ist Heilwasser.« Dann wollte ich alles trinken, erinnerte mich aber gerade noch rechtzeitig daran, daß ich ja einen Teil wieder über die linke Schulter zurückschütten mußte. Ich machte das ganze Ritual mehrmals und trank ziemlich viel Wasser. Ich fühlte mich wunderbar, voller Gesundheit. Das Gewicht auf meiner Brust, die Anspannung waren vergangen. Bali sagte: »Das Wasser ist wunderschön, es ist wirklich schön.« Sie trank auch mehr, als sie geplant hatte.

Wir gingen zum Café zurück, über das wir zuvor gelästert hatten. Die Leute waren wirklich nett, die Frau hatte mir gesagt: »Ihr könnt soviel trinken, wie ihr wollt, aber vergeßt nicht, das Ritual richtig zu machen.«

Die Quelle liegt in einem schattigen, schönen Garten, alles wirkt wundervoll und heiter. Wir gingen noch ein wenig spazieren, am Bach entlang, mir war, als habe das Wasser in mir Seele und Körper wieder zusammengebracht. Auch Bali war ganz begeistert von der Quelle. Sie sagte nichts dagegen, als ich bemerkte, daß ich mich geheilt fühle. Später sagte sie zu einer Freundin, daß auch sie den Eindruck habe, mein Husten sei besser geworden.

Ich bin von der Heilkraft der Quelle überzeugt. Sie liegt in einer sehr heiligen Gegend: Bei Winterbourne Abbas liegt der Steinkreis mit »Neun Steinen«, ganz in der Nähe der Riesenstein von Cerhe Abbas. Am Ortseingang von Upwey liegt ein Hügelgrab, das »Jungfrauen-Schloß« genannt wird.

Wo immer man hinschaut, findet man frühgeschichtliche Bauwerke, Ruinen, Hügelgräber, auch ein Hel-Stein, Ort keltischer Verehrung und Feiern befindet sich ganz in der Nähe.

Wenn ich von dieser Quelle erzähle, bin ich mir bewußt, daß es in unserer Zeit schon zu viele Geschichten über Wunderheilungen und dergleichen gibt. Aber ich bin von der Kraft dieses Wassers wirklich überzeugt und erinnere mich an Lourdes, das heute so sehr mit patriarchaler Religion in Verbindung gebracht wird und eigentlich als Vision einer jungen Frau begann. Wir sollten diese Erlebnisse weitergeben, um die Orte wiederzufinden.

Ich bin davon überzeugt, daß die Quellen-Göttin mir meine Gesundheit wiedergegeben hat.

Pam Molyneux

Reisetip: Devon und Tee mit Sahne

Ich habe immer gedacht: Devon ist gleichbedeutend mit kleinen Hexenhäuschen, in denen gütige weißhaarige Damen riesige Tabletts mit Teekannen, »Scones«, dicker Sahne und Erdbeermarmelade heranschleppen. Jetzt wohne ich seit zwei Jahren in Devon, habe sechs Kilo zugenommen: Es stimmt. Wir verbringen mindestens jedes zweite Wochenende (mit oder ohne Besuch aus London) auf der Suche nach dem perfekten »Cream Tea«.

Hier drei Geheimtips; alle drei sind im oder in der Nähe vom Dartmoor, wo man nachher, um sich wieder besser zu fühlen, stundenlang herumlaufen kann neben Schafen und kleinen Ponys. »The Green Restaurant« gehört drei Frauen, möglicherweise Schwestern. Sie servieren mörderische Portionen in türkis-rosa Sammeltassen. Eine Art matriarchalische Enklave im Nebel des Dartmoor. Außerdem gibt's selbstgemachte Orangenmarmelade zu kaufen.

Tip Nr. 2: Auf der Suche nach dem perfekten »Cream Tea« fand ich in Newton Abbott, einer sonst eher unattraktiven Kleinstadt, »Madge's« Café. Es besteht praktisch seit den dreißiger Jahren, und man kann für wenig Geld riesige Portionen verdrücken und sich am Decor und den anderen Gästen erfreuen, die ebenfalls aussehen, als hätten sie seit den dreißiger Jahren hier gesessen.

Aber die Krönung des »Cream-Tea«-Tourismus ist zweifellos das schöne Örtchen Lustleigh, wo man zuerst mal das Gefühl hat, mitten in einer Filmszene aus dem letzten Jahrhundert zu sein. Fachwerkhäuschen, verschlungene Wege an wilden Cottage-Gärten vorbei, und nicht nur ein, nein, zwei Tearooms, direkt nebeneinander. Aber es muß unbedingt »Primrose Cottage« mit der Konditorei vorne drin sein, und man muß draußen im Garten auf einer der drei Terrassen sitzen, mit Blick auf einen kleinen Bach und den Wald. Spätestens nach dem zweiten »Scone« hat man Zeit, tief einzuatmen, mit dem Essen aufzuhören und sich umzusehen. Übrigens: Vergeßt die »brown scones«. Wenn schon ungesund, dann gleich richtig. Greift zu den Weizenscones!

Kurz vor Feierabend ist gerade eine wichtige Meldung eingetroffen: ein exquisiter, mir bisher unbekannter Tearoom in Ipplepen, gegenüber von Compton auf der Straße nach Totnes...

Alison Fell

Das Kliff

Dodman Point, Gorran Haven, near Mevagissey (Cornwall)

Der Ehrenpreis ist blau
am neuen Boot wo der Hochsommer
Gänseblümchen den Abhang
hinabpurzeln läßt

Gut zu wissen
wie man dem Wind entwischt
geschüttelt zu werden
und Wurzeln zu schlagen

Steil fliegt die Möwe
auf unsichtbaren Strömungen
blickt auf die Heusammler
am Boden
Rinder durchstreifen
das dichte Gestrüpp

Dreimal überfliegt sie
die stachligen Kissen
des Ginsters

Dreimal taucht sie hinab
mit ihrem schwarzen Auge
das Land wird flach
die See langsam
wie eine Schnecke
dann fliegt sie nach Süden
schnell gleitend
über's Dickicht am Hang

Gut zu wissen
wann die Zeit reif ist
für das Tempo der Möwe
oder langsames Spiralenwachstum
des Weißdorns angesagt

Hinabzutauchen ins tiefe
durchdringende Lila
des Nesselstamms
oder leer zu schweben
in der salzigen Luft

Luisa Francia

Lesetip: Das Cornwall der Daphne du Maurier

Als junges Mädchen fuhr Daphne du Maurier mit ihrer Familie immer nach Cornwall. Sie beschreibt, wie aufregend es für sie war, wenn sie endlich die Brücke über den Fluß Tamar überquert hatten. Denn auf der anderen Seite dieses Flusses beginnt Cornwall. Daphne du Maurier lebt heute, hochbetagt, am River Fowey und liebt Cornwall wie zur Zeit ihrer Kindheit. Sie hat dieser Gegend die schönsten Denkmäler gesetzt mit ihren Romanen (zum Beispiel »Rebecca«, von Hitchcock verfilmt), mit ihrer Beschreibung von Cornwall (»Vanishing Cornwall«, auf deutsch »Cornwall Saga«, mit ihrem Krimi »Jamaica Inn«.

Im Haus »Mandalay« ihres Romans »Rebecca«, das in Wirklichkeit »Menabilly« heißt, einem wunderschönen Herrenhaus am Fowey, lebt sie noch heute – zur Miete. Aus dem kleinen unbekannten »Jamaica Inn« im Dartmoor ist ein überlaufenes Hotel geworden, das von Touristen aus aller Welt heimgesucht wird. Aber Cornwall ist im Grunde geblieben, was es war, als Daphne du Maurier es entdeckte: eine nicht jedem zugängliche wilde, stürmische, malerische Landschaft voller Mythen und Geschichten, die darauf warten, in Sturmnächten wiederentdeckt und erzählt zu werden.

In du Mauriers Buch über Cornwall ist übrigens auch nachzulesen, daß die kaum bekannte Mutter der drei Brontëschwestern, Maria Branwell, aus Penzance nach Yorkshire kam, wo sie den irischen Pfarrer Patrick Brontë heiratete und ihre drei Töchter bekam. Daphne du Maurier ist überzeugt, daß die Literatur der Brontëschwestern von den Sagen ihrer beiden cornischen Tanten aus Penwith beeinflußt wurde. Die beiden Schwestern aus Cornwall, die es nach Yorkshire in die Hochmoore verschlagen hatte, konnten sich dort mit Landschaft und Klima nie so recht anfreunden, waren sie doch das milde Klima Cornwalls gewohnt. Und als Maria, die Mutter der Brontëschwestern, starb, blieb ihre Schwester Elizabeth bis zu ihrem Tode bei den Kindern. Auch sie sollte Cornwall nie wiedersehen, beschwor aber die Geschichten und Sagen an düsteren stürmischen Abenden herauf und fütterte so die Phantasie der Mädchen.

Sue Weekes

Bristol

Stellt euch vor, ihr seid gerade von London aus in Bristol angekommen – auf dem Busbahnhof oder dem zehn Gehminuten davon entfernten »Temple Meads«-Bahnhof. Der Busbahnhof liegt zentral, und wir nehmen ihn deshalb als Ausgangspunkt, um die Stadt zu entdecken.

Er liegt an einem Dreieck: An einem Ende steht das »Bristol Royal Infirmary« (Krankenhaus) – gut zu wissen, falls ihr mal das Pech haben solltet, Erste Hilfe zu brauchen –, und die beiden Hauptstraßen laufen spitz auf das »Broadmead«-Einkaufszentrum zu. Es ist nicht gerade das aufregendste Einkaufserlebnis Großbritanniens, hat aber ein reichhaltiges Angebot. Daneben sind die Überreste einer Burg, wo Büroangestellte gern zur Mittagspause im Gras sitzen. Wenn ihr dort rechts abbiegt, kommt ihr zur »Bristol Bridge« (Bootsverleih!), und auf der anderen Seite geht es links nach Temple Meads und rechts zur »St. Mary Redcliffe«-Kirche aus dem 16. Jahrhundert. Nach fünfzehn bis zwanzig Gehminuten in südlicher Richtung kommt ihr zum »Trotterdown Women's Workshop« in der Wells Road, der Wochenend- und längere Kurse in Holzarbeiten anbietet. Nicht weit davon entfernt ist der Totterdown CVJM, der trotz seines Namens für alle offen ist, z. B. gibt es dort Gewichtheben für Frauen.

Aber bleiben wir zunächst auf der anderen Seite des Flusses, dort wo das Einkaufszentrum steht. Hier ist der ältere Teil von Bristols Zentrum: malerische Gebäude, der überdachte »St. Nicholas«-Markt und Pubs und Clubs, die die Gegend nachts lebendig halten. In der Nähe des modernen Marktes könnt ihr große Eisennägel in der Wand sehen – die englische Redewendung »down to the nail« (bar auf die Hand) leitet sich davon ab, denn die Händler des Mittelalters pflegten ihr Geld auf diese Nägel zu legen.

Ein besonders empfehlenswerter Teil des Zentrums sind die alten Hafenanlagen, die jetzt Freizeit- und Kultureinrichtungen beherbergen. Das Straßenleben dort mutet geradezu südländisch an, und in den beiden Kultur- und Medienzentren ist immer eine Menge geboten: Das »Watershed« hat eher profiliertere Besucher und Filme etc., im »Arnolfini« (in einem ehemaligen Teelager) gibt's mehr ungewöhnliche Schmankerl und einen eigenen Buchladen. In beiden lohnt es sich, die Veranstaltungskalender durchzuschauen – manchmal gibt's Kurse nur für Frauen. Das »Bristol Women's Center« ist in der Nähe des Arnolfini.

Falls euch die Statue am Hafenrand auffällt: Das ist ein gewisser John Amerique, der eine Expedition von Bristol nach Amerika finanziert hat – nach Ansicht der Bewohner Bristols ist Amerika nach ihm benannt und nicht nach Amerigo Vespucci, wie der Rest Europas glaubt. Etwas weiter den Fluß hinunter steht das »Industrial Museum« und das berühmte alte Dampfschiff S. S. Gt. Britain. Dahinter beginnt dann eine Gegend mit sehr neuen »Yuppie«-Häusern; es lohnt sich also nicht, weiterzugehen, es sei denn, ihr habt eine Stunde übrig und überquert den Fluß in Richtung Hotwells: ein Vorort mit vielen Treffpunkten zum Tanzen und für Veranstaltungen.

Aber gehen wir zuerst zu dem Teil Bristols, der »The Centre« genannt wird – ein grüner Platz, umgeben von Theatern, Pubs und einer Konzerthalle. Besorgt euch das alle zwei Wochen erscheinende Magazin »Venue« (Treffpunkt), erhältlich an jedem Zeitungsstand. Es hat einen umfassenden Veranstaltungsteil mit Theater, Film, Musik etc., außerdem Artikel über die soziale und kulturelle Szene und Informationen über frauenspezifische Aktivitäten, im Sommer auch spezielle »Touristen«-Informationen. Es ist in etwa vergleichbar mit dem Londoner »City Limits«.

Vom Zentrum aus gibt es zwei verschiedene Routen in nördlicher Richtung, die sich lohnen. Einmal in den Nordwesten: Geht links hügelaufwärts – dort seht ihr das »College Green«, wo die Gebäude der Stadtverwaltung in einem Bogen angeordnet sind. Das Rathaus hat eine Frauenabteilung, die Informationsbroschüren herausgibt. Von den zwei Gebäuden, die wie Kirchen aussehen, ist eines genau das, das andere die Hauptbücherei. Wenn ihr den steilen Hügel auf der anderen Seite hinuntergeht, seid ihr in der »Park Street«. Dort gibt es viele Restaurants und Läden, besonders Buchhandlungen. Das beste Angebot an feministischer Literatur hat »Chapter and Verse«.

Ein paar andere Orte, nach denen frau oben auf dem Hügel Ausschau halten sollte, sind der »Body Workshop« – ein Fitness-Center mit Tanzkursen und Sauna, in dem frau auch für nur einen Tag Mitglied werden kann – und gegenüber das »City Museum and Art Gallery« (Kunstgalerie) mit zuweilen guten Ausstellungen und ansonsten kostenlosen Sitzmöglichkeiten für ermattete und/oder regenscheue Spaziergängerinnen.

Am oberen Ende der »Park Street« ist eine Kreuzung mit drei Abzweigungen. Wenn ihr nach links geht, kommt ihr zum »Rowan Tree«, einem anthroposophischen Café, das auch Bücher, Schmuck und Kerzen verkauft und ein großes Schwarzes Brett hat, mit Anschlägen von »alternative Psychotherapie« bis hin zu »Schlafplatz gesucht«. Hinter dem »Victoria Rooms«-Gebäude, bekannt für seine Springbrunnen, findet ihr die »Science Exhibition« (Naturwissenschaftliche Austellung – sie zieht aber vielleicht um): Spaß für jedes Alter! Wenn ihr wieder zurückgeht und rechts in die »Upper Park Row« einbiegt, kommt ihr zum »Greenleaf Bookshop«, der ein umfassendes Sortiment an Frauenliteratur hat, plus Informationen über entsprechende Veranstaltungen und Kontaktadressen.

Empfehlenswert ist auch ein Gang (oder eine Fahrt) nach »Bristol Downs.« Dafür biegt ihr an der schon erwähnten Kreuzung am oberen Ende der Park Street in die »Whiteladies Road« und geht diese immer weiter, eine knappe halbe Stunde (mit dem Bus sind's zehn Minuten). »Bristol Downs« ist die größte Grünanlage der Stadt. An ihrem anderen Ende ist die berühmte Bristol-Hängebrücke. Besonders nachts sieht sie wirklich schön aus, wenn ihre Lichter wie goldene Juwelen vor dem schwarzen Hintergrund funkeln.

Wenn ihr euch jedoch eine Gegend anschauen wollt, die in den üblichen Reiseführern nicht auftaucht und die euch einen besseren Eindruck vom Leben um Bristols Zentrum herum vermittelt, empfehle ich euch einen Spaziergang nordöstlich vom Zentrum. Ihr steuert dazu die A 38 an, entweder vom Bus- oder Zugbahnhof her, und geht unter den Gebäuden der Bezirksverwaltung durch, die sich wie eine Brücke über sie spannen – scherzhaft auch die »große Mauer von Avon« genannt. Die Hauptstraße heißt ein paar Blöcke lang »Stokes Croft«, dann »Cheltenham Road« und schließlich, nach der Eisenbahnunterführung, »Gloucester Road.« Hier ist eine Art Brennpunkt für alles, was bei den Linken Rang und Namen hat. Schaut beim »Full Marks«-Buchladen rein, den manche, nicht unpassend, »Full Marx« schreiben. Wie bei »Greenleaf« gibt es auch hier eine große Auswahl an feministischer und Lesben-Schwulen-Literatur. Außerdem findet ihr in dieser Gegend jede Menge kleiner attraktiver Kneipen, meistens ganz oder teilweise vegetarisch. Ihr nähert euch jetzt dem St. Pauls-Viertel, dem Schauplatz der sogenannten »Inner City Riots« (Randale) Anfang der achtziger Jahre. Ich muß sagen, ich wohne selbst in der Nähe, und ich hatte damals nie Ärger, wenn ich dort tagsüber unterwegs war; und nachts kann es für eine Frau überall in Bristol ungemütlich werden.

Alles, was ich beschrieben habe, ist nur fünf bis dreißig Minuten von unserem imaginären Ausgangspunkt entfernt, und es gibt natürlich noch Unmengen anderer Plätze in Bristol, die ihr euch vielleicht gerne anschauen wollt. Eine Warnung jedoch: Die meisten Leute hier sind zwar hilfsbereit (wenn's auch immer Individuen gibt, die arglose Reisende ausnehmen wollen), aber kaum jemand spricht Deutsch. Aber ihr könnt ja alle so gut Englisch …

Angela Carter

Bath, Stadt des alten England

Im Tratsch mit den Steinen von Bath, an einer auffälligen Stelle keine fünfzig Meter von der geheimnisvollen Unterweltöffnung entfernt, aus der die heißen Quellen aus dem Erdinneren sprudeln, sitzen gewöhnlich ein oder zwei der hiesigen Alkoholiker auf den Holzbänken bei der Abtei.

An warmen Sommernachmittagen kommen sie in großer Zahl hierher, so als wollten sie die Touristen davon informieren, daß diese Stadt eine Fundgrube noch anderer nationaler Schätze als der architektonischen ist. Einige von ihnen sind ziemlich jung, ein oder zwei sehr jung, vielleicht haben nicht Suff, sondern Trips ihre Gehirnzellen verschmort, du kannst den Unterschied nicht erkennen, jetzt nicht mehr. Jock wird tanzen, während sein Kumpan versucht, Ziehharmonika zu spielen. Ich erinnere mich an einen schwachsinnigen Jungen, der mit einer Apfelweinflasche gegen die Bank schlug und dazu ein unmelodisches Lied mit dem Refrain »Ich bin ein Engel« sang. Die gepflegten FranzösInnen und SkandinavierInnen – wir bekommen hier nur den anspruchsvolleren Tourismus – würdigten ihn keines Blicks.

Einmal sah ich einen Mann, der sich in der Abtei die Seele aus dem Leib kotzte, umrahmt von Gedenktafeln von Soldaten und Seemännern, die offenbar in großer Zahl hierher zum Sterben kamen. Bath ist übersät mit blauen Gedenktafeln, Wordsworth war hier, Southy war hier, Jane Austen war hier, fast alle kamen für ein Wochenende, aber Malthus ist hier tatsächlich begraben. Meine Lieblingstafel ist in der Brock Street: »Hier wohnte John Christopher Smith (1712-1745), Händels Freund und Sekretär.« Ach diese bescheidene Zurückhaltung der Engländer! Warum es nicht offen sagen: »Ich war ein begeisterter Arschkriecher.«

An der Fassade der Abtei klettern Engel die Leiter hoch zu Gott, eine Art von durchgeknalltem Disney. Die Palladianer, die Bath zu dem machten, was es heute ist, haben fast alles andere abgerissen, die Abteifassade ließen sie wohl nur deshalb stehen, weil sie so »charming« (entzückend) war. Charme, die englische Krankheit; Charme, Maske des Irrsinns? Der feingliedrige, blauäugige, typisch englische Wahnsinn; Fremde, die Charme und Wahnsinn gleichzeitig sehen, neigen dazu, die Kombination als Heuchelei zu diagnostizieren. Ich hatte eine japanische Freundin, die sagte: »Wenn ich blaue Augen sehe, denke ich an den Opiumkrieg«.

Es gibt eine Menge feingliedrigen, blauäugigen englischen Wahnsinn in Bath, das ist Teil seines Charmes: eine Bevölkerung mit einem überproportionalen Anteil an Okkultisten, Neu-Platonikern, Yogis, Theosophen, kleinen alten Damen, die mit den Geistern indianischer Squaws sprechen, religiösen Irren, Altersschwachsinnigen, Naturaposteln, Makrobioten, Leuten, die Duftkerzen herstellen, Drogenreisenden, glaubst du an Feen?

Die Lamsdowne Road entlang wandert ein blauäugiges arisches hochgewachsenes Paar, gekleidet in farbenprächtige Lumpen und mit Kruzifixen klimpernd; der junge Mann hält eine aufgeschlagene Bibel, aus der er mit überlauter Stimme die mehr schwermütigen Verse aus dem Prediger Salomo vorträgt. Am Hedgemead Park vorbei, dem Lieblingstreffpunkt der hiesigen Exhibitionisten, das Wort des Herrn überbringend. Vorbei am Laden von Steve, dem Tätowierungskünstler. Steve kann dir auf Wunsch eine hübsche Pietà in den Rücken ritzen, und er hat ein Pamphlet mit dem Titel »Der Fall von Babylon, Pamphlet der radikalen Traditionalisten Nr. 2, Eine Botschaft des Trostes für die Bürger-der-letzten-Tage dieser großen Stadt« ans Fenster geheftet. Die Wanderprediger gehen um den karibischen Gemüsehändler herum, der Yams in seinen fahrbaren Laden lädt, er ist selbst ein Mitglied der neutestamentarischen Kirche Gottes; sie rufen »Hallelujah« und verschwinden im Herzen der Altstadt. Niemand hebt den Blick. Bei all dem feingliedrigen blauäugigen englischen Irrsinn hier ist ein Irrer mehr kein Anlaß zum Stirnrunzeln.

Baths Lage in einer nabelartigen Vertiefung der Hügel fördert Nabelschau, Meditation, Innerlichkeit, intensive Faulheit. Einige von uns verschwinden schnurstracks im eigenen Nabel und kommen nie wieder heraus, wirklich; berühmte Verrückte lebten hier: William Beckford; der reizbare Captain Thickness, verewigt in Edith Sitwells »English Eccentrics«, dem Denkmal für die englische Krankheit. Doch die Angelsachsen wollten hier nicht leben, der Ort war ihnen nicht geheuer. Da sie selbst zu ungeschickt und rückständig waren, um Steingebäude zu bauen, dachten sie, die römischen Ruinen müßten das Werk von Riesen oder Teufeln sein, und machten einen weiten Bogen darum herum. Es gibt ein altes englisches Gedicht, das ihre abergläubische Furcht vor diesem Ort beschreibt.

Einige der Restaurierungsgegner, sogar einige der Stadtväter, scheinen vom gleichen Entsetzen befallen zu sein, als wäre dieses Meisterwerk der Planung tatsächlich mit der Hilfe teuflischer Mächte erbaut worden und stelle deshalb eine schreckliche Bedrohung für uns schwache wehrlose Wesen dar. Am besten den alten Platz still und unauffällig verfallen lassen. Solche Dinge sind nicht für uns. Natürlich ist Bath ein Meisterwerk der Stadtplanung. Wie die Alternativen sich einander über ihren Apfelweingläsern zumurmeln, bist du von jeder beliebigen Wohnung aus in nur zehn Gehminuten beim Sozialamt; und davon abgesehen, daß alles so praktisch ist, hat die georgianische Stadt den theatralischen Glanz, die ätherische Zweidimensionalität einer Stadt aus einem Traum.

Sie hat verrückte Himmel, wie jene, unter denen sich die blauäugigen

Irren der Romane John Cooper Powys's, ebenfalls Okkultisten und Neu-Platoniker, vergnügen. Und bestimmte leuchtende Himmel an frühen Abenden vergolden den Dunst, durch den immer die Kirchtürme im Tal hervorspitzen; und dann sehen die Häuser, die mit solch kunstvoller Asymmetrie auf die Hänge der Hügel gestreut wurden, wie ausgestorben aus. Die wunderschönen Bäume in der Stadt sind so riesig, daß sie uns glauben machen, sie seien vor den Häusern dagewesen und würden diese auch überdauern. Bath ist Wunder und Halluzination, ist fast wie eine steingewordene Erinnerung; seine Schönheit hat etwas merkwürdig Sekundäres, ist am schönsten in der Erinnerung – die Tragik aller professionellen Schönheiten, so wie die der unglücklichen Marilyn Monroe: Niemand wollte sie um ihrer selbst willen, aber jeder wollte mit ihr geschlafen haben.

Vor Lamsdown Crescent, jener überwältigenden knochenweißen Häuserreihe, der endgültigen Antwort auf die englische Mittelstandssehnsucht, in einem Stadthaus auf dem Land zu leben, grast ein Pferd auf dem Hügelhang. Es ist so friedlich hier, daß du es kauen hörst. All diese städtischen Kastanien in den Talsenken! Von dieser Erhebung aus liegt die ganze Stadt vor uns ausgebreitet, wie ein prächtiges Spielzeug für die sehr Reichen, die hier immer noch in großer Zahl leben: Leute von Rang und Vermögen, von Lebensart und gutem Gschmack. Bath erfreut sich einer neuen Blüte. So ein zivilisierter Platz zum Leben. Ein Stück weiter, in einem grünen Durcheinander von brachliegenden Äckern und Gartenparzellen, toben muntere junge Füchse und raufen miteinander. Weiche malvenfarbige Schatten, vom goldenen Licht geworfen. Dieses goldene Licht, das Licht der reinen Nostalgie, läßt die Buben in hellen Trikots, die nach dem Tee vor dem Royal Crescent Fußball spielen, wie Rousseaus Fußballspieler aussehen, festgehalten im Bernsteinlicht des ewigen Sonntagnachmittags des Malers. Der Klang der Kinderstimmen enthält bereits sein Zum-Schweigen-gebracht-Werden: »Rembered for years, remembered with tears« (jahrelang erinnert, mit Tränen erinnert). Nostalgie ist Teil des Ästhetischen, die süße und unvermeidbare Rache der Zeit.

Das beklemmende Schweigen von Bath ist jenes, aus dem die EngländerInnen Intimitäten weben. Die Nutzlosigkeit der Stadt trägt sowohl zu ihrem Charme als auch zu dem bitteren Beigeschmack dieses Charmes bei. Sie wurde nicht gebaut, um den Vorrang einer bestimmten Familie oder die Macht einer bestimmten Region zu demonstrieren. Sie hatte im neunzehnten Jahrhundert keine nennenswerte Industrie außer dem Tourismus. Der Gentleman, den man beim Bau der Stadt im Auge hatte und dessen mutmaßlichen Geschmack man befriedigen wollte, hatte kein Interesse an Arbeit als solcher, sondern nur an seinen Profiten aus einer Arbeit, die möglichst weit vom Ort seiner Vergnügungen entfernt stattfinden sollte; Bath wurde gebaut, um dort glücklich zu sein, was seine Unschuld und tiefverwurzelte Melancholie erklärt.

Die jüngeren und älteren Woods bauten den Circus und Royal Crescent, jene monumentalen Werke der Wohnarchitektur, das olympische Ideal des Terrassenhauses, nicht einmal in der Absicht, sich selbst ein Denkmal zu setzen, wie das ein Architekt der Renaissance getan haben mochte. Sie – und Baldwin und Palmer und Finch und Eveleigh und Goodrich usw. – entwarfen, um den Geschmack einer bestimmten Klasse zu demonstrieren und schaffen zu helfen, einen Geschmack, der mittels der Herrschaft dieser Klasse als »guter Geschmack« schlechthin institutionalisiert wurde. Die Demonstration und Verkörperung dieses Geschmacks war auch die Demonstration einer enorm gewachsenen wirtschaftlichen Macht eines enorm gewachsenen oberen Mittelstands, aber in gewissem Sinne war dies dabei nebensächlich. Nur reiche Irre wie Beckford genossen es, in aller Öffentlichkeit im Luxus zu schwelgen.

Ordnung, Raum, Harmonie, was Mumford die Olympischen Qualitäten nennt. Eine Wohnstadt für einen Gentleman, die ebenso die Dienstleistungsbetriebe beherbergen würde, die zu seinen gepflegten und kultivierten Vergnügungen beitrugen. Seine hauptsächlichen Laster waren nicht das plumpe Vergnügen von Suff und Hurerei, sondern die feineren Ausschweifungen des Dandytums: systematisierter Narzißmus und Glücksspiel, eine Tätigkeit, die zumindest die eine radikale Funktion hat, daß sie dem Geld seinen Tauschwert nimmt und es wenigstens vorübergehend zum Spielzeug macht.

Die engen verschlungenen Gassen der mittelalterlichen Stadt waren für die Bedürfnisse dieses Gentlemans nicht zu gebrauchen, wenn er auch gerne eine oder zwei von ihnen bewahrte, weil sie so entzückend malerisch waren. Nein. Seine Lieblingsbeschäftigung war, in Kutsche oder Einspänner dahinzurollen, seinen Weg nach Belieben wählen zu können, hoch über dem Mob, der sich durch den Schlamm plagte, den seine Räder aufgewühlt hatten; also gefielen ihm breite Boulevards. Poultney Street, die perfekte neoklassische Straße. Zu Fuß verliert der Spaziergang zu dem zweidimensionalen Brennpunkt, der jetzt das »Holbourne und Menstrie Museum« beherbergt und ein erstaunliches Beispiel von »tromp l'oeil« (optische Täuschung)-Architektur darstellt, bald jeden Reiz. Die breite Straße, flach wie ein Pfannkuchen, die Eingangstüren, die mit der unerbittlichen Regelmäßigkeit von Telegraphenmasten vorbeiziehen, wollen nicht zum Verweilen einladen. Ein Auto andererseits ist viel zu schnell. Du zischst an den prächtigen Fassaden im Bruchteil einer Sekunde vorbei, und das Auge kann sie kaum wahrnehmen. Doch von der Pferdekutsche aus ziehen die Häuser auf beiden Seiten der Straße wie erlesene Gemälde vorbei, Ausschnitte einer Stadt der schönen Ansichten, dazu bestimmt, von ferne mit schicklichem Wohlgefallen betrachtet zu werden, und bald, aber nicht zu bald, aus dem Blickfeld verschwunden. Die lichte und heitere Architektur dieser Stadt konfrontiert mich mit einem Englischtum, dem ich mit dem Hinweis auf meine schottische Abstammung zu entkommen versuche.

Bath mit seiner romantischen schlampigen Anmut ist nicht mehr die Stadt, die die Woods bauten; zweihundert Jahre Geschichte des Geschmacks haben die klaren Konturen seiner rationalen Harmonie modifiziert, und dies hat sein Erscheinungsbild weit mehr verändert als die Zeit selbst. Unsere Wahrnehmung der Stadt wird beeinflußt von der Wahrnehmung all jener, die je hier gewesen sind und sie schön fanden. Sie ist mehr als die Summe ihrer Teile.

Der sanft zerbröckelnde Stein; jene turbulenten Himmel, über die von Zeit zu Zeit die wilden Schwäne fliegen; jenes elegische Licht, das uns fast Tränen in die Augen treibt; das Gefühl einer allgegenwärtigen Idylle, das Gefühl für die Landschaft, versinnbildlicht in wilden Gärten – es hat eigentlich überhaupt nichts mit Landschaft zu tun, sondern ist eine Vorliebe für Parks, für Landschaftsgestaltung, für gebändigte Natur, für Gartenstädte: Es ist die Wasserfarben-Ästhetik, die der der englischen Kunst entspricht, deren bevorzugte Jahreszeiten die regnerischen sind – beginnender Frühling und Frühherbst – und in deren Landschaften es immer ein wenig zu spuken scheint.

Bath, eine Stadt, die so englisch ist, daß frau sich in ihr wie im Ausland vorkommt, ist so von dem, was Pevsner das Englische der englischen Kunst nannte, verformt worden, daß die Stadt fast selbst zu einer Ikone der Empfindsamkeit geworden ist. Dieses spezifisch Englische, diese spezifische Empfindsamkeit feierte Ende der vierziger Jahre eine beachtliche Wiederauferstehung in den Bildern von John Piper und Michael Ayrton und den Nashes. Mervyn Peake zeigt ihren dämonischen Aspekt. In der Literatur: die Romane und Anthologien von Walter de la Mare; in der Musik: Brittens Vertonung von »The splendour falls on castle walls« (Heller Glanz senkt sich auf Schloßmauern).

Es ist eine Ästhetik von Stimmung und Gefühl, nicht von Form oder Idee; die Empfindsamkeit ist allen genannten Beispielen gemein, unabhängig vom Medium. Es ist eine Kunst, die keine Spuren der Drängelei auf dem Markt trägt, eine solche Drängelei hätte ihren melancholischen Schmelz zum großen Teil abgewischt. Es ist nicht so sehr bourgeoise Kunst – das wäre unfein –, sondern wahre Mittelstandskunst, und da der englische Mittelstand einzigartig ist, ist es vielleicht diese Klassenherkunft, die der Empfindsamkeit selbst ihren charakteristischen englischen Charme gibt. Er ist besinnlich, das Ergebnis von Tagträumerei und Innenschau. Es ist bezeichnend für Bath als Produkt der englischen künstlerischen Empfindsamkeit, daß einer seiner Geister ein lyrisches Geschöpf sein soll, das seine Anwesenheit durch den Duft von Jasmin kundtut.

Geraldine Bailey

Mary Webb aus Shropshire

Seit jeher betrachten die EngländerInnen ihre Landschaft mit Vorliebe durch die Augen ihrer SchriftstellerInnen. Der Lake District ist mittlerweile genauso durch die Gedichte berühmt, zu denen er Wordsworth, Coleridge und die anderen »Lake-Poets« inspirierte, wie durch seine Naturschönheiten; Borset und Devon werden von den tragischen Figuren aus Thomas Hardys imaginärem »Wessex« bevölkert; die flachen Küstenlandschaften von East Anglia sind in den Gedichten von George Crabbe verewigt, und die düsteren Moore um die Haworth-Pfarrei, wo die Brontë-Schwestern lebten und schrieben, heißen jetzt einfach »Brontë-Land«. In der Tat ließe sich ohne Mühe eine literarische Landkarte der ganzen Insel zeichnen.

Zu dieser Tradition gehört auch Mary Webb, die Schriftstellerin, die vielleicht poetischer als alle anderen die sie umgebende Natur schilderte, aus der sie ihre Kraft schöpfte; die am lebendigsten den Geist dieser Orte heraufbeschwor. All ihre Romane spielen im Hügelland des südwestlichen Shropshire zwischen Shrewsbury und Ludlow, zwischen den sanften Laubwäldern der Midlands und den kahlen Höhen von Nordwales. Es ist eine Landschaft mit großen Gegensätzen, in der sich in gewisser Weise die zwei verschiedenen Welten von Kelten und Sachsen gegenüberstehen. Es lag dort, in ihren Worten, »ein Reichtum auf der Welt – so sah das aus, was unser Pfarrer verschwenderisch zu nennen pflegte«.

Mary Webb wurde 1881 als erstes von sechs Kindern geboren. Ihr Vater war ein walisischer Schulmeister. Sie verbrachte ihre Kindheit in der Nähe von Much Wenlock im Schatten des Wrekin, des Hügels, der in ihren Romanen als »Gottes kleiner Berg« auftaucht. Im Alter von achtzehn Jahren wurde sie mit der Erziehung ihrer jüngeren Geschwister betraut, doch schon zwei Jahre später erkrankte sie an der Graves-Krankheit. Bis zum Alter von 30 Jahren war sie bettlägrig.

1912 heiratete sie einen Lehrer, und die beiden lebten vom Verkauf ihrer Gartenprodukte. Es war ein Leben an der Armutsgrenze, zum Teil wegen ihrer grenzenlosen Freigebigkeit. Es zog sie zu den Leidenden und Außenseitern hin, unermüdlich besuchte sie die Hütten der Armen. Sogar bei ihrer Hochzeit waren unter den Gästen »die Insassen der Frauenabteilung des Arbeitshauses, eine alte Kräuterfrau, ein armer einäugiger Mann und ein gebrechlicher Leierkastenmann«. Und neben der Gartenarbeit in Wind und Wetter und den Neun-Meilen-Märschen nach Shrewsbury, wo sie mit Rosen und Nelken hausieren ging, war sie, natürlich, in jeder freien Minute am Schreiben.

Als Mary Webb 1927 starb, hatte sie einige Anerkennung gefunden, was sie zum Teil dem Premierminister Stanley Baldwin verdankte, der von ihren Büchern so bewegt war, daß er ihr einen bewundernden Brief schrieb und zu ihrem letzten Roman, »Precious Bane« (Segensreicher Fluch), ein Vorwort verfaßte. Auch SchriftstellerkollegInnen erkannten die Qualität ihrer Arbeit. Rebecca West nannte sie ein »seltsames Genie«, und John Buchan sagte: »Wenn das nicht wahrer Zauber ist, weiß ich nicht, wo sonst ich danach suchen sollte. Der Stil ist von Poesie durchdrungen und schwingt sich zuweilen auf zu der zarten Feinfühligkeit von Musik.«

Doch für das literarische Establishment blieb sie eine »Heimatschriftstellerin«, eine Autorin zweiter Klasse. Ihre Visionen wurden als »hinterwäldlerisch« und ihre Naturpoesie als falscher Mystizismus abgetan; und daß sie Felsen und Bäume die Freuden und Sorgen ihrer Heldinnen widerspiegeln ließ, galt als unzeitgemäßes anthropomorphes Denken. Stella Gibbons machte sich sogar über ihre nüchterne Prosa in »Cold Comfort Farm« lustig. Erst mit der Neuauflage ihrer Romane durch Virago Press wurde sie als große Schriftstellerin wiederentdeckt. Ins Deutsche wurde sie bisher nicht übersetzt.

In dem bewegenden »Precious Bane« wird die Heldin, Prudence Sarn, mit einer Hasenscharte geboren. Sie versöhnt sich mit dieser Verunstaltung und erkennt dadurch, daß sie mehr sieht und ausdrücken kann als die meisten anderen Menschen. Mehr als bei allen anderen Figuren ihrer Romane hat Mary Webb bei Prudence ihren eigenen »Fluch« verarbeitet: die Krankheit, die ein kropfartiges Schwellen des Halses und das Hervorquellen der Augen bewirkte. Im Roman flieht Prudence vor Aberglauben und Ignoranz ihrer Mitmenschen in die Einsamkeit ihrer Dachstube.

Jetzt wo »Precious Bane«, »Gone to Earth«, »The House in Dormer Forest«, »Golden Arrow« und »Seven for a Secret« in der Reihe »Modern Classics« von Virago Press erhältlich sind, ist es höchste Zeit, Mary Webb als Schriftstellerin wieder schätzenzulernen, nicht nur wegen ihrer Naturpoesie oder ihrem reizvollen offenen Humor und dem feinen Gehör für Dialekte, sondern auch wegen ihrer tiefen Schlichtheit. Wie sie selbst sagte: »Gerade die einfachen Menschen sind die Weisen der Welt.«

Ein guter Ausgangspunkt für die Erkundung von »Webb Country« ist Much Wenlock, gleich nördlich von Bridgenorth. Das dortige Museum hat eine Mary Webb-Ausstellung. Hier könnt ihr literarisch Detektiv spielen: die verschiedenen Häuser aufspüren, wo sie aufgewachsen ist und gelebt hat – z. B. das Grange außerhalb der Stadt –, und versuchen, Dichtung und Wirklichkeit in Einklang zu bringen: Die Stiperstones müssen der »Devil's Chair« (Teufelssitz) aus »Golden Arrow« sein, der Wrekin ist natürlich »Gottes kleiner Berg«. »Wildershope Manor« an der B 4371 zwischen Church Stretton und Much Wenlock ist sicher das Vorbild für die schauerliche Undern Hall aus »Gone to Earth«.

Für Spaziergänge ist der beste Ausgangspunkt Church Stretton. Von hier aus könnt ihr Long Mynd erkunden, z. B. der uralten Postroute folgen, die über den zehn Meilen langen Hügelkamm und die lange zerklüftete Felsenkette der Stiperstones mit ihren alten Bleibergwerken verläuft.

Doch wo ihr auch wandert, bei jedem Bach, jedem Hügel, in jedem Wald findet ihr verborgene Schönheiten, »kabbalistische Zeichen der Natur, die Geheimschriften, in denen die Welt eine neue Bibel von spiritueller Erleuchtung finden könnte – nicht in Feuer auf Steintafeln geschrieben, sondern in fein geflochtenen Linien auf jungen Blättern und Knospen«.

Flora Thompson
Ländlicher Kalender

Juli
Die Hecke zwischen dem Kornfeld und der Sumpfwiese ist über und über mit weichen cremefarbenen Holunderblüten bedeckt, und ihr eigentümlicher, starker Duft mischt sich angenehm mit dem der Wasserminze und des vom Vieh niedergetrampelten Grases.

Welche Wohltat, an einem heißen Nachmittag unter einem der hohen Büsche zu sitzen, zu spüren, wie sein kühles grünes Licht mir übers Gesicht tanzt, und das zarte Flechtwerk der blassen spitzenartigen Blumen vor dem blauen Himmel zu betrachten!

Der Holunder ist ein Baum mit vielen Tugenden, doch rankt sich auch viel Aberglauben um ihn. Die Zigeuner betrachten ihn von alters her mit argwöhnischer Ehrfurcht. Es bringt Unglück, unter ihm zu lagern; besser überhaupt kein Schutz als der Schutz eines Holunders. (Nur wenn ein Gewitter losbricht, ist hier der beste Zufluchtsort, denn von allen Bäumen ist der Holunder der einzige, in den nie der Blitz einschlägt.) Und wenn dann nachts das Lagerfeuer brennt und es spät wird und der Brennstoffvorrat zur Neige geht, darf dennoch kein Holunderzweig verwendet werden:

»Du verbrennst dein Glück, wenn du Holunderholz verbrennst«, sagt die jüngere Generation.

Der Holunder war auch von praktischem Nutzen. In den Tagen, bevor sich Apotheker mit ihren hunderterlei Mitteln in jedem Marktflecken niederließen, bot er der Hausfrau eine ganze Pharmakopöe. Sie verwendete Blüten, Beeren und Stiel, mischte daraus Salben und heilende Wässerchen, pökelte und kochte ein und stellte mindestens zwei Arten von Wein her.

Jede Frau, die Wert auf ihren Teint legte, verwöhnte in jenen Tagen ihre Gesichtshaut einmal im Jahr mit einer vierzehntägigen Holunderblütenwasser-Kur. Eine alte Freundin meiner Kindheit, deren Gesicht noch mit siebzig Jahren einem weichen angewelkten Rosenblatt glich, pflegte mich dazu heranzuziehen, frische Holunderblüten für sie zu pflücken, die sie dann in kochendes Wasser tauchte und das Ganze mit einem Schuß Eau de Cologne streckte. Das Ergebnis war ein Gesichtswasser, das einer Königin Ehre gemacht hätte.

Jene alte Dame stellte aus den Blüten auch Wein her. Er wurde »Ladies' Holunderwein« genannt, im Gegensatz zum »Gentlemen's Holunderwein«, dem starken, schweren portweinähnlichen Getränk, das im Herbst aus den Beeren gebraut wurde. Der Blütenwein war perlend, sehr leicht und harmlos. Er wurde Damen und Kindern gereicht, die zum Einkaufen kamen, damit ihnen die Zeit nicht lang wurde, und artig nippten sie daran, während die Gastgeberin die gewünschte Anzahl Eier aus dem Nest holte oder Honig und dicke Sahne abwog.

Der Holunderbeerenwein war den Winterabenden vorbehalten. In den langen dunklen Stunden um die Weihnachtszeit, wenn die ganze Familie vor dem lodernden Kamin zur Arbeit oder zu einem Schwatz beisammensaß, wurde der Holunderwein geholt, zusammen mit Gewürzen erhitzt und herumgereicht.

»Die Welt war noch im Lot in jenen Tagen«, neigen wir zu sagen und vergleichen sie mit der Gegenwart, die demgegenüber schlecht abschneidet. Doch wir dürfen nicht vergessen, daß auf jede bäuerliche Küche oder jedes Ladenzimmer mit guten Mahagonimöbeln und funkelndem Messing mindestens ein Dutzend elende Arbeiterunterkünfte kamen, die wenig Wärme und Komfort boten.

Vor ein paar Tagen stieß ich auf so einen Platz, ein kleines Haus, das vor kurzem für unbewohnbar erklärt und dem Verfall preisgegeben wurde, sogar in diesen Zeiten der Wohnungsnot. Ich wurde anfangs von seinem reizvollen Äußeren angezogen. Rosen und Geißblatt drapierten das niedrige moosbewachsene Dach und die rotbraunen Wände. Die Fenster waren klein und hatten rautenförmige Scheiben; hervorstehendes Stroh bildete über der Tür eine Art Vordach.

Obwohl das Tageslicht ungehindert Zugang hatte, denn die Fensterscheiben waren zerbrochen und die Tür hatte sich aus den Angeln gerissen, war es drinnen düster. Es gab zwei kleine Räume, keiner von ihnen größer als eine Schiffskabine. Auf der Rückseite war ein fensterloses Loch, das wahrscheinlich als Speisekammer gedient hatte. Das war alles. Auf diesem Raum wuchsen zehn- oder zwölfköpfige Familien auf, wurden Kinder geboren, warteten die Toten auf den Abtransport zur Beerdigung. Über hundert Jahre lang waren jene Menschen froh gewesen, dieses Heim ihr eigen nennen zu dürfen.

Der Gedanke an diesen Aspekt der »guten alten Zeit« sollte uns helfen, uns mit den roten Ziegelkästen zu versöhnen, die uns jetzt als Schandfleck in der Landschaft erscheinen. Sie haben zumindest wetterfeste Dächer und Schiebefenster, die sich öffnen lassen. Die Häßlichkeit, so steht zu hoffen, ist nur eine vorübergehende Phase. In dem Maße, wie Leute mehr lesen und denken, kommt auch der gute Geschmack. Zukünftige Generationen werden Schönheit genauso wie Nützlichkeit fordern. Wir leben in einer Zeit des Übergangs.

August

Es ist eigenartig, wie Gebiete vor unserem inneren Auge zu Personen werden.

Dorset ist ein Milchmädchen, ganz Topfen und Sahne und Rosen. Wiltshire: eine Prinzessin aus der Steinzeit, ausweichend, scheu. Es kann vorkommen, daß du einen Monat lang ihre weiten offenen Räume beschreitest und ihre mit dem Duft von Blütenpollen geschwängerte Luft atmest, ohne auch nur einen einzigen Blick von ihr zu erhaschen. Obgleich die älteste aller Grafschaften, wartet sie immer noch auf den Dichter, der sie beschreibt, oder vielleicht hat sie ihn auch schon vor so langer Zeit gekrönt, daß selbst der Nachhall seiner Worte im Gedächtnis der Menschen veklungen ist.

Dann Sussex, mit ihrem federnden Thymian-Rasen, dem Perlweiß ihrer Hügellandschaften und dem verschwommenen Blau ihrer Ebenen. Aber befragt die Leute von Sussex über sie. Jeder Mann, der eine Feder halten kann, hat mindestens ein Buch über seine Stadt oder sein Dorf geschrieben; sie lehren ihre Kleinen in der Schule, ihr Lob zu singen, und machen aus den bloßen Ortsnamen Lieder!

Doch Hampshire, liebes, warmherziges, zärtliches Hampshire! Sehr wenige haben sie gepriesen. Dennoch wäre sie dessen in höchstem Maße würdig; eine dunkle Madonna, mit heide-violetter Robe und schweren Fichten-Zöpfen, so sitzt sie in der Sonne und gibt allen, die sie aufsuchen, ihren Segen.

In diesem Monat suchen sie in der Tat sehr viele auf. Die Hauptstraße am Ende meines Wegs wimmelt von Verkehr – Autos, Motorräder, Überland- und Ausflugsbusse, die Bäume und Farnkraut einstäuben und die Gräser abtöten, wenn sie in einer Wolke von großkörnigem weißen Staub vorbeifahren.

Einige der weniger wohlhabenden Ausflügler steigen in unserer Dorfgaststätte ab, steuern schnurgerade auf die Buchenwälder zu, halten Brotzeit in den Lichtungen, lassen den Rasen mit Papier übersät zurück, reißen Farn und Fingerkraut mit den Wurzeln aus und erschrecken mit ihrer Fröhlichkeit die Lebewesen des Waldes – alle, wohlgemerkt, bis auf die Ponys; diese haben ihren eigenen Sinn für Humor und machen sich ein Vergnügen daraus, selbst das Schreckgespenst zu spielen: In Gruppen von zweien oder dreien stellen sie sich auf einen engen Pfad und weigern sich, auch nur einen Fingerbreit zur Seite zu weichen, so daß die Ausflügler gezwungen sind, sich ihren Weg um sie herum durch die Büsche zu bahnen, wobei sie sich die Seidenstrümpfe zerreißen und die Lackschuhe aufweichen.

Ein Ausflüglertrupp hatte sogar ein Grammophon dabei, das, wie es in der Werbung heißt, »Unterhaltung am laufenden Band« von sich gab: ein abscheuliches Getöse.

Sie haben ihr Vergnügen. Ich habe meines. Und meines liegt in diesem Monat in genau entgegengesetzter Richtung. Ich setze nie, soweit es sich irgend vermeiden läßt, meinen Fuß auf die Durchgangsstraße, sondern

lasse mich, sobald meine Arbeit getan ist, die Obstgartenmauer hinunter, durchquere das Tal mit der Farm meines Nachbarn und steige den Hügel gegenüber hinauf; und dort oben in der Heide habe ich all die Einsamkeit, die sich das Herz ersehnen kann.

Oktober

Im Oktober wetteifert das Heidekraut im Wald mit den Bäumen um die leuchtendsten Farben. Gold ist der vorherrschende Farbton: Gold im weichen herbstlichen Licht; Gold auf dem fernen Hintergrund der Buchenwälder; gelbbraun-rostiges Gold des Farnkrauts zu unseren Füßen. Aber auch an anderen Farben mangelt es nicht. Das Heidekraut hat sich noch sein Violett bewahrt, leicht gebleicht von Sonne und Regen, das ist wahr, aber immer noch Violett. Das Karmesinrot des Blätterteppichs der Preißelbeeren wiederholt sich in Beere und Blatt und Dorn.

Den sandigen tiefgefurchten Weg entlang rumpelt der Karren des Farn-Schnitters mit seiner hochgetürmten luftigen Last. Der Mann, der neben dem rostbraunen kleinen Waldpony an der Deichsel geht, ist ebenfalls braun, die Sonne hat sein Gesicht versengt und seine Hautfarbe der des Bartes angegelichen, und die wettergegerbten Kordsamthosen haben genau den gleichen Farbton wie seine Ladung. Sein Anblick und der seiner Umgebung weckt in mir wieder jenen verzweifelten, verwirrten, ohnmächtigen Neid auf das Handwerkszeug der Malerin, den die Künstlerin, die nur Worte zur Verfügung hat, angesichts von Farben immer empfinden wird.

Doch laßt Dichter und Künstler von Farben schwärmen, der moderne Bürger des Waldes bevorzugt in diesen Tagen schwarz und weiß. Er betrachtet seine Besitzurkunden und überlegt, ob sich sein Recht, Torf und Holz aus dem Wald zu holen, nicht vielleicht etwas großzügiger auslegen ließe als im Jahr zuvor. Fast jedes Haus, wie alt es auch sein mag, hat solche Rechtstitel, Torf zu stechen und Reisig zu sammeln; und wer einen ausreichend großen Torfhaufen und Holzstapel vor der Türschwelle hat, für den sind Gerüchte von Streiks in den Kohlebergwerken exotisch, sind traurige Begebenheiten in einem fernen Land, die in ihm vages Mitleid für jene paar Millionen Unglücklicher wecken, die das Pech haben, jenseits der Wälder zu leben, mit ihm selbst jedoch kaum etwas zu tun haben.

Unmittelbar vor dem Dorf sah ich heute dem Wünschelrutengänger bei der Arbeit zu. In diesem Jahr ist der Brunnen auf dem Dorfanger zum erstenmal seit Menschengedenken trocken geblieben, und die Leute mußten weite Wege gehen und einen Eimervoll erbetteln, wo es ging. So sollen jetzt mehrere Brunnen gegraben werden, einer für jede Häusergruppe, und jede Hausfrau trachtet danach, ihn möglichst nahe vor der eigenen Tür zu haben.

Der Rutengänger war ein Fremder, ein recht junger Mann, dessen Harris-Tweedkleidung und ungezwungene elegante Art den Gedanken zu verbieten schienen, daß er vom Grundstücksverwalter für einen so hohen Stundenlohn angestellt worden war. Doch wer immer er war, er achtete die Tradition, denn vor seiner Brust trug er die gegabelte Haselrute, die heutige Wissenschaftler als bloße Insignie abtun. Er schritt auf und nieder und im Kreis herum, bis er wohl jeden einzelnen Lavendelstrauch und Kohlstengel im Garten berührt hatte.

Plötzlich blieb er stehen. Er grub seinen Absatz in die lockere Erde zwischen den Stachelbeersträuchern. »Genau hier«, verkündete er, »in einer Tiefe von zwei Metern werdet ihr fündig werden!«

Ein wildes Durcheinander von Stimmen erhob sich, und ich ging weiter; aber heute abend erzählte mir der Postbote, daß sie in genau der Tiefe, die er vorhergesagt hatte, auf eine Quelle gestoßen waren. Was für eine seltsame und geheimnisvolle Gabe! Jene, die damit ausgestattet sind, müssen sicher dem Herzen der Natur näher sein als ihre anderen Kinder!

Heute nachmittag schnitt ich mir eine Rute und experimentierte, doch obwohl ich ganz bewußt dreimal über den alten zugemauerten Brunnen am unteren Ende des Obstgartens ging, gab es nicht den geringsten Ausschlag.

Um meine verletzte Eitelkeit zu besänftigen, zog ich den Schluß, daß der Brunnen infolge der Trockenheit noch kein Wasser führte. Ich muß es im Frühjahr noch einmal versuchen.

Paddy Maynes

Reisetip: Stratford-Upon-Avon

Was mich nach Stratford führt, ist nicht Shakespeare und der damit verbundene Rummel, sondern zwei entzückende Zwillingsmädchen, die hier wohnen. Doch ich habe den Ort lieben gelernt und jede Englandreisende sollte ihn einmal besuchen.

Stratford ist eine hübsche grüne alte englische Stadt, die einem das Gefühl gibt, in einem anderen Jahrhundert gelandet zu sein: Es gibt keine Parkhochhäuser, selbst »Mark & Spencer's« verbirgt sich hinter einer georgianischen Fassade mit Bogenfenstern, und »Safeways« ist irgendwo in einer Nebenstraße versteckt. Was Stratford davor bewahrt, lediglich ein lächerliches Museumsstück aus alter Zeit zu sein, ist der kosmopolitische Einfluß der Theater, SchauspielerInnen und BesucherInnen. Aber kommt, wenn irgend möglich, lieber nicht im Sommer, sondern im Frühling und Herbst hierher.

Das Shakespeare-Theater ist sehr teuer, und ihr müßt die Karten Monate im voraus bestellen. Spannender und eher für neue Konzepte aufgeschlossen sind »The Other Place« oder »The Swan Theatre«. Und wenn ihr nach der Vorstellung in das »Dirty Duck/White Swan» (das Pub hat zwei verschiedene Namen auf der Vorder- und Rückseite des Schilds) geht, könnt ihr die SchauspielerInnen sehen, die hier nach ihrem Auftritt gern einen Schluck trinken. Es gibt auch etwas zu essen; Essen ist eine Möglichkeit, nach der Sperrstunde im Pub zu bleiben. Die Wände sind mit Bildern von Shakespeare-DarstellerInnen bedeckt, die in Stratford aufgetreten sind und dem »Dirty Duck« eine Besuch abstatteten.

Die Cafés in Stratford sind nicht unbedingt weltbewegend, doch im »Anne Hathaway's Tearoom« bekommt ihr einen guten englischen Sahnetee und leckeres getoastetes Rosinenbrot (am gemütlichsten sitzt es sich im Hinterzimmer im Erdgeschoß). Hinter dem dortigen sehr konventionellen »Shakespearian Knot Garden« (den frau sich schenken kann) ist ein außergewöhnlicher öffentlicher Park, wo die Hecken in Tierformen geschnitten sind und nichts wirklich zusammenpaßt – einfach bezaubernd. Es gibt auch einen uralten Baum, gestützt von Backsteinen, und alles ist sehr ruhig und friedlich.

Stratford liegt inmitten einer englischen Bilderbuchlandschaft. Der nächste größere Ort ist Warwick, eine Universitätsstadt und schöner und ruhiger als Stratford. Im »St. Nicholas«-Kinder-Park gibt's ein Schwimmbecken mit wasserspeienden Steinfröschen und altmodische Karusselle.

Und wenn ihr dann auf dem malerischen von Weiden gesäumten Avon redert, werdet ihr schließlich das Gefühl haben, daß England eigentlich doch ein wirklich schönes Land ist.

Siobhan Dowd

Oxford und seine westliche Umgebung

Oxford hat seit alters her den Beinamen »Stadt der träumenden Kirchturmspitzen«. Wie immer Kirchturmspitzen träumen – es gibt hier wirklich viele schöne Kirchen und Kapellen, außerdem eine weltbekannte Bibliothek (»Bodleian« oder kurz »Bod« genannt), eine Unzahl malerischer Höfe, einige friedliche Klöster und zwei Flüsse: den Cherwell und die Themse, die hier »Isis« heißt und auf der alle Bootsrennen abgehalten werden.

Oxford hat andererseits auch ein unsägliches modernes Einkaufszentrum, trostlose »suburbs« und eine riesige Motorenfabrik – was allerdings auch den angenehmen Nebeneffekt hat, daß die Stadt nicht so von der Universität dominiert wird wie Camebridge. Frau kann in Oxford wohnen, arbeiten, einkaufen und ausgehen, ohne dauernd von StudentInnen umgeben zu sein. Es ist eine richtige Stadt, nicht einfach eine »University town«.

Es gibt in Oxford hunderterlei Dinge, die »man« angeblich gesehen haben »muß«. Mir geht's eigentlich immer so, daß ich eine für mich neue Stadt am liebsten auf eigene Faust entdecke. Trotzdem hier einige Empfehlungen.

An einem schönen Sommertag solltet ihr unbedingt einmal »punten« (= »staken«, eine spezielle Art zu rudern). Dabei müßt ihr euch merken, daß ihr zum Steuern das untere Ende der Stange nach jedem Stoß genau in die entgegengesetzte Richtung von der, wo ihr das obere Ende eintauchen wollt, über die Wasseroberfläche zieht – sobald ihr den Dreh heraushabt, werdet ihr nicht mehr in Zweigen hängenbleiben oder mit schimpfenden Schwänen und Touristen zusammenstoßen. Stromaufwärts braucht ihr etwa doppelt so viel Zeit wie stromabwärts.

Ein weiteres »Muß« sind das »Magdalen«- (wird wie »maudlin« ausgesprochen) und das »New College«-Kloster – Oasen der Stille, in denen die Zeit stehengeblieben zu sein scheint. Das »Magdalen« ist u. a. für seinen Wildpark berühmt und das »New College« für ein langes Stück der mittelalterlichen Stadtmauer, die hier unversehrt erhalten blieb. Empfehlenswert sind ferner »Christchurch College« (Gärten), »Brasenose« (bezaubernde Blumenkästen) und »All Souls« (interessante Architektur).

Wenn ihr zufällig Anfang Juni in Oxford seid, könnt ihr vor den »Schools« in der High Street zuschauen, wie die StudentInnen vom Abschlußexamen kommen und von ihren FreundInnen auf der Straße mit Sektflaschen begrüßt werden. Sie tragen alle »sub fusc« – schwarze Anzüge mit Talaren und Baretts – und sind reichlich durchgedreht, was den »Bull Dogs«, der universitätseigenen Polizei, einiges zu tun gibt.

Oxfords berühmteste Buchhandlung ist »Blackwell's« in der Broad Street: ein Labyrinth mit einer Riesenauswahl neuer und antiquarischer Bücher. Weitere interessante Läden findet ihr in der Little Clarenden Street (die Einheimischen nennen sie »Little Trendy Street«) und dem überdachten Markt hinter Cornmarket. Hier ist auch eines der unzähligen kleinen Teehäuser Oxfords, die Touristen oft nicht finden: das »Georgina's« im ersten Stock von »Georges.«

Ein großer Teil der Abendunterhaltung wird von studentischen Produktionen bestritten. Die Stücke von OUDS (Oxford University Dramatic Society) sind im allgemeinen die besten. Im Sommer gibt's Freilichttheater in den »College Gardens.« An Kunstveranstaltungen und -einrichtungen empfehle ich ferner die Kammermusikkonzerte im »Holywell Music Room« in der Holywellstraße, die Konzerte der Universitätschöre in verschiedenen Kirchen, das »Ashmolean«-Museum (griechische Keramik und »Les Jardins des Tuileries« von Pissario) und die »Keble College Chapel« (Holman Hunts berühmtes Bild von Christus »knocking at the door«).

Bei schönem Wetter lohnt es sich, den Turm von St. Mary's (Universitätskirche) hinaufzusteigen, die Aussicht von dort ist phantastisch.

Ich wohne jetzt nicht mehr in Oxford, doch ich komme noch oft in die Gegend westlich davon, die für mich eine der schönsten Englands ist. Sie ist geprägt von der Hügelkette der »Cotswolds« mit ihren wunderschönen aus einheimischem Sandstein erbauten Dörfern, mit strohgedeckten Cottages, historischen Ruinen, berühmten Landsitzen, Pubs mit Steinfußböden und prähistorischen Erdwällen.

Zwei Kilometer südlich von Long Compton, nicht weit von der A 34, ist ein besonders eindrucksvoller jungsteinzeitlicher Steinkreis, »The King's Men« genannt. Westlich davon auf der anderen Straßenseite steht ein einzelner Stein, »The King Stone«, und in entgegengesetzter Richtung, hinter ein paar morastigen Wiesen, ist ein Gewirr von halb gestürzten, aneinanderlehnenden Steinen, »The Wispering Knights« (die flüsternden Ritter). Alles zusammen heißt »Rollright Stones«; die Einzelnamen beruhen auf einer Sage, laut der einmal die Ritter planten, den König zu stürzen, der dann mit seinen Getreuen gegen sie in die Schlacht zog – worauf eine Hexe alle zusammen in Stein verwandelte. Heutzutage ziehen die Steine die »neuen« Hexen an.

Einer meiner liebsten Wanderwege in dieser Gegend ist die »Ditch Edge Lane« von Chipping Camden entlang eines Höhenzugs an der Grenze von Oxfordshire und Warwickshire nach Rollright und darüber hinaus. An einer Stelle auf dem Höhenzug (nach »Traitor's Ford«) kann frau querfeldein zum nächsten Dorf, Sibford Gower, gehen. Hier steht ein großes Gebäude, das die Einheimischen »The Folly« (Torheit) nennen.

Angeblich spukt es da. Nach einer wechselhaften Geschichte war es 1987 von einem Ortsansässigen gekauft und mit riesigem Kostenaufwand renoviert worden und wird jetzt von ihm und seiner Frau bewohnt. Die Bauarbeiter erzählten mir von den Geistern: Schritte im oberen Stockwerk und sogar ein seltsames Kind, das darum bat, nach oben gehen zu dürfen und nie wieder herunterkam... Sibford Gower hat außerdem einen Ententeich, eine enge Dorfstraße und bezaubernde Cottages und gleicht damit vielen anderen schönen Dörfern in dieser Gegend, aber da es weit von der Hauptstraße entfernt liegt, ist es noch eine Art Geheimtip. Es gibt hier keine »Tea rooms«, keine berühmten Sehenswürdigkeiten, ja nicht einmal einen Laden. Bekanntere Ausflugsziele sind dagegen Blenheim Palace, Broughton Castle und Kirche und Abtei von Minster Lovell.

Oxford ist nicht allzuweit von London entfernt und von dort aus gut zu erreichen, aber doch weit genug, um von den unangenehmen Begleiterscheinungen der Hauptstadt nichts mehr zu spüren. Es ist die sanfte Seite Englands, reich an Landwirtschaft, Geschichte und auch im finanziellen Sinn, und es hat einen Charme, dessen es sich wohl bewußt ist. Für mich ist das Land zwischen Oxford, Cheltenham und Stratford das Herz Englands.

Mo White

Birmingham

Birmingham, geliebt und gescholten, liegt im Zentrum Englands und ist von London aus mit dem Auto oder der Bahn leicht zu erreichen. Obwohl es mit seinen Nachbarstädten Wolverhampton und Coventry zusammengewachsen ist und mit ihnen den städtischen Großraum der »West Midlands« bildet, hat Birmingham seine eigenen, ganz besonderen Qualitäten und Eigenschaften.

Erst vor kurzem hat die Stadt ihre touristische Seite entdeckt und wirbt für sich mit dem Slogan »Herz von England.« Aber es gibt eine Liste von Themen, die in den Hochglanzbroschüren nicht vorkommen – Frauen und Schwarze gehören dazu.

In der Stadt existieren viele verschiedene Kulturen und Lebensweisen nebeneinander – afro-karibische, asiatische, chinesische, irische, um nur einige zu nennen. Sie zu entdecken, bedeutet allerdings, das Stadtzentrum zu verlassen und in die angrenzenden Viertel und die Vorstädte vorzudringen. Kein Viertel gleicht dem anderen. Diese vielen Kulturen beweisen Birminghams kulturelle Vielfalt. Die verschiedenen Gruppen mit ihren autonomen Netzwerken von religiösen, kulturellen und Bildungszentren sind ein integraler Bestandteil der Stadt.

Seit dem achtzehnten Jahrhundert haben Einwanderer Birmingham – wie andere britische Städte auch – beeinflußt. Birmingham – wie andere englische Städte auch – hat eine durchaus imperialistische Vergangenheit. Birminghams Reichtum beruhte seit den ersten Zuwanderern, die vom Land in die Stadt kamen, auf kleinen Manufakturbetrieben, die Schmuck, Gewehre und Gußeisen herstellten. In der viktorianischen Zeit wuchs Birminghams Macht; an den Resten der Industrialisierung aus dieser Zeit ist das noch abzulesen.

England hat aus seinen Kolonien Arbeitskräfte bezogen, wann immer es sie brauchte. Nach der großen Hungersnot in Irland um 1840 kam eine Welle irischer Einwanderer. Während des ersten Weltkriegs wurden aus den Kolonien Schwarze zur Fabrikarbeit in die Midlands geholt. In den fünfziger und sechziger Jahren wiederholte sich das, als durch die Auto- und Stahlindustrie viele Arbeitsplätze geschaffen wurden. Davon ist so gut wie nichts geblieben. Die Fabriken sind abgerissen und an ihrer Stelle Straßen gebaut worden. Aber die Menschen sind geblieben, oft in der zweiten und dritten Generation: die Töchter und Söhne von Einwanderern.

Birmingham versucht heute, der Arbeitslosigkeit und der Verwüstung, die der wirtschaftliche Niedergang seit 1970 mit sich gebracht hat, durch den Ausbau des Dienstleistungssektors Herr zu werden. Für die norma-

len Menschen bedeutet das vor allem die ständige Erweiterung der Einkaufsmöglichkeiten und – steigende Preise.

Das Ironische an der Sache ist, daß Birmingham sich sehr anstrengt, Besucher anzulocken und so eine kosmopolitische Stadt zu werden. Dabei braucht man nur in »Balsall Heath« oder »Handworth« herumzulaufen, um zu merken, daß es bereits eine kosmopolitische Stadt ist.

Die Zahl der Frauenprojekte wächst ständig. Um nur einige zu nennen: Es gibt eine Frauenwerkstatt (Handwerkerinnen), die Frauendruckwerkstatt (Fotographie und Druckerei), die Frauenvideogruppe »Second Sight« und das »Women's Audio-Visual Resource Center«. Informationen über alles, was Frauen betrifft, erhaltet ihr im Frauen-Beratungs- und Informationszentrum oder im Zentrum für schwarze Frauen (Adressen siehe Anhang). Informationen findet ihr auch im »Key Books«, einem linken Buchladen, der Literatur zu Frauenstudien und Frauen-, Lesben- und Schwulenzeitungen führt. Das Frauenreferat im Rathaus bietet einen Katalog aller Frauengruppen und -projekte in Birmingham an. Es hat auch in den letzten Jahren jeweils im März ein Frauenfestival organisiert, mit allen möglichen Aktivitäten und kulturellen Ereignissen, zu dem Frauen aus der ganzen Region kamen.

Liz Purkiss

Reisetip: Liverpool

Liverpool ist, wie ich auf Reisen entdeckte, mehr als Fußball und die Beatles. Wie viele andere englische Städte hat Liverpool ein Stadtzentrum, in dem die Architektur von zweihundert Jahren blühenden Handels und Reichtums zeugt, und rings um das Zentrum Stadtteile, die an die dritte Welt erinnern (Toxteth wurde während der Protestaufstände 1983 zum Inbegriff der benachteiligten Innenstädte Englands). »Paddys Market«, der Flohmarkt in Everton, zeigt, wie groß die Armut sein muß, wenn die Leute um solchen Schrott feilschen.

Es wäre möglich, nur das »andere« Liverpool zu sehen. Die Docks sind in den letzten Jahren zu einem Spielplatz der kulturellen Schickeria ausgebaut worden – im Mai 1988 ist hier eine Zweigstelle der Londoner »Tate-Gallery« eröffnet worden (eine Stiftung des Zucker-Krösus Tate & Lyle), die den neuen Aufstieg Liverpools symbolisiert. In der Hafengegend findet man neben dem traditionellen »Corn Exchange« mit seiner goldenen Kuppel Gebäude, die fast an Mussolinis EUR erinnern. Auf der »Park Lane« steht eine architektonische Kuriosität, die Kirche für skandinavische Seeleute. Zwei weitere seltsame Kirchenbauten sind die pseudogotische anglikanische Kirche, angeblich die größte anglikanische Kirche der Welt, in deren Café man gemütlich Schokoladekuchen essen kann, und die römisch-katholische Kirche, ein ultramoderner Neubau, den die Zeitschrift »I-d« als »Gods Disco« bezeichnet. Atempause nach all den Kirchenbesichtigungen: die Fähre über den Mersey (schaut euch den Film »A letter to Breshnev« an, in dem kommt der ganze schäbige Zauber von Liverpool herüber) nach Birkenhead. Oder die Fähre hinüber nach Irland?

Liverpool ist ein Treibhaus für Pop-Talente – Bands wie »Echo and the Bunnymen«, »Wah! Heat«, »Teardrop Explodes«, »Half-Man-half-Biscuit« kommen alle von hier. Da sich die Klubszene schnell verändert, ist es am besten, in einer der Pubs oder Bars einfach jemanden zu fragen, wo was los ist.

Ros Davies

Leeds – Geschichten und Erinnerungen

In den fünfziger und sechziger Jahren in Leeds aufzuwachsen, bedeutete, in einer wohl seltenen »Normalität« zu leben. So gut wie alle redeten über die gleichen Dinge, wenn auch mit verschiedener Aussprache (der Leeds-Akzent unterscheidet sich vom berühmten Yorkshire-Akzent), hatten mehr oder weniger die gleichen Ansichten, machten in den gleichen Orten Ferien (Scarborough, Filey oder Whitby an der Ostküste oder Blackpool an der Westküste), gingen alle samstagabends im Stadtzentrum aus und am Sonntag in den Park. Erst als ich älter wurde, merkte ich nach und nach, daß nicht jeder in der Welt, ja nicht einmal in England, sich genauso wie die Tykes (die EinwohnerInnen Leeds) verhielt; und jetzt, da ich in London lebe, kann ich kaum noch glauben, daß all das nur 200 Meilen entfernt ist.

Allerdings hat sich auch Leeds ziemlich verändert: Es wird dort jetzt »exotisches« Gemüse wie Auberginen und Paprika verkauft, es gibt weitaus mehr ethnische Gruppen als vor dreißig Jahren, und die Leute kommen sehr viel mehr herum – ich bezweifle, ob noch jemand zugeben würde, daß er/sie in Blackpool Ferien macht. Doch für mich, deren Kindheitserinnerungen so eng mit dem Leeds der Vergangenheit verknüpft sind, ist es schwer, in dieser Stadt etwas anderes als einen sicheren, gemütlichen und angenehmen Aufenthaltsort zu sehen. Und ich denke, daß das in vieler Hinsicht auch stimmt. Du hast hier die Vorteile der Stadt und gleichzeitig eine wunderschöne, in wenigen Minuten erreichbare Landschaft; die Leute sind freundlich, und sogar völlig Fremde fühlen sich bald wie zu Hause.

Als ich gerade erst von Leeds nach London gekommen war, zogen mich meine FreundInnen damit auf, Leeds sei wohl »das Zentrum der Welt«. Und für mich, die ich immer noch ziemlich naiv und unerfahren war, war es das tatsächlich. Es hatte alles, was ich nur irgend wollte oder mir vorstellen konnte. Doch auch davon abgesehen ist der Begriff »Zentrum« gar nicht so falsch: Leeds liegt in der Mitte Großbritanniens, jeweils 200 Meilen von London und Edinburgh und jeweils etwa 80 Meilen von der West- und Ostküste entfernt. Auch für Yorkshire ist Leeds der Mittelpunkt.

Die zentrale Lage macht Leeds zu einem guten Ausgangspunkt für Ausflüge und Wanderungen. Direkt nördlich davon ist eine hübsche Gegend für ruhige Nachmittagsspaziergänge, bei denen ihr auch Eier, Milch und Blumen vom Bauernhof kaufen könnt.

Als ich ungefähr acht Jahre alt war, hatte mein Vater endlich die Führerscheinprüfung bestanden, und damit eröffneten sich uns völlig neue

Perspektiven – der Sonntagnachmittag war jetzt nicht mehr gleichbedeutend mit einem Spaziergang im »Roundhay Park«. Wir quetschten uns ins Auto, mit dem allgegenwärtigen Transistorradio, das geschickt balanciert werden mußte, damit die Hitparade nicht von knatternden Atmosphärengeräuschen übertönt wurde, während sich das Auto über die kurvenreichen hügeligen Landstraßen schlängelte.

Meine Eltern waren nie besonders abenteuerlustig, deshalb ließ sich leicht vorhersagen, wohin die Reise ging; zur Auswahl standen nicht mehr als sechs verschiedene Orte. Trotzdem kamen mir diese Fahrten anfangs wie große Expeditionen vor. Der Höhepunkt des Nachmittags mußte immer der Tee sein, und so wurden die Ausflugsziele schließlich davon bestimmt, wo wir am liebsten Tee tranken. Die einzige Ausnahme waren fürchterlich heiße Sommernachmittage, an denen meinem Wunsch, schwimmen zu gehen, nachgegeben wurde; da nahmen wir dann Tee von zu Hause mit und gingen ins Freibad.

Normalerweise fuhren wir nach Ilkely, Otley, Harrogate, Knaresborough und York.

Ilkely ist eine sehenswerte Stadt, doch die meisten BesucherInnen kommen wegen des berühmten Ilkely-Moors hierher. Dort könnt ihr stundenlang auf dem wundervollen federnden Gras mit gelbem Stechginster und lila Heidekraut wandern – aber Vorsicht vor der Schafscheiße, die es hier in rauhen Mengen gibt! Ihr könnt den sich sanft schlängelnden Spazierwegen folgen, und wenn euch das zu wenig abenteuerlich ist, könnt ihr auch härtere Touren incl. Bergsteigen unternehmen.

Unsere »vornehmsten« Ausflüge waren die nach Harrogate, das ich haßte. Wir spazierten ein wenig im Park herum, was o. k. war, obwohl ich mich nicht besonders für die Blumen interessierte und mir Schaukeln und Rutschen lieber gewesen wären. Harrogate ist ein Kurort und frau kann sich das zweifelhafte Vergnügen machen, an der Straßenpumpe beim Badhaus ein paar Schlucke des fauligen Heilquellwassers zu pumpen und zu versuchen, es zu trinken. Ich verstand damals nie und verstehe es auch heute nicht, wie um alles in der Welt etwas so offensichtlich Widerwärtiges irgendjemandem gut tun sollte. Wenn es überhaupt eine Wirkung hatte, dann wohl eher die, die Leute zu vergiften? Allerdings könnte ich mir eine enorme psychologische Wirkung vorstellen – die Leute mögen sich gesagt haben: »Wenn ich nicht mehr meine schrecklichen Leiden habe, dann muß ich mich auch nicht mehr dazu zwingen, diese faulige Flüssigkeit zu trinken.« Und schlagartig – Wunderheilung! Ich jedenfalls litt nie an einer Krankheit, von der mich dieses Wasser hätte heilen können, deshalb schaute ich nur zum Zeitvertreib zu.

Andere Orte wiederum besuchte ich wirklich gern. Knaresborough, ein Dorf, das sehr nahe bei Leeds liegt, hat den faszinierenden »Mother Shipton's Well.« An die Geschichte von Mother Shipton kann ich mich mittlerweile leider nicht mehr erinnern, aber das Faszinierende ist ja der Brunnen selbst: Das Wasser, das durch ihn läuft, kann Gegenstände versteinern, ich glaube, es verwandelt sie in eine Art Kalkstein. Rund um das obere Ende des Brunnens hängen Gegenstände wie Hüte, Socken, Handschuhe, Kessel usw., die im Laufe der Jahre versteinert sind. Es gibt immer einige, die erst kürzlich aufgehängt wurden, um zu beweisen, daß es wirklich funktioniert, und wenn ihr innerhalb eines bestimmten Zeitraums öfters vorbeikommt, könnt ihr sehen, wie ein Gegenstand praktisch vor euren Augen zu Stein wird. Knaresborough selbst ist auch schön genug, um dort einen Nachmittag zu verbringen.

Ein weiteres beliebtes Reiseziel war York. Es hat ein wundervolles Museum mit einer vollständigen Staßenszene, die den »Shambles« nachgestellt ist. »The Shambles« (eigentlich: Schlachtfeld, -haus, Fleischmarkt, d. Ü.) wurden in York die mittelalterlichen Gassen genannt, die hier besonders eng waren. Teile davon sind im Zentrum Yorks noch erhalten, doch in der Straße im Museum könnt ihr tatsächlich in ein altes Süßwarengeschäft oder eine Bäckerei oder zur Polizeiwache gehen; es gibt sogar einen armen Gefangenen in der Zelle. Heutzutage ist so etwas wohl nichts Besonderes mehr, aber für mich als Kind war es das Aufsehenerregendste, dem ich jemals begegnet war. Ich konnte wirklich spüren, wie es wohl war, in jenen winzigen Räumen zu leben, jene enge Straße entlangzugehen – und dieser arme Gefangene in seiner erbärmlichen Zelle! Schauer von wohliger Angst und Mitleid rannen mir jedesmal den Rücken hinunter.

Doch wie steht's mit Leeds selbst? Es ist jetzt eine Stadt mit ungefähr einer Dreiviertelmillion EinwohnerInnen, doch nicht so groß, daß frau Probleme hätte, sich zurechtzufinden. Von jedem Punkt aus ist das Stadtzentrum per Auto nicht mehr als 15 Minuten entfernt (wenn nicht gerade Stoßzeit ist). Jeder Stadtteil hat seine eigene Atmosphäre, je nachdem, wann er errichtet wurde und wer jetzt dort lebt: in Harehills viele AsiatInnen, in Chapletown vorwiegend Leute aus der Karibik, die meisten jüdischen Leute leben in Moortown und Alwoodley. Es gibt ferner eine größere Zahl polnischer und chinesischer ImmigrantInnen und ein paar ItalienerInnen. Die Restaurants und Lebensmittelläden sind deshalb überall in der Stadt bunt gemischt.

Ein interessanter Aspekt ist, daß die jüdischen ImmigrantInnen zur rechten Zeit nach Leeds kamen, um eine wichtige Lücke in der Entwicklung der hiesigen Industrie zu schließen. Nach den Pogromen von Alexander II. in Rußland in den achtziger Jahren des vorigen Jahrhunderts kamen viele jüdische Rußland-Flüchtlinge auf ihrem Weg von Hull nach Liverpool, dem Hafen für die Schiffe nach Amerika, durch Leeds. Viele von ihnen waren gute SchneiderInnen und Tuchhändler, und diese Fähigkeiten wurden damals in Leeds gebraucht, denn man wollte in die Produktion von Fertigkleidung gehen. Ursprünglich wohnten die jüdischen Leute in den Leylands um die North Street, doch als sie wohlhabender wurden, zogen sie vom Zentrum weg und in das von ihnen verlassene Viertel zogen andere ImmigrantInnen, zunächst aus der Karibik und später AsiatInnen.

Bis zum Luftreinhaltungsgesetz der frühen sechziger Jahre war ein hervorstechendes Merkmal englischer Städte der Rauch von Kohlefeuern, der aus allen Kaminen quoll. Damit kam der legendäre englische »fog« (dicker Nebel) und Smog. Leeds litt zwar nicht so schwer wie London darunter, doch ich erinnere mich, daß ich oft nicht weiter als ein paar Meter sehen und nur mühsam die schmerzhaften Hustenanfälle unterdrücken konnte, wenn die schmutzige Luft in meine Lungen drang. An manchen Winternachmittagen war die Luft so dick, daß wir schulfrei bekamen. Darüber freuten wir uns natürlich, aber wenn wir dann von dieser gelblich-grauen »Erbsensuppe« eingehüllt waren, bekamen wir es doch manchmal mit der Angst zu tun. Alles war plötzlich finster und unheimlich, sogar die eigene Straße schien fremd, die vertrautesten Wege krümmten sich plötzlich in ganz unerwartete Richtungen, und Zaunpfosten und Randsteine hatten ihren Standort gewechselt.

Nun, jetzt gibt es diese vom Kohlenfeuerrauch verursachten Phänomene nicht mehr, und die einzigen Nebel sind die leichten Morgennebel im Herbst. Diese Veränderung spiegelt sich auch im Stadtzentrum wider. In meiner Kindheit waren Bahnhof, Rathaus, Zentralpostamt und das Queens Hotel imposante schwarze Gebäude, und niemandem von uns wäre damals der Gedanke gekommen, daß diese überwältigenden schwarzen Fassaden je anders aussehen könnten oder sollten. In Wirklichkeit war die Schwärze nur eine Rußschicht, und als die Gebäude eins nach dem anderen gereinigt wurden, verwandelten sie sich vor unseren staunenden Augen in neue hellfarbene architektonische Sehenswürdigkeiten.

Auch ein anderer wichtiger Bestandteil meiner Kindheitserinnerungen existiert jetzt nicht mehr: die Straßenbahnen. Als ich klein war, waren sie das gängige Transportmittel (eine Busfahrt war dagegen etwas ganz Besonderes). Es faszinierte mich jedesmal, die Straßenbahn auf den Gleisen herankommen zu sehen und mir vorzustellen, die Fahrerin zu sein und all diese Habel und Knöpfe zu betätigen. Noch erstaunlicher waren die Wendemanöver nach der Endstation. Dort wurde die Tram über besondere Weichen zu den gegenüberliegenden Gleisen für die Rückfahrt geführt, und der Schaffner schob mit einem Apparat mit langer Stange den Aufbau über der Tram (der mit den elektrischen Kabeln verbunden war) von einem Kabel zum anderen.

Die Straßenbahnen waren in den siebziger Jahren des vorigen Jahrhunderts aufgekommen, und Leeds war die erste englische Stadt, die, in den neunziger Jahren, eine städtisch betriebene Tram hatte. Als Folge davon dehnte sich die Stadt aus, und Vororte begannen zu wachsen. Die ArbeiterInnen mußten endlich nicht mehr in Gehentfernung vom Arbeitsplatz wohnen, sie konnten Ruß und Lärm und überfüllte Wohnungen hinter sich lassen und waren dabei immer noch in einer halben Stunde oder weniger mit der Straßenbahn am Arbeitsplatz.

Es war auch möglich, von einer Stadt zur anderen zu fahren – Bradford, Morley, Horsforth, Wakefield; sogar von Leeds nach Liverpool soll es mit Ausnahme einer Lücke zwischen Hebden Bridge und Summit, eine Tramverbindung gegeben haben. Die meisten Leute waren fürchterlich enttäuscht, als Mitte der fünfziger Jahre in Leeds die Straßenbahnen stillgelegt wurden.

Leeds war nicht nur wegen seiner Gewerbebetriebe bekannt, sondern erlangte auch auf dem Gebiet der Stadtplanung einigen Ruhm durch das damals revolutionäre Konzept der Siedlung »Quarry Hill«. Sie wurde in den dreißiger Jahren entworfen und gebaut, inspiriert von den Siedlungen in Wien und Berlin. Ein wesentlicher Bestandteil der Planung war, nur ein Fünftel der Fläche zu bebauen und den Rest als Freifläche zu belassen. Es gab 930 Wohnungen für über 3000 Leute, ein Einkaufszentrum, Spielplätze, eine Wäscherei und eine Kindertagesstätte; das geplante Sozialzentrum und die Sportanlagen wurden allerdings nie fertiggestellt. Die Gebäude selbst waren neuartig: Es wurden leichte Stahlstützen und betonverkleidete Platten benutzt, und die Abfallschächte führten von jeder Küche aus zu einem zentralen Verbrennungsofen, der auch als Heizung für die gemeinschaftliche Wäscherei diente. Die Häuser waren vier- bis achtstöckig, und zu allen Stockwerken führten Aufzüge.

Bei der Fertigstellung waren die BewohnerInnen hellauf begeistert. Meine Mutter, die in London ausgebombt worden war, kam mit Mutter, Bruder und Schwester nach Leeds zurück und zog in eine der Quarry Hill-Wohnungen. Sie liebten sie. Doch unglücklicherweise hielt die Herrlichkeit nicht lange. Es gab Baufehler, die zu Feuchtigkeit und Rostfraß führten, und immer mehr machte sich das Fehlen des Sozialzentrums unangenehm bemerkbar. Es kam schließlich zu sozialen Problemen und Vandalismus. Der Block wurde 1978 abgerissen.

Wenn ich heute nach Leeds komme, verbringe ich immer gern einige Zeit mit Einkaufen. Es hat das größte Einkaufszentrum im Norden Englands, und es gibt eine große Vielfalt von Läden auf relativ kleinem Raum, ihr müßt euch also nicht von einem Ende der Stadt zum anderen schleppen. Ich sollte erwähnen, daß mit dem Ausdruck »in town« das Stadtzentrum gemeint ist, und das ist auch der Ort, wo frau »shopping« geht.

Am meisten empfehle ich den Besuch vom »Leeds Market«. Es ist ein riesiger überdachter Markt, der sich am unteren Ende ins Freie fortsetzt. Es gibt verschiedene Abteilungen wie den Fischmarkt und die Metzgerreihe, und die Entscheidung zwischen den verschiedenen Ständen fällt schwer. Alle Produkte sind frisch und, verglichen mit anderen Läden in der Stadt, sehr billig. Es gibt auch viele Obst- und Gemüsestände und unwiderstehliche Blumensträuße. Stoffe, Wäsche, Strümpfe, Reißverschlüsse, Knöpfe, Geschirr, Briefpapier und Karten, alle Haushaltsgegenstände usw. – all das ist in reicher Auswahl vorhanden und teilweise extrem günstig. Donnerstags findet zusätzlich ein Flohmarkt im Freien statt, wo ihr immer noch phantastische Funde machen könnt wie etwa ein zwanzigteiliges Teeservice, viktorianische Kacheln und Messingtürknäufe, alles zu einem Bruchteil der Preise, die in den Antiquitätenläden oder im Süden Englands verlangt werden.

Unglücklicherweise ist der Fortbestand des Marktes zur Zeit sehr gefährdet. Eine holländische Firma will das Gelände aufkaufen und mit einem kleineren und völlig überdachten Markt neu bebauen. StandbesitzerInnen wie KundInnen hat dieses Vorhaben in hellen Aufruhr versetzt, denn es würde sowohl die Atmosphäre zerstören (die Markthalle war ursprünglich einer der berühmten viktorianischen Bauten) als auch zu höheren Mieten für die StandbesitzerInnen und damit höheren Preisen für die KundInnen führen. Die ganze Idee ist extrem unpopulär.

Im Lauf der Jahre sind meine Kontakte zu alten FreundInnen in Leeds immer mehr abgerissen, und wenn ich jetzt hinfahre, ist es, um meine Eltern zu besuchen, die immer noch hier wohnen. Wenn sie einmal nicht mehr am Leben sein werden, wird es für mich eigentlich keinen besonderen Grund geben, zurückzukommen, zu meinen »Wurzeln«. Doch ich habe das Gefühl, ich werde wohl auch dann weiterhin nach Leeds fahren, nicht nur weil ich dort aufgewachsen bin, sondern weil es mich immer noch bezaubert.

Juliet Sebestyen

Reisetip: Nottingham und Umgebung

Seit dem achtzehnten Jahrhundert hat sich Nottingham von einem provinziellen Städtchen in eine industrielle Großstadt verwandelt: Kohle, Stahl, pharmazeutische Industrie und früher vor allem Spitze. Die Spitzen- und Textilindustrie, in der vor allem Frauen arbeiteten, ist nun fast ganz verschwunden, hat aber eine Tradition weiblicher Unabhängigkeit und den Spitzenmarkt (lace market) – ein Viertel grandioser Geschäftsgebäude im Zentrum Nottinghams – hinterlassen.

Im Mittelalter produzierte Nottingham vor allem Sand und Sandstein; deshalb ist die heutige Stadt von unterirdischen Höhlen durchzogen. Außer diesen Höhlen ist von der Stadt Robin Hoods und Maid Marians nicht viel übriggeblieben. Die Burg des Sheriffs von Nottingham wurde während der Hungerunruhen im frühen neunzehnten Jahrhundert niedergebrannt und durch eine langweilige Imitation des Buckingham-Palasts ersetzt. Es enthält eine Bildersammlung, die einzige Sammlung der weltberühmten Nottinghamer Alabaster in der näheren Umgebung und mittelalterliche Friese. Unterhalb der Burg gibt es verschiedene andere Museen, z. B. das Textilmuseum mit einer Ausstellung verschiedener Spitzen und Wandbehänge.

In weniger als einer Stunde ist »Newstead Abbey« von Nottingham mit dem Bus zu erreichen. Der berühmte Poet Byron hat dort gelebt; Haus und Park sind heute für BesucherInnen geöffnet. »Clumber Park«, auch nicht weit von Nottingham, hat schöne Wälder und Parks. Der Besuch von Robin Hoods Eiche in Sherwood Forest – ca. zwei Stunden Fahrt von Nottingham – ist unserer Meinung nach nicht zu empfehlen. Das übriggebliebene Wäldchen ist mit Parkplätzen, die einige tote Bäume umgeben, in eine schreckliche Touristenattraktion verwandelt worden. Aber nur einige Kilometer weiter findet sich »Hardwick Hall«, das Zuhause von Elisabeth, Gräfin von Shrewsbury, einer der mächtigsten und berühmtesten Frauen ihrer Zeit – ihre steinernen Initialen dekorieren in Menschengröße das Dach ihres Hauses. Das Haus ist gefüllt mit schönen Wandbehängen und Möbeln und einer interessanten Wandmalerei. Der Kräutergarten ist einen Besuch wert.

Überall in Derbyshire finden sich vorchristliche Überreste und Traditionen, einige unverändert, wie die »Nine Stone Maidens« – neun in prähistorischer Zeit aufgestellte Felsen – und einige christianisiert wie das allsommerliche »Well Dressing«, wenn örtliche Brunnen mit Blumen geschmückt werden; ursprünglich sollte damit Regen herbeigerufen werden.

Mila Caley

Reisetip: Hebden Bridge

Für politische Ex-Hippies hatte Hebden Bridge schon immer etwas Besonderes. Diese kleine Stadt, mit ihren in die Felsen gebauten Häuserreihen für die Arbeiter der »Industrial Revolution«, am Rande der Gebirgskette der Pennines, zog in den siebziger Jahren viele Alternative aus London, Leeds und Sheffield an, die sich inzwischen hier fest niedergelassen und integriert haben. Die Umgebung ist nicht nur atemberaubend schön und vielfältig von der Landschaft her, mit Mooren und Gebirgen, Flüssen, bewaldeten Tälern und kleinen vergessenen Dörfern. Sie ist auch voll von Überbleibseln industrieller Architektur: alte Fabrikruinen mitten in Wäldern; der »Rochdale Canal Aquaeduct«; besonders schön ist die »Gibson Mill«, eine der besser erhaltenen Wassermühlen in Hardcastle Crags.

Es gibt natürlich unendlich viele Möglichkeiten für Spaziergänge – versuche mal, wie fit du bist, wenn du den steilen Berg zu den »Horsehold rocks« hochgehst, aber der Blick über die Calder-Schlucht ist die Atemlosigkeit wert. Ein Spaziergang ist ein Muß für alle Frauen, die Sylvia Plath gelesen haben: Sie liegt auf dem Friedhof von Heptonstall begraben, und ihr Mann, der Dichter Ted Hughes, stammte aus Hebden.

Angela Carter

Lake Distrikt – Dichter in einer Landschaft

Im Lake District gehen die Geister toter DichterInnen nicht um, nein – sie wandern. Bergsteigende Geister, total übergeschnappt, durchgedreht und abgehoben ... du hast das Gefühl, sie vielleicht am Rand von Rydal Waters zu überraschen oder ihr geisterhaftes Abbild in den Zauberspiegeln Grasmere und Windmere zu erspähen – ich wette, die gläsernen Bergseen sahen atemberaubend aus im Opiumrausch! Obwohl es heißt, daß die Wordsworth-Geschwister, RekordspaziergängerInnen und zwanghafte WasserbetrachterInnen, Laudanum nur aus medizinischen Gründen nahmen, Ehrenwort. Wie leicht, sich die Wordsworths im Seenland vorzustellen, inmitten von Narzissen, die im Aprilschnee frieren; vollkommen durchgedreht stapfen sie, stapfen meilenweit von Dove Cottage nach Windermere, um herauszufinden, ob ihr Verbindungsmann (wahrscheinlich Humphrey Davy) geliefert hat.

Denn zweifellos *müssen* sie ständig vollgedröhnt gewesen sein, Wordsworth und seine verträumte Schwester mit den verrückten Augen (»wilde und erschreckende Augen«, meinte de Quincey, der sicher ihre erweiterten Pupillen bemerkte und richtig zu deuten wußte). Warum sonst wären sie bei jedem Wetter losgezogen, im tobenden Schneesturm und beißenden Frost, hätten dem so besonders nassen Cumberland-Regen getrotzt, um sich noch einen weiteren Gipfel einzuverleiben oder ihn auch nur in einem anderen Licht zu sehen? Wie sonst hätten sie das aushalten können, wären sie nicht total zu gewesen? Sie steckten ein paar Bissen kaltes Schweine- oder Hammelfleisch als Wegzehrung ein. Wordsworth, zerstreut, wie nur ein Genie oder ein Irrer es sein kann, vergaß immer seine Handschuhe oder seine Strickjacke und mußte dann noch mal umkehren, um sie zu holen.

Hinter jedem großen Mann steht eine törichte Frau, die glaubt, daß die Sonne aus dem Arschloch ihres Liebsten scheint und seine hochsensiblen Finger bei Tätigkeiten wie Geschirrspülen abfaulen könnten. Auf der anderen Seite steht hinter jeder großen Frau irgendein reizbarer Kerl, der sagt, beispielsweise: »Natürlich kannst du keine Schifferknoten, Dummerchen, gib mir den Strick.« Und sie gibt ihn ihm, widerspruchslos. Der Geistliche Patrick Brontë ist ein perfektes Beispiel dieses Typs; seine Töchter mußten einfach Genies werden, um ihm eins auszuwischen. Aber, ach, die arme Dorothy Wordsworth; wie konnte sie ihr eigenes Genie reklamieren gegenüber einem Mann, der es offen anerkannte, jedoch nicht ums Verrecken fähig gewesen wäre, einen Schifferknoten zu knüpfen? Keine Rolle ist so undankbar wie die der Muse eines Menschen, der bemuttert werden muß.

Wie dem auch sei – die Wandersucht. Natürlich flohen die Wordsworths vor der angespannten Situation zu Hause. In dem engen Dove Cottage müssen sie ständig aneinandergerempelt sein, und dann sprangen sie wohl auseinander, als hätten sie beide gleichzeitig einen heißen Draht berührt, murmelten »sorry« und schauten aus dem Fenster, um festzustellen, ob der Regen aufgehört hatte. Welch eine feingesponnene Atmosphäre der sexuellen Spannung! Wo sonst hingehen – auch wenn es noch nicht ganz zu regnen aufgehört hatte – als in Gottes gute frische Luft, zu der arroganten Erhabenheit der schneebedeckten Berge; sollen die stürmischen Winde es aus ihnen herausblasen. Schau, William: Narzissen. Und William schaute, wie wir wissen. Manchmal auf ihren Wanderungen war Dorothy so überwältigt von allem, daß sie den Kopf in einen plätschernden Bergbach stecken mußte, um abzukühlen. Dann, wenn sie wieder zu Hause waren, zog sie sich ins Bett zurück.

Ohne Zeifel war das häusliche Leben von William Wordsworth zu jener Zeit ziemlich sonderbar. Die »Dove Cottage«-Jahre; William und Dorothy, er nur ein Jahr älter, gerade dreißig, auf der Höhe seines Schaffens. »Lyrical Ballads« in der Tasche, »The Prelude« in der Mache. Sie, seine Gehilfin, sein willfähriges Opfer, freudig zu seinen Diensten und zu seinen Füßen. Sie verkehrten mit einer Reihe gediegener Mitglieder der Lakeland-Bourgeoisie, sogar mit ein oder zwei Bauern; doch waren es ihre Junky-Freunde, Coleridge (ein häufiger Besucher) und de Quincey (der erst etwas später dazustieß), mit denen sie schließlich eine Gruppe bildeten.

Englischen KünstlerInnen wird nachgesagt, sie würden sich nicht zusammenfinden und Gruppen bilden, so wie die französischen KünstlerInnen das tun. In der Tat begründen moderne MeisterInnen wie Kingsley Amis und Margaret Drabble lauthals und stolz, der springende Punkt bei der Sache sei der bürgerliche Individualismus, mit dem sie bewerkstelligt wurde. Dennoch haben sie immer Gruppen gebildet, seit Shakespeare und Jonson in der Mermaid-Taverne: die »Pre-Raphaelite«-Bruderschaft, die »Camden Town«-Gruppe, die »Bloomsbury«-Gruppe. Die »Lake Poets« mit ihrem Zusammenschluß von Gleichgesinnten sind keine Ausnahme.

Diese Gruppen treten mit jener Art von Heuchelei auf, derer uns Fremde so häufig anklagen; denn nicht nur gibt es sie, obwohl es sie nicht geben sollte und ihre bloße Existenz geleugnet wird, sondern sie geben sich auch mit beträchtlicher Begeisterung abweichendem Verhalten hin, während sie darüber einen so dichten Mantel aus einfachem Leben und hohen Gedanken breiten, daß der Mann auf der Straße alle Künstler für große Langweiler hält, bis nach ihrem Tod – wenn die Gesetze gegen Verleumdung nicht mehr anwendbar sind – die Biographien erscheinen.

Sexuelle Abweichung und Drogen (zu denen ich auch Äthylalkohol rechne) sind die vorherrschenden Besonderheiten dieser Gruppen; manchmal beides zusammen, manchmal wird eins dem anderen vorgezogen. Spontan kann ich mich an keine Bloomsbury-Junkies erinnern, aber ihr Grad an abweichendem Verhalten war hoch genug, um an den Null-Bevölkerungswachstum-Slogan zu erinnern, den vor Jahren Anthony Burgess geprägt hat: »Es ist sapiens, homo zu sein.« Die »Lake Poets« wiederum konzentrierten sich lieber auf Laudanum oder was immer es war, das Humphrey Davy in seinen Reagenzgläsern zusammenbraute.

Wordsworth und seine Schwester standen sich jedenfalls sehr nahe. Darin stimmen alle überein. Unmöglich, nicht zu stutzen bei solchen Eintragungen in Dorothys Tagebuch der ersten zwei Jahre in Grasmere, wo sie in malerischer Isolation zusammenlebten: »Ich liebkoste ihn auf dem Teppich.« Aber Wordsworth war natürlich nicht Byron. Er ließ daran keinen Zweifel. Sie müssen in einer Art immerwährender Latenzphase zusammengelebt haben, in der die Pubertät aufgeschoben wurde; und diese seltenen fürsorglichen Zärtlichkeiten waren jenen seltenen süssen Abenden am Wohnzimmerkamin vorbehalten, an denen William nicht schon früh mit Kopfschmerzen zu Bett gegangen war. Da alle Kunst aus Repression hervorgeht, ist es kein Wunder, daß in diesem Wohnzimmer große Dichtung gedieh. Da Dorothy weniger Sublimationsmöglichkeiten hatte, liegt es nahe anzunehmen, daß der größte Teil der Spannung von ihr kam. Doch was hat sie davon gehabt? Den Abglanz des Ruhms?

Wir wissen alle, was William davon gehabt hat. Oh, diese Feinsinnigkeit ihrer Beobachtung! Ah, die erlesene Sprache ihrer Tagebücher, die filigrane Genauigkeit, mit der sie die lieblichen Szenen um sich her festhält! Und war sie nicht sein einziges Nachschlagewerk, was Blumen und Bäume und Wetter anbetraf? Womit alles bestens geregelt war, denn, wie Robert Graves verdrossen bemerkte: »Wordsworth hatte ein sehr oberflächliches Wissen von der Natur; er stand morgens nicht früh genug auf.« Mit Sicherheit erwähnen die Tagebücher kein Frühstück, das vor neun Uhr stattfand, da hatten die Bauern der Umgebung bereits ihr Mittagessen hinter sich. Manchmal frühstücken sie zu einer Zeit, wo ich meinen Nachmittagstee trinke.

Sie spielten natürlich einfaches Leben. William steckte z. B. eine Reihe Erbsen im Gemüsegarten, zog sich dann völlig erschöpft von dieser Schwerstarbeit ins Bett zurück – er verbrachte eine Menge Zeit im Bett und überließ den Rest der Beete Dorothy. Sie besorgte das Waschen, Kochen und das ewige Backen – Brot, Brot, Brot und mit Geflügelinnereien gefüllte Pasteten, die offenbar ihre Spezialität waren (heutzutage findet sich dieser Personentyp in der Naturkostszene). Sie kümmerte sich um die Bediensteten, denn die Wordsworths waren zwar nicht reich, aber auch weit davon entfernt, arm zu sein. Sie nahm sich der BettlerInnen an, der zwei oder drei, die pro Tag kamen und um eine Brotkruste und einen *ha'penny* baten; sie befragte die einbeinigen Soldaten, schwachsinnigen Knaben, Waisenkinder, reisenden Blutegel-SammlerInnen, Zigeunerdamen, deren Dossiers ihr Bruder später so eifrig in Verse faßte. Sie schrieb die unerschöpflichen Produkte seiner Anstrengungen ins Reine, sie redigierte, sie kritisierte, sie gab den letzten Schliff – niemals die Muse selbst, sondern die Magd des Bittstellers an die Muse. Bescheuert.

Dann und wann hob Williams einzige Jugendsünde ihr häßliches Haupt, Annette Vallon, vor vielen Jahren in Frankreich verführt und verlassen. »Brief von Annette«, notiert Dorothy kommentarlos von Zeit zu Zeit. Diesen Eintragungen folgt gewöhnlich die Mitteilung von einem Kopfwehanfall, denn auch Dorothy war anfällig für Kopfschmerzen. Alle beide winden sich andauernd unter schrecklichen Kopfschmerzen. Zahnweh; Kolik; Hämorrhoiden; Schlaflosigkeit. »Ich lag unwohl darnieder«, »William immer noch schwächlich.« Magenbeschwerden, Erkältungen – daß ein Fünf-Meilen-Fußmarsch in völlig durchnäßtem Zustand eine Woche im Bett zur Folge hat, hätte wohl jedes Kind vorhersagen können!

So sieht es manchmal fast so aus, als ob sie sich all diesen gesunden Aktivitäten im Freien nur deswegen widmeten, um sich von Zeit zu Zeit in Krankheiten flüchten zu können. Beide waren die Hälfte der Zeit krank wie die Hunde, doch selten mit etwas Ansteckendem; ich würde behaupten, daß Dorothys Zeugnisse von dem chronisch schlechten Gesundheitszustand des Haushalts und der freudigen Hingabe an die Krankheit, wenn sie eintrat, ein eindeutiger Beweis für starke psychische Spannung sind.

Doch nicht so sehr, glaube ich, die Spannung unterdrückter Sexualität als die, die durch Dorothys nervtötende, besessene, selbstverleugnende Vergötterung ihres Bruders, der für sie ihr besseres Selbst ist, in beiden erzeugt wird. »Das Feuer flackert, und die Uhr tickt. Sonst höre ich nichts außer dem Atem meines Geliebten, und dann und wann schiebt er sein Buch vor und blättert eine Seite um.«

Das ist nicht die Sprache der Liebe, Liebe ist nicht so idyllisch. Es ist die Sprache der Viertklässler. Sie muß in ihn verknallt gewesen sein. Arme Dorothy, armer William, der versucht sein Buch zu lesen, voller Unbehagen, weil er ihre verrückten Augen auf sich ruhen spürt. Augen, nicht vor Leidenschaft verrückt, sondern vor ihrem eigenen Ehrgeiz, denn wenn er kein Genie ist, wäre das ihr Tod.

Später, als er verheiratet und berühmt war und sie gelähmt und geisteskrank, konnte sie immer noch die Gedichte ihres Bruders perfekt aufsagen. Vielleicht hatte sie unter dem Freibrief des Wahnsinns ihre totgeborene Selbstachtung wieder zum Leben erweckt und dachte nun, sie hätte all das selbst geschrieben.

Luisa Francia

Reisetip: Haworth, die Stadt der Brontë-Schwestern

Haworth ist ein malerisches, wenn auch etwas düsteres Städtchen im Norden von England, mitten im Industriegebiet, nahe Bradford, und zugleich auch mitten im Yorkshire-Moor. Von London aus fährt man auf der M 1 in Richtung Norden dorthin. Seit in dieser eher unauffälligen Stadt drei so geniale und berühmte Schwestern wie Charlotte, Emily und Anne Brontë gelebt haben, ist sie Ziel vieler Touristen, die vor allem das romantische Haus »Wuthering Heights« aus dem Roman »Sturmhöhe« sehen wollen. Jahraus, jahrein pilgern Ströme von hauptsächlich ausländischen Besuchern aus aller Welt über's Yorkshire-Hochmoor zu dem Haus, das einst von Emily Brontë beschrieben wurde – wenn es das denn überhaupt ist. Jedenfalls hat man eine alte zerfallene Ruine so hergerichtet, daß sie nicht ganz einstürzt; diese im Grunde uninteressanten Mauerreste gelten jetzt als Überreste des romantischen Melodrams. So wenig die Ruine hergibt, so aufregend, stürmisch und wildromantisch ist das Hochmoor selbst.

Die Brontë-Schwestern, Töchter eines irischen Pfarrers und einer cornischen Mutter, standen zeitlebens unter der Fuchtel von Vater und Bruder. Die Mutter starb jung; an ihrer Stelle kümmerte sich ihre Schwester Elizabeth um den mutterlosen Haushalt.

Heute kann man die Kirche, den Friedhof und vor allem eben das Pfarrhaus in Haworth besichtigen, das zu einem Brontë-Museum umfunktioniert worden ist. Andenkenläden, Kneipen, Straßen sind nach den berühmten Schwestern benannt. Tatsache ist, daß schon zu deren Lebzeiten Vater und Bruder und heutzutage die Geschäftemacher mehr vom Ruhm der Schwestern profitiert haben als sie selbst.

Wer den Lebensweg der drei Brontë-Schwestern erforschen will, sollte unbedingt einmal nach Haworth kommen, möglichst außerhalb der Saison, das heißt im Winter. Es ist schon beeindruckend, aus dem Fenster des Pfarrhauses auf den düsteren und nicht nur am Abend gruseligen Friedhof und die Gräber zu blicken und sinnlich mitzuerleben, aus welcher Bilderwelt die berühmten Romane stammen.

Barbara Littlewood

Glasgow

Glasgow hat bis vor kurzem wahrscheinlich nur bei wenigen Frauen auf der Liste der Städte gestanden, die sie besuchen wollten. Dreckig, arm, auf dem absteigenden Ast und bekannt für seine Slums und gewalttätigen Jugendbanden – so haben die meisten wahrscheinlich gedacht. Auch ich dachte so, als ich 1970 nach Glasgow kam, um hier zu arbeiten. Es war alles richtig, und trotzdem merkte ich bald, daß die Stadt auch ihre positiven Seiten hat. Zum Beispiel die Freundlichkeit ihrer Bewohner. Seit damals und besonders seit 1980 hat sich hier viel verändert; 1990 ist Glasgow Kulturstadt Europas.

Glasgow wirbt für sich als großes Kulturzentrum, das – anders als andere britische Städte – nicht nur während eines sommerlichen Festivals zum Leben erwacht. Das Schottische Ballet, die Schottische Oper, das Schottische Nationalorchester sind hier zu Hause, dazu eine Reihe vorzüglicher Museen, Kunstgalerien und Theater. Einige, zum Beispiel das Kelvingrove-Museum oder die »Birrell-Collection«, die von sich behauptet, beliebter zu sein als das Schloß von Edinburgh, sind typische städtische Kunstsammlungen, die für jede etwas bieten. Andere Museen sind ungewöhnlicher: »People's Palace« etwa, ein Museum für Landesgeschichte mit einem besonderen Schwerpunkt auf der Geschichte der Frauenund der Arbeiterbewegung; oder »Hagg's Castle«, das vor allem für Kinder interessant ist; oder »Tenement House«, wo eine Frau wohnte, die von ihrem Einzug 1911 bis zu ihrem Tod 1975 fast nichts verändert hat. So vermittelt diese Wohnung heute noch etwas vom Lebensgefühl der Zeit am Anfang des Jahrhunderts.

Wenn Besucher überhaupt etwas von Glasgows Kunst wissen, dann denken sie wahrscheinlich an den »Glasgow-Stil«, eine schottische Variante des »Art Nouveau«, und an dessen bekanntesten Vertreter, den Architekten Charles Rennie Mackintosh. Einige seiner Bauten sind zu besichtigen: »Hill House« in Helesburgh, sein eigenes Wohnhaus, »Queen's Cross Church« und die Kunstakademie.

Noch etwas ist besichtigenswert, das in die Vergangenheit weist, auch wenn es nicht eigentlich ein Museum ist: das Dorf New Lanark am Ufer des Clyde. Hier versuchte Robert Owen, einer der frühen utopischen Sozialisten, Anfang des vorigen Jahrhunderts seine Ideen in die Realität umzusetzen. Er baute Häuser für seine Arbeiter, eine Schule für ihre Kinder und ein »Institut zur Bildung des Charakters«, das Bücherei und Gemeindezentrum zugleich war. Die meisten Gebäude stehen leer; sie wurden restauriert, um einen Eindruck sowohl von der frühen industriellen wie von der sozialistischen Entwicklung in Schottland zu geben.

Glasgow hat überraschend viele Parks und Gärten, die von den (späten) Versuchen der Stadtplaner zeugen, den Menschen in der Stadt gesunde Luft zum Atmen zu verschaffen. Vom Ruchill-Park aus hat man den besten Blick über die Stadt; sehr beliebt sind auch der Botanische Garten und der Kelvingrove-Park. Am Clyde lagen früher die Docks und Schiffswerften; die Gegend drumherum, Partick und Govan, ist weniger bekannt. Die Frauen hier führten den Mietstreik von 1915 an und waren auch an anderen sozialistischen und feministischen Kampagnen beteiligt.

Glasgow hat erst vor kurzem akzeptiert, daß Trinken ein Aspekt des Lebens ist, der Vergnügen bereiten kann. Mit wenigen Ausnahmen wirken die älteren Bars auf Frauen nicht sehr einladend. Schottland stand immer in dem Ruf, kräftig zu trinken, und seit dem vorigen Jahrhundert hat es immer wieder Versuche gegeben, Alternativen anzubieten – z. B. Teehäuser –, um die Leute von den Bars wegzubringen.

Wie viele andere Städte in Großbritannien hat auch Glasgow angefangen, Geschäfte mit seiner Geschichte zu machen. Aber in Glasgow ist das nicht nur die Geschichte der Reichen und Berühmtheiten. Sicher, es gibt die großen, vor allem neo-gotischen Gebäude aus rotem und grauem Sandstein, die Kunstschätze und den berühmten Friedhof hinter der Katedrale. Was Glasgow aber vor allem ausmacht, sind die Spuren, die das Leben und die Kämpfe einfacher Menschen hinterlassen haben, und seine lange sozialistische Tradition.

Als ich nach Glasgow kam, sagten mir Freunde, sie schätzten an der Stadt besonders, daß man so schnell aus ihr heraus sei. Merkwürdiges Kompliment, dachte ich. Aber Glasgows Nähe zur wilden, schönen Landschaft um den Loch Lomond und zu den Stränden der Küste ist mit einer der Gründe, warum ich hier gerne lebe. Es gibt in Glasgow keinen Frauenbuchladen und kein Frauencafé, und das Frauenzentrum kämpft um sein Überleben. Trotzdem ist Glasgow eine frauenfreundliche Stadt. Laßt euch nicht von ihrem Ruf, häßlich und gewalttätig zu sein, abstoßen. Das scheint nur ein Zwischenstadium zwischen Glasgows Größe im vorigen Jahrhundert (damals war es die zweitgrößte Stadt des Britischen Empire) und seiner jetzigen Renaissance gewesen zu sein. Es ist hier sauberer als in London; die Stadt hat Stil – die Leute hier geben pro Kopf mehr Geld für Kleidung aus als im restlichen Großbritannien –, aber sie ist nicht auf diese gesichtslose Weise »international«. Natürlich gibt es immer noch Armut und Mangel, vor allem in den großen städtischen Siedlungen, wo Arbeitslosigkeit und Drogenkonsum herrschen, wo aber andererseits auch viele Gruppen Glasgows Tradition einer organisierten, artikulationsfähigen, auch kultivierten Arbeiterklasse fortsetzen.

Vor allem aber ist Glasgow eine freundliche Stadt, und Touristen sind hier (noch) so selten, daß niemand sie schräg ansieht oder sie zu schröpfen versucht. Kommt nach Glasgow, aber vergeßt den Regenschirm nicht.

Elspeth McLean

Mein Edinburgh

Ich wurde am Freitag, den 13. Februar 1953, in Edinburgh geboren – gerade, als das Portobello-Elektrizitätswerk den Strom sperrte und die Stadt in Dunkelheit stürzte. Seltsamer- und glücklicherweise hatte meine Mutter zwei Kerzen in ihrer Handtasche, und in deren Licht erblickte ich das Licht der Welt. Am nächsten Tag erschienen wir beide in der Zeitung als eine der »Freitag, der dreizehnte-Katastrophen«.

Ich wuchs in Edinburgh auf, bis ich mit achtzehn Jahren nach Newcastle ins College ging. Ich bin dann noch des öfteren umgezogen, doch zwischendurch kam ich immer wieder für kurze Besuche nach Edinburgh. Seit diesem Jahr wohne ich wieder hier.

Was mich jetzt am meisten beeindruckt, ist die atemberaubende Aussicht. Als Kind war Norden für mich gleichbedeutend mit Meer und Süden mit Hügeln, denn Edinburgh erstreckt sich vom Meer bis zu den Pentland-Hügeln, mit einigen anderen Hügeln dazwischen. Bei jeder Fahrt durch die Stadt seht ihr sie: Hügel aller Formen und Größen, von denen aus ihr über's Meer nach Fife und im Osten nach Lothian sehen könnt. Die Luft ist klar, die Häuser sind hoch und grau.

Manche finden, daß die hohen grauen Häuser bedrückend wirken und den Himmel aussperren. Mir gefällt die Anordnung der »New Town« zwischen der Princess Street und den Stockbridge Squares am Meer: runde Plätze und Grünanlagen, alles sehr klassisch und logisch. Am Rand der »Neuen Stadt«, wo die Grundstückspreise niedriger sind, gibt es interessante Läden und Kneipen. Es ist in Edinburgh zwar meistens zu kalt zum Spazierengehen, doch hier solltet ihr es an einem warmen Tag einmal wagen.

Südlich der Princess Street liegt die »Old Town«. Die vormals heruntergekommenen Häuser entlang der High Street wurden jetzt renoviert und beherbergen viele Touristenattraktionen: im allgemeinen Dinge, die Militarismus, Protestantismus und Monarchismus feiern. Auf der anderen Seite der High Street liegen Universität und die »Meadows«, und fast direkt darunter, in einem früher unbebauten Teil der Stadt, ist der »Grassmarket«.

Edinburgh ist eine Stadt mit vielen Cliquen, und je nachdem, wen ihr kennt, kann es einfach oder schwierig sein, einen Zugang zu finden. Alles scheint sich im kleinen Kreis abzuspielen; ihr könnt leicht den Eindruck bekommen, daß alle sich blendend unterhalten, nur ihr nicht. Irgendwie kommt mir die Stadt schon ziemlich snobistisch vor, und sie hat sicherlich diesen Ruf in anderen Teilen Schottlands. Doch Leute, die von anderswo hierhergezogen sind, sehen das offenbar nicht so.

Alles in allem gefällt mir Edinburgh jetzt viel besser als früher. Damals fand ich es totlangweilig. Meine FreundInnen und ich fanden kaum etwas, mit dem wir uns die Zeit vertreiben konnten, und so waren wir meistens damit beschäftigt, Fluchtpläne zu schmieden. Jetzt wollen die meisten Leute, die ich kenne, hierbleiben.

Seit einigen Jahren hat Edinburgh eine Labour-Regierung, und dadurch veränderte sich die Atmosphäre der Stadt. Die Angebote für Frauen nahmen stetig zu; eine Zeitlang waren wir alle recht optimistisch. Doch jetzt sind die Aussichten nicht mehr so rosig, da Thatchers Maßnahmen immer deutlicher spürbar werden. Die SchottInnen haben zwar bei der letzten Wahl mit großer Mehrheit gegen sie gestimmt, doch wir haben trotzdem die Hauptlast der neuen Steuern und der Kürzungen im Sozialetat zu tragen.

Die Pubs von Edinburgh haben sich innerhalb der letzten Jahre wesentlich verändert. Früher waren Frauen dort nicht willkommen, und wenn sie sich dennoch hineinwagten, mußten sie die Anmache von jedem x-beliebigen Mann, der gerade dort saß, über sich ergehen lassen. Um 22 Uhr wurden alle auf die Straße gesetzt. Der Alkoholkonsum war gewaltig, was ein sehr hohes Maß an alkoholbedingten Verkehrsunfällen, Krankheiten und kriminellen Delikten zur Folge hatte.

Zum Teil als Antwort darauf wurden Anstrengungen unternommen, Pubs zu Orten zu machen, wo Leute auch etwas anderes tun können, als sich zu betrinken. Die Sperrzeit wurde verkürzt und die Wirte ermutigt, Essen, Tee, Kaffee usw. anzubieten. Mittlerweile gibt es in Edinburgh viele interessante Pubs, die bis 23.30 oder 24 Uhr (im Zentrum auch noch länger) geöffnet sind. Doch da alte Gewohnheiten nur langsam sterben, sind viele Pubs immer noch ein ungemütlicher Aufenthaltsort für Frauen, werden wir immer noch von betrunkenen Männern belästigt. Glücklicherweise gibt es ein paar Frauen-, Lesben- und Schwulenpubs.

Wenn ihr Edinburgh und seine BewohnerInnen wirklich kennenlernen wollt, müßt ihr Bus fahren – und nie mehr werden euch GesprächspartnerInnen oder Gesprächsstoff ausgehen. Einzige Voraussetzung ist die Antwort auf drei Fragen: Welcher Bus? Welche Warteschlange? Wie bezahlen?

Tagsüber sind die Busse schnell, billig und unkompliziert. Doch nach 18 Uhr wird's schon schwieriger, und obwohl es Nachtbusse gibt, finde ich selten einen, der in meine Richtung fährt. Der Grund dafür ist die Politik der Regierung, die Konkurrenz zwischen den Busunternehmen zu fördern, was dazu geführt hat, daß niemand Busse in verkehrsschwachen Zeiten einsetzt. Die braunen Busse (die wir unzutreffenderweise »rote Busse nennen) waren früher die Stadt- und die grünen die Landbusse – jetzt fahren sie beide mehr oder weniger die gleichen Routen. Bei beiden Busunternehmen ist es schwierig, den genauen Fahrplan zu bekommen, doch bei längerem Aufenthalt empfiehlt es sich, trotzdem den Versuch zu machen. Die Büros sind in Waverley Bridge und St. Andrews-Bus-Station.

Da niemand genau weiß, wohin die Busse fahren, fragt ihr am besten die Leute in der nächsten Warteschlange. Wenn ihr allein an einer Haltestelle steht, müßt ihr die Hand heben, damit der Bus hält, und dann den Fahrer fragen, wohin er fährt und welchen Bus ihr nehmen müßt, falls seiner nicht der richtige ist.

Bei schönem Wetter und abends bin ich oft mit dem Rad unterwegs. Ihr könnt euch beim Central Cycle Hire, 13 Lochrin Place, Räder ausleihen. Edinburgh ist zwar nicht gerade die ideale Stadt zum Radfahren – Hügel, Kopfsteinpflaster und das allgemeine Verkehrsverhalten; es ist kein Zufall, daß viele RadfahrerInnen Helme tragen –, doch es kann trotzdem Spaß machen, vorausgesetzt, ihr habt einen Stadtplan und meidet den dichten Verkehr rund um die Princess Street. Es gibt ein paar schöne Radwege durch die »Meadows« und entlang alter Zugstrecken. Doch diese sind nach Einbruch der Dunkelheit nicht sicher: Die Beleuchtung ist schlecht, und kaum jemand ist dort unterwegs.

Eine Warnung ist noch wichtig: In Edinburgh sind ungewöhnlich viele Personen, darunter ungewöhnlich viele Frauen, HIV-infiziert oder an Aids erkrankt. Das heißt nicht, daß ihr um die Stadt einen großen Bogen machen müßt, doch ist es nötig, Vorkehrungen zu treffen – die gleichen wie anderswo auch.

Der Grund für die hohe Ansteckungsrate hier ist, daß die Polizei sinnigerweise immer die Spritzen der Drogensüchtigen konfiszierte und deshalb viele keine eigenen Spritzen hatten. Erst jetzt, zu spät und in zu geringem Umfang, werden Einwegspritzen bereitgestellt.

Alison Fell

Die Strasse zu den Inseln

»Vorbei an Loch Tummel und Loch Rannoch und Lochaber werde ich gehen«.[(1)] So heißt es in einem der bekanntesten alten schottischen Lieder. Ich war immer sehr stolz, genau hier, zwischen Loch Tummel und Loch Rannoch, zu leben. Es ist ein verzaubertes Tal, ein Tor in die Welt des Mythos: weite, wilde, tiefe Lochs, die »Sieben Schwestern von Glencoe«, die sich im Westen auftürmen, und der Vulkankegel von Sciehallian, der über allem thront. Doch ich will nicht über das Tal selbst schreiben, sondern über die Straße zu den Inseln, die am oberen Ende von Loch Rannoch beginnt, kurz vor dem Silberstreifen von Loch Eigheach. Wenn ihr allerdings zu Fuß gehen wollt, müßt ihr den Postbus bitten, euch beim Weg zum Loch Ossian abzusetzen.

Genau genommen führte die alte »Road to the Isles« westlich durch das Rannoch Moor und Glencoe of the Massacre[(2)] und von da aus zu den Lochs der Küste; doch Stef und ich wollten am Fuß des Ben Nevis[(1)] vorbeigehen und ein paar Tage oben im Hinterland verbringen, wo es kaum noch Wege – und Menschen – gibt. Wir nahmen also Schlafsäcke und Proviant und stiegen entlang des reizenden teefarbenen Torfbachs Allt Eigheach bergauf. In der Ferne sahen wir den Corrour-Bahnhof an der Bahnlinie, die weit nach Norden führt, und jenseits davon: nichts, nur die endlose Weite der »Blackwater« und Glencoe, mürrisch und schwarz und wildbewegt.

Wir versuchten, im »Ossian Hostel« (Jugendherberge) unterzukommen, doch sie hatten keinen Platz mehr. Ein Paar aus Glasgow erzählte uns, es gäbe ein Stein-Bothy[(3)] im Navis-Tal, nur ein paar Meilen westlich. Sie machten uns einen Kochtopf aus einer leeren Konservendose und einem Stück Draht (die Löcher bohrten sie mit einem Nagel) und gaben uns eine Kerze, Zeitungen zum Feuermachen und Zucker für meinen Kaffee – Grundausstattung für die Wildnis! Doch alles in allem war ich nicht weiter traurig, daß wir nicht in Ossian bleiben konnten: Die Belegschaft kam mir wie eine durchgeknallte Hippie-Kommune vor – und außerdem gab's jede Menge Mücken.

Die schottischen Mücken sind wie Moskitos, nur kleiner und weitaus parteiischer: Sie lassen oft die Einheimischen in Ruhe (sogar die, die wie ich jahrelang im Exil lebten) und stürzen sich mit feiner Nase auf fremdes Blut. Was sie jedoch gar nicht mögen, ist »Oil of Citronella«. Das ist vermutlich ohne Übertreibung die wichtigste Infomation für Leute, die zwischen Mai und September in Schottland unterwegs sind. Also nehmt Citronella mit, ihr werdet sie ins Herz schließen. Sonst wird euch nichts anderes übrig bleiben als ein Chiffon-Tuch über den Kopf zu binden.

Wir zogen also weiter, entlang der ausgesprengten Ufer vom Loch Treig, einem Stausee mit durch den wechselnden Wasserstand verwüsteten Ufern – eine Mondlandschaft, mit freundlichen Grüßen von der Wasserkraftbehörde. Stunden später, mit wundgelaufenen Füßen, sahen wir in der Ferne das Bothy am Fuß von Creag Ghuanach: ein Häuschen aus Granit mit verglasten Fenstern, eingerahmt von zwei der schönsten Ebereschen, die ich je gesehen hatte. Wir rollten unsere Schlafsäcke aus, machten Feuer, kochten in dem Konservendosen-Topf einen undefinierbaren Brei und rauchten ein paar Selbstgedrehte.

Lerchen und Bussarde, verstreute flechtenbewachsene Steinhaufen, die einmal Cottages waren, die Lochs mit ihren nackten ausgewaschenen Ufern, dichte, schnurgerade Reihen neugepflanzter Fichten – die Landschaft hier oben war nicht immer so leer. John Prebble's »The Highland Clearances« erzählt die Geschichte dieser Hausruinen, berichtet von der Zeit, in der man entdeckte, daß Schafe profitablere Hügelbewohner sind als Menschen. In jüngerer Zeit dann, seit Beginn der fünfziger Jahre, wurden Massen von Stauseen mit Stollen und Pumpstationen gebaut, die Täler und Dörfer überfluteten – bis, vor nicht allzulanger Zeit, die zentrale Behörde für Stromerzeugung entschied, daß Atomenergie billiger ist. An die Stelle der Ausbeutung der Highlands zur Wasserkraftgewinnung ist jetzt die krasse übermäßige Aufforstung getreten, dank Subventionen und Steuererleichterungen für Investoren.

Am Morgen vermachten wir unseren Kochtopf dem Haus und zogen das Tal hinauf zu einem Haufen verlassener Cottages, der auf der Landkarte Luibeilt heißt. Eins der Häuser hatte einen Bogen aus zwei miteinander verflochtenen Ebereschen über dem Eingang. Auf den Hochmooren waren die Vogelbeeren noch nicht rot wie unten am Meer. Weiße Bärte von »bog cotton« (Sumpf-Baumwolle) in den Sümpfen und Torfmoos, rosenfarben, rostbraun, gelb und giftgrün. Auch gelbe Sonnenröschen und Knabenkraut und ein winziger Bergenzian. Und natürlich auf den grauen Felsbrocken Flecken von leuchtend orangenen oder grünen Flechten. Als wir zum Loch Eilde Beag kamen, senkten sich die Nebel herunter, und Ben Nevis verschwand. Eine Weile sahen wir nichts als das felsige Ufer von Loch Eilde Mor, an das wir uns so dicht wie möglich hielten. Am Ende des Lochs begann der Pfad abzufallen und hörte dann ganz auf.

Wir stolperten weiter. Plötzlich riß der Nebel kurz auf, und ich sah, scheinbar nur ein paar Meter vor uns, eine Art Wasserlache – wie in einer Fata Morgana. Dann rückte sich der Maßstab wieder zurecht, und mir wurde mit Schrecken klar, daß meine »Wasserlache« die lange weiße Längsseite vom Loch Leven 500 Meter unter uns war. Im Nebel hatten wir jedes Gefühl dafür verloren, wie hoch oben wir waren, und wie steil der Abstieg zum Meer war. Da unten war also nun Kinlochleven. Rutschend und schlitternd, uns mit den Händen an Heidekraut und Farnwurzeln festhaltend, kletterten wir hinunter.

Kinlochleven mit seiner häßlichen Aluminiumschmelzhütte interessierte uns nicht weiter; so fuhren wir per Anhalter zum Dorf Glencoe am Meerende des großen schwarzen Passes und stiegen bei Mrs. Carmicheal's B & B ab. Am nächsten Morgen trampten wir den Paß hoch zu dem berühmten »Kingshouse Hotel«, einem Lieblingsplatz der BergsteigerInnen, und schauten nach Westen über die riesige schwarze und silberne Fläche des Rannoch Moors: meilenweite Torfsümpfe, Wege, die sich in der Ferne verlieren – ein Ort, der das Licht verschluckt, wie sonnig es auch sein mag.

Wir trampten wieder nach Rannoch zurück und dann weiter nach Norden in Richtung Kyle of Lochalsh und Skye. In Kyle of Lochalsh kamen wir erst mal nicht weiter, denn es regnete in Strömen, und wir beschlossen, uns ein Dach zum Trocknen zu suchen.

Es läßt sich nicht behaupten, daß die Schotten allzu viele Zugeständnisse an den Tourismus machen. Zum Höhepunkt der Reisezeit, an einem nassen Tag, die Stadt brechend voll von BesucherInnen, schließen Läden und Postamt ungerührt Punkt eins zur Mittagspause. Wirklich bewundernswert, diese Standfestigkeit.

Wir flüchteten uns schließlich ins »Prawn Creel Café« beim Hafen, von wo aus wir über dem Sund durch den Regen das nur ein paar hundert Meter entfernte Skye ausmachen konnten: eine dunkle Masse mit einem

Saum weißer Cottages weiter in der Ferne und ein paar versprengten Landsitzen am Ufer. Die Insel ist wunderschön, doch rauh und zerklüftet und anstrengend.

Das Café war ein Katastrophengebiet mit nassen Wanderern und RadfahrerInnen, das Wasser stand zentimeterhoch auf dem Boden, die Luft roch nach billigem Fett; aber sonst war es gemütlich. Gelegentlich stiessen Windstöße die Tür auf, und die Füße froren uns langsam ab; doch immerhin zog auf diese Weise die dicke Luft ab.

Stef macht sich Sorgen über unsere Ernährungsweise – kein frisches Obst und Gemüse. Ich bin aufgrund meiner Horterziehung mit Kartoffeln und Hackfleisch, Haferbrei und Natriumplätzchen daran gewöhnt. Sie ißt eine teure Nektarine aus einem Friedhofsblumenladen mit Beileidskarten auf der Theke, zwei tropfenden Wickenbüscheln und Heidekrautstöcken in kleinen Plastikbeuteln; sie nimmt außerdem halbfaule Trauben in einer nassen braunen Papiertüte mit. Ich kaufe 100 Zigaretten und eine exzellente Ingwer-Schokolade (Scottish Fudge) für die »Wildnis« – wir haben uns entschlossen, zum Loch Torridon und Craig, der abgelegensten Jugendherberge Großbritanniens, zu gehen.

Im Touristenbüro wurde uns gesagt, wir sollten den Thurso-Zug bis Strathcarron und dann den Postbus nach Diabeg nehmen. Der Zug war ein alter Dieselzug mit abgetrennten Abteilen, dunkelgeflecktem Holz und in Ehren gealterten Toiletten, vermutlich der Stolz der alten Eisenbahner; und er fuhr durch eine malerische Gegend, vorbei an Meeresarmen und weißen Stränden, die Westküste hoch. In Strathcarron gab es nichts weiter zu tun als auf den Postbus zu warten.

Der Postbus ist eine wichtige Highland-Institution: Er befördert Post, Zeitungen, Milch und Grundnahrungsmittel in entlegene Gebiete und ist dort das einzige öffentliche Verkehrsmittel. In der Touristensaison ist er deshalb oft gerammelt voll, aber irgendwie passen dann doch noch alle rein.

Falls ihr kein Boot habt, kommt ihr zur Craig-Jugendherberge nur über einen vier Meilen langen sumpfigen Torfweg am Rand der Klippen. Wir gingen ihn beim Anbruch der Dunkelheit, bis zu den Knien im Schlamm.

Craig ist ein zweistöckiges Granitgebäude und liegt direkt gegenüber den Inseln. Gas und Kohle kommen mit dem Schiff (bei Flut), und einmal im Monat kommt eine Wanderbücherei mit Western, Liebesgeschichten und Vogelbüchern nach Diabeg. Alle anderen Vorräte muß der Herbergsvater selbst heranschaffen.

Ein Sturzbach hatte die Brücke über den Craig-Fluß niedergerisen, und wir mußten erst einmal beim Wiederaufbau helfen. Danach gingen wir Forellenfischen. Wir hatten beinahe Erfolg, aber eben nur beinahe. Wir ließen uns deshalb von Herbergsvater Ian das Fischen im Meer zeigen. So saßen wir also am Meer, schauten den Krebsen zu, die über einen Felsen in der Nähe jagten, und den Robben, die ihre Köpfe aus dem Wasser reckten. Wir fingen einen kleinen bronzenen Fisch, den wir zurückwarfen, dann einen Köhler und einen größeren bronzenen Fisch. Schließlich bekam Ian von einem wildernden Motorboot – sie hatten an der Mündung des Craigs ein Netz ausgelegt, was verboten war – als Bestechungsgeschenk eine Meeresforelle. Angeblich eine Meeresforelle, denn als wir sie nachher zum Tee aßen, entpuppte sie sich als ein weißliches klebriges, geschmackloses und namenloses Etwas.

1) schottische Bezeichnungen: Loch = See, Ben = Berg(gipfel)
2) In diesem Talkessel wurden 1692 38 Mitglieder des Macdonald-Clans erschossen, weil sie sich, wenn auch widerwillig, dem englischen König unterworfen hatten. Die Täter gehörten dem Campbell-Clan an; die Fehde zwischen den beiden Clans hielt sich teilweise bis in die Gegenwart (d. Ü.)
3) schottische Bezeichnung: bothy = Hütte, kleines Haus

Hildegard Dumper

Mit dem Bus um Schottland

Meine Entscheidung, mit dem Bus um die Nord-Westküste von Schottland zu fahren, war das Resultat von Neugier. Ich wollte versuchen, die Wirklichkeit des Lebens da oben zu erleben, zu verstehen, wie die Leute dort ihre Existenz bestreiten. Mit einem Bus würde ich die Möglichkeit haben, unter Einheimischen zu reisen, und ich würde die Landschaft, über die ich soviel gehört und gelesen hatte, unmittelbar erleben.

Der Spaß fing an mit der Ankunft des Busfahrplans, den ich mir vom Highlands Development Board hatte schicken lassen. Darin sind auch die Zug- und Fährenfahrpläne, mit Einzelheiten über die Faröer-Inseln und anderen Zielen. Da ich nur wenig Geld hatte und nicht sehr viel Zeit, ließ ich mich durch die vielen Möglichkeiten nicht von meinem ursprünglichen Plan ablenken.

Ich hatte nicht damit gerechnet, wie schwierig es sein würde, die einzelnen Anschlüsse zu planen. Einige Busstrecken funktionieren nur einmal die Woche, und wer den Bus verpaßt, bleibt etwas länger als geplant an einem Ort. Die Abgelegenheit dieser Gegend wurde mir klar. Ich entschloß mich, so weit wie möglich mit der Eisenbahn zu fahren, und kam bis Thurso. Von dort machte ich meine erste Busreise bis Kyle of Lochalsh, entlang der Nordwestküste. Ich entdeckte in Thurso, daß das Scottish Tourist Board gegen eine sehr kleine Gebühr einfache Bed & Breakfasts vermittelt. Es stellte sich manchmal als sehr nützlich heraus, in einem entlegenen Ort anzukommen und alles schon arrangiert zu haben. Aber die Orte sind alle so klein, daß ich im Stil von »12 Uhr Mittags« die Hauptstraße entlangwandern konnte – oft die einzige Straße – und an einem Haus klopfen, das ein Schild »Bed and Breakfast« zeigte. Die Leute hier in den Highlands sind erfrischend freundlich und hilfsbereit. Ich unterhielt mich meist mit den Frauen in den Häusern, wo ich übernachtete, und den Männern, die die Busse fuhren. Diese Busfahrer waren immer sehr besorgt, daß ich auch sichere und bequeme Unterkunft fand. Die Frauen waren neugierig, und ein bißchen besorgt um mich als alleinreisende Frau, aber kaum kritisch, und keine von ihnen zeigte das geringste Bedürfnis, selbst eine derartige Reise zu unternehmen.

Nie habe ich mich gelangweilt, und nie hätte ich gedacht, daß stundenlang die Vögel und die spielenden Seehunde zu beobachten so unterhaltsam sein könnte. Von vielen Städten an der Küste kann man Boote zu einer der Inseln nehmen und dort an den Klippen die vielen Vögel sehen, die dort nisten. Der neblige Regen macht es nur noch wilder und aufregender, und ich freute mich immer auf mein brühheißes Bad danach. Die günstigste Zeit für Vogelbeobachtung ist von April bis Juni, dann ist an-

scheinend auch das Wetter besser. Dann gibt es die Strandspaziergänge, und wer gerne fischt, kommt hier auf ihre Kosten. Einsame Wanderungen ins Landesinnere habe ich nicht gemacht – dazu war mir die Landschaft doch etwas zu wild.

Der einzige Bus, der so aussah, wie ich es von Bussen erwartete, war der, in den ich in Thurso stieg. Wir fuhren aus der Stadt heraus, voll beladen mit Frauen und ihren Einkäufen. Ich beobachtete, wie der Bus die einzelnen Frauen allmählich an einsamen, windigen Stellen absetzte, und folgte den gebückten Gestalten mit meinen Augen. Immer wieder drehte ich mich um, um eine Ahnung von ihrem Ziel zu bekommen. Manchmal sah ich kleine Ortschaften weit unter uns in einer tiefen Schlucht verborgen. Manchmal sah ich nichts als eine einsame Figur, die mühsam ihren Weg auf einen steilen Berg machte. Die Busse hielten überall, wo jemand am Straßenrand stand, oder zu einer kleinen Teepause. Einmal hat ein Fahrer mich morgens vor meiner Tür abgeholt. Ein anderes Mal teilte der Fahrer seine Butterbrote mit mir, als ein Erdrutsch die Straße blockierte und der Bus dadurch aufgehalten wurde.

Für viele der Häuser, die wir besuchten, waren die Busse ein wichtiges Kommunikationssystem, und der Fahrer hatte immer Zeit für ein Schwätzchen, um etwas abzuliefern oder ein Paket mitzunehmen. In diesem Paket konnte ein wichtiges Gerät für einen Bauernhof sein oder ein Pullover, den eine Frau für das Handarbeitsgeschäft gestrickt hatte.

Für mich als Frau waren die Abende das Schwierigste. In den kleinen Dörfern waren die Gasthäuser ganz freundlich, obgleich ich als Fremde damit rechnen mußte, genau unter die Lupe genommen zu werden. Aber in den größeren Städten wie Ullapool sind die Gasthäuser voll von Ferienreisenden und lauten Männern und manchmal sehr unangenehm. Bei solchen Gelegenheiten blieb ich lieber mit einem Buch in meinem Zimmer, oder ich plauderte bei einer Tasse Tee mit meiner Vermieterin.

Interessant fand ich die Atmosphäre in den weit abgelegenen Städten wie Thurso und Ullapool. In Ullapool sah ich sehnsüchtig der Fähre nach, die nach Stornoway auf der »Isle of Lewis« fährt, und beobachtete die russischen Frachter, die ein kleines Boot zum Lebensmittelkauf an Land sandten. In Thurso ist die Ankunft der Fähre von den Faröer-Inseln ein Ereignis für die ganze Stadt; von hier fahren jeden Tag die Schiffe zu den Shetland-Inseln. Und überall sieht man die Spuren der Nordsee-Öl-Industrie.

Nach meinen Alleinreise-Erfahrungen in anderen Ländern kann ich sagen, daß meine Schottlandreise die entspannendste war.

Ich habe zweimal eine Ausnahme gemacht und fuhr per Anhalter. Es war so leicht, daß es mich reizte, auf diese Art weiterzureisen, aber ich beschloß, mich an meine Pläne zu halten. Meiner Meinung nach ist Schottland das beste Land für eine Frau, die zum erstenmal alleine reist.

4
Suchen und Finden

Nützliche Adressen von Frauenprojekten, Kneipen, Buchläden, Zentren etc.

Die hier angegebenen Adressen beziehen sich nur auf Projekte, Gruppen oder Schauplätze der autonomen Frauenbewegung oder aber auf Einrichtungen, die von Frauen geführt werden.

BATH
– Feminist Archive, c/o University of Bath, Claverton Down, Tel. 826826

BIRMINGHAM
– Women's Advice and Information Centre, Devonshire House, Digbeth High St., Tel. 7736952
– Black Women's Centre, 52 Golden Hillock Rd., Tel. 7713615
– Rape Crisis Centre, Tel. 2332123

BRIGHTON
– Rape Crisis Centre, Tel. 203773

BRISTOL
– Women's Centre, 44 The Grove, Tel. 293575
– Rape Crisis Centre, Tel. 42833

CAMBRIDGE
– Women's Centre, 49 A Burleigh St., Tel. 313675
– Rape Crisis Centre, Tel. 358314

CANTERBURY
– Aphra (Sprachschule für Frauen, bietet dreiwöchige Kurse mit privater Unterkunft und geselliges und kulturelles Programm), 21 Monastery St., Tel. 66535

CARDIFF
– Women's Centre, 2 Coburn St., Cathays, Tel. 383024

DUNDEE
– Rape Crisis Centre, Tel. 201291

EDINBURGH
– Women's Centre, 61 a Broughton St., Tel. 5573179
– Rape Crisis Centre, Tel. 5569437

EXETER
– Rape Crisis Centre, Tel. 30871
– Women's Centre, 94 Sidwell St., Tel. 219982

GLASGOW
– Women's Centre, 48 Miller St., Tel. 2211177

GREENHAM COMMON
– Women's Peace Camp, c/o USAF Greenham Common, Newsbury, Berkshire RG 15800

INVERNESS
– Women's Group, c/o C. Neill, Inchberry Brook, Lentran by Inverness, IU 3 GR

LEEDS
– Women's Centre, 229 Woodhouse Lane, Tel. 421232
– Lesbians Equal Opportunities Group, c/o Women's Centre
– Rape Crisis Centre, Tel. 440058

LIVERPOOL
– Rape Crisis Centre, Tel. 7277599

LONDON
– A Woman's Place, Women's Liberation Information Service, Hungerford House, Victoria Embankment, London WC2, Tel. 8366081
– Wesley House, Zentrum verschiedener Frauengruppen, 4. Wild Court, London WC1, Tel. 8316946
– King's Cross Women's Centre, 71 Tonbridge St., London WC1, Tel. 8377509
– Women's International Resource Centre, 173 Archway Rd., London N6, Tel. 3414403
– Centre for Research and Education on Gender (organisiert Sommerschulen), Institute of Education, 20 Bedford Way, London WC1H OAL
– Jewish Women Centre Group, Kontaktadresse für jüdische Feministinnen, bei Sisterwrite, 190 Upper St., London N1
– National Union of Students Women's Campaign, NUS Executive Women's Officer, Mandela House, 461 Holloway Rd., London N7, Tel. 2728900

– Fawcett Library, Frauenbibliothek für Feminismusforschung, City of London Polytechnic, Old Castle St., London E 1, Tel. 2831030, extension 570
– London Lesbian and Gay Centre, Zentrum mit Café, Disco, Veranstaltungen, Workshops, 67/69 Cowcross Street, London EC1, Tel. 6081471
– Lesbian Archive, Forschungszentrum für Lesben, BCM, Box 7005, London WC1N 3XX, Tel. 4056475
– Lesbian Line – telefonischer Hilfsdienst für Lesben in London, Tel.2516911 (Mo u. Fr 14-20 Uhr, Di-Do 19-22 Uhr) (Unter dieser Nummer sind die Nummern der Lesbian Lines in anderen Städten zu erfahren.)
– Black Lesbian Support Network, 41a Stockwell Green, London SW9, Tel. 2747696 (im Black Women's Centre)
– Pregnancy Advisory Service, 11-13 Charlotte St., London W1, Tel. 6378962 (Schwangerschaftsberatung)
– Women's Alcohol Centre, 254 St. Paul's Rd., London N1, Tel. 2264581 (Beratung und Information zu Alkohol)
– Women in Entertainment, 7 Thorpe Close, London W10, Tel. 9692292 (Informationsgruppe, die sich für Frauen einsetzt, die im Kunstbereich arbeiten)
– London Women's Aid, 52-54 Featherstone Road, London EC1, Tel. 2516538 (Information und Hilfe für geschlagene Frauen)
– Union of Turkish Women in Britain, 110 Clarence Road, London E5, Tel. 9854072
– Rights of Women, 52-54 Featherstone Street, London EC1, Tel. 2516538 (Rechtsberatung für Frauen)
– Campaign for Nuclear Disarmament (CND), 22-24 Underwood St., London N1, Tel. 2504010 (Haupt-Abrüstungskampagne)
– Friends of the Earth, 377 City Road, London EC1, Tel. 8370731
– FORMAT, Women's Picture Library (bei Angel), 19 Arlington Way, London EC1, Tel. 8830292 (Fotoagentur)
– Women's Health Information Centre, 52-54 Featherstone St., London EC1, Tel. 2516538
– Anti-Apartheid Movement Women's Committee, 13 Mandela Street, London NW1
– Women's Therapy Centre (Therapie, Beratung, Workshops), 6 Manor Gardens, London N7, Tel. 2636200
– Notruf (Rape Crisis Centre), Tel. 8371600

MANCHESTER
– The Pankhurst Centre, Zentrum für Frauengeschichte, 60-62 Nelson St., Tel. 2360182

– Equal Opportunities Commission, Overseas House, Quay St., Tel. 8339244
– Rape Crisis Centre, Tel. 2283602

NORWICH
– Women's Centre, 34 Exchange Street

NOTTINGHAM
– Women's Centre, 30 Chaucer St., Tel. 411475
– Lesbian Centre, c/o Women's Centre (jeden letzten Freitag im Monat Disco für Frauen)
– Rape Crisis Centre, Tel. 410440

OXFORD
– Rape Crisis Centre, Tel. 726295

SHEFFIELD
– Women's History Group, 78 Walkley Road, Tel. 344693
– Rape Crisis Centre, Tel. 755255

Frauenbuchläden

London:
Silver Moon Women's Bookshop, 68 Charing Cross Road, London WC2, Tel. 8367906
Sisterwrite Bookshop and Gallery, 190 Upper St., London N1
Gays the Word Bookshop, 66 Marchmont St., London WC2, Tel. 2787654

Bristol:
Green Leaf Bookshop Co-operative, 82 Colston St., Tel. 211369

Edinburgh:
West and Wilde Bookshop, 25a Dundas St., Tel. 5560079
Womanzone, 117-119 Buccleuch St., Tel. 6672926

Glasgow:
Changes Bookshop, 340 West Princes St., Tel. 3573631

Leeds:
The Corner Bookshop, 162 Woodhouse Lane, Tel. 454125

Liverpool:
News from Nowhere, 100 Whitechapel, Tel. 7087270
Progressive Books, 12 Berry St., Tel. 7091905

Frauenverlage und Frauenzeitschriften

FEMINIST BOOK FORTNIGHT, alljährliche Buchveranstaltung für Frauen, 7 Loddon House, Church St., London NW8 8PX, Tel. 4028159
ONLYWOMAN PRESS (radikal-lesbischer Verlag), 38 Mount Pleasant, London WC1, Tel. 8370596
PANDORA PRESS, 11 Fetter Lane, London EC4P 4EE, Tel. 5839855
SHEBA FEMINIST PUBLISHING CO-OP, 10 a Bradbury St., London N16 8 JN, Tel. 2541590
STRAMULLION (schottische feministische Verlagskooperative), 43 Candlemaker Row, Edinburgh EH1 2QB
VIRAGO PRESS, 20/23 Mandela St., London NW1 OHC, Tel. 3835150
THE WOMEN'S PRESS (»Bücher von Frauen für Frauen«), 34 Great Sutton St., London EC1V ODX, Tel. 2513007
SPARE RIB MAGAZINE, 27 Clerkenwell Close, London EC1, Tel. 2539792
TROUBLE AND STRIFE (radikal-feministisches Diskussionsorgan), Norwich c/o Women's Centre

Frauenhotels / Pensionen / Häuser

– »The Hen House«, Hawerby Hall, Barton St., North Thoresby, South Humberside, Tel. 0472-840278
– »Reeves«, Private Hotel For Women, 48 Shepherd's Bush Green, London W1 28PJ, Tel. 01-7401158
– »Old Vicarage«, Horton-in-Ribblesdale (Yorkshire Dales, gute Wandergegend), Nr. Settle, North Yorkshire. Tel. 07296-207
– »Lavender Cottage«, 20 Queen's Road, Lyndhurst, SO43 7BR, Tel. 042128-2024 (New Forest, in Meeresnähe)
– »Oaklands Women's Holiday Centre«, Glasbury, Hereford, Tel. 049-74275
– »Eagle House«, Sherborne Lane, Lyme Regis, Dorset DT7 3NY, Tel. 02974-2616 (nur Herbst und Winter »women only«, sonst gemischt, aber Frauen im Obergeschoß)
– »Skadi Women's Walking Holidays« (Wanderungen in Nordengland) c/o Paula Day, 43 Mitchelgate, Kirkby, Lonsdale, Cumbria, Tel. 0468-71993

– »C-N-DO Scotland Ltd.« (Wanderungen in Schottland) c/o Howlands Cottage, Sanchieburn, Stirling, FK7 9 PZ, Tel. 0786-812355

Bücher für die Reise
Ausgewählt von Ilse Zambonini

Führer für London
– Jennifer Clarke, »In Our Grandmothers Footsteps«, Virago 1984
– Kate Murphy, »Womens London«, Hamlyn 1987
– Louise Nicholson's »Definitive Guide«, The Bodley Head, 1988
– Mary Peplow und Debra Shepley, »London for free«, Grafton 1984

Ferienlektüre
– Pat Barker, »Blow Your House Down«, Virago (Roman aus dem heutigen Yorkshire auf dem Hintergrund des Ripper-Falls)
– Marion Zimmer Bradley, »Die Nebel von Avalon«, Fischer-Tb.
– George Eliot, »The Mill on the Floss«, Penguin, deutsch bei Reclam
– George Eliot, »Middlemarch«, Penguin, deutsch bei Manesse (eine Klassikerin aus dem 18. Jahrhundert, ihre geographischen Bezugspunkte sind die Midlands und Coventry)
– Storm Jameson, »Journey from the North«, Virago (Autobiographie, in der die Autorin ihr Leben in London und Whitby beschreibt)
– Rosamund Lehmann, »The Weather in the Streets« (beschreibt ein Frauenleben im London der dreißiger Jahre), von R.L. sind auf deutsch »Der begrabene Tag« und »Dunkle Antwort« als Fischer-Tb. erschienen
– Elizabeth Mavor, »The Ladies of Llangollen« (die Geschichte einer der berühmtesten und glücklichen Frauenbeziehungen in der englischen Literatur)
– Vita Sackville-West, »Vitas Garden Book«, deutsch: »Aus meinem Garten«, Ullstein-Tb.
– Edith Sitwell, »Bath«, Century Hutchinson
– Flora Tristan, »London Journal«, Virago
– Martha Vicinus, »Independent Women«, Virago (Geschichten aus der historischen Galerie des Feminismus)
– Mary Webb, »Precious Bane«, Virago (beschreibt Shropshire)
– Mary Webb, »The House in Dormer Forest«, Virago
– Rebecca West, »The Judge«, Virago (Beschreibung einer jungen Frau, die von Edinburgh in die Monotonie von Essex kommt)

Autorinnen und Fotografinnen

JAY ARMSTRONG, geboren 1950, arbeitet als Koordinatorin des Jugendamtes Westminster in London, war bis 1986 aktiv in der »Socialist Workers Party« und ist jetzt autonome Feministin.

ANNA ARNONE lebt als Fotografin in London.

ASPHODEL, Dichterin und Feminismus-Forscherin; lebt in Hassocks in Sussex. Ihre Gedichte sind in mehreren Anthologien zeitgenössischer Dichtung erschienen.

GERALDINE BAILEY, 38 Jahre alt, ausgebildete Ballettänzerin, arbeitet seit 1986 als Weiterbildungsberaterin in London. Sie lebt mit ihrer achtzehnjährigen Tochter Rachel in Islington, würde aber des Klimas wegen Texas vorziehen. Sie ist aktiv in der »Labour Party« und auch sonst auf Parties.

MELISSA BENN, 32 Jahre, feministische Journalistin, freie Mitarbeiterin von »Marxism Today«, »City Limits« u.a.

JULIE BINDEL ist Mitglied des Kollektivs »Trouble and Strife« und aktiv im Frauenzentrum von Nottingham.

JOAN BLANEY stammt aus Jamaica und lebt mit Ehemann und Tochter in Wolverhampton. Nach der Ausbildung zur Krankenschwester arbeitete sie in einem Stadtteilzentrum; aus dieser Arbeit entstand die afrikanische Tanzgruppe »Afeme«.

JENNY BOURNE lebt in London und ist freie Mitarbeiterin bei »New Society«.

ROS BRUNT lebt in London. Journalistin und freie Mitarbeiterin von »Marxism Today«.

DEBORAH BURNETT, 38 Jahre alt, arbeitet als Aids-Beraterin in einem Gesundheitszentrum in Kentish Town. Sie stammt aus Durban, Südafrika, ist aktiv in der Anti-Apartheidsbewegung und lebt mit ihrer dreizehnjährigen Tochter in Nordlondon.

MILA CALEY ist Lektorin am »City East London College« und arbeitet vor allem mit Studenten aus Bangla Desh. Sie lebt mit ihrer vierzehnjährigen Tochter Rosie und der einjährigen Kay in Nordlondon.

DEBORAH CAMERON, Journalistin und Radikalfeministin, arbeitete mit Elizabeth Fraser zum Thema »Pornographie und Gewalt«; aus dieser Arbeit entstand das Buch »The Lust to Kill«, eine Untersuchung über Sexualmorde. Sie ist 35 Jahre alt und lebt in London.

BEATRIX CAMPBELL ist Mitbegründerin von »Spare Rib« und »City Limits«, der kollektiv herausgegebenen Londoner Stadtzeitung, die sich von »Time Out« abgespalten hat. Sie ist aktiv in der »Socialist Society« und der englischen KP, schreibt für »Marxism Today«, »The Guardian« u.a. und hat bisher vier Bücher geschrieben, darunter »Wigan Pier Revisited« und »The Iron Ladies« (eine Studie über die Frauen in der Tory-Partei), beide bei Virago erschienen.

ANGELA CARTER, geboren 1940, Schriftstellerin und Englisch-Professorin. Sie lebt in London; ihre Romane, Kurzgeschichten und der Aufsatz »The Sadeian Woman« sind zum größten Teil bei Virago erschienen.

ROSE CHRISTIE, mit 23 Jahren die jüngste Mitarbeiterin dieses Buches, wurde in Stoke-on-Trent geboren, lebt seit fünf Jahren in London und ist Spezialistin für Nachtleben in der Zeitschrift »City Limits«.

FRANCES COLEMAN ist 32 Jahre alt, Architektin und lebt auf einem Hausboot auf dem Regents Canal in London.

ROSE COLLIS, freiberufliche Journalistin bei »City Limits«, »Spare Rib« und »Marxism Today.« Sie ist 28 Jahre alt und lebt in Südlondon.

GLODEN DALLAS lebt in London und ist freie Mitarbeiterin von »Spare Rib«.

GILL DAVIES, Englisch-Dozentin am Polytechnikum in Hatfield. Sie arbeitet als historische Forscherin und als freie Journalistin.

ROS DAVIES, 34 Jahre, stammt aus Leeds. Ihr Herz ist in Kuba, aber sie lebt mit ihrer Katze Isis in London. Sie ist Leiterin eines Stadtteilzentrums und will demnächst in Spanien studieren.

ANNA DAVIN, feministische Historikerin, arbeitet in der Londoner »Feminist History Group« und hat mehrere Bücher veröffentlicht. Im Frauenzentrum Wesley House hält sie Workshops über feministische Geschichte.

SIOBHAN DOWD, 28 Jahre alt, geboren in London, arbeitet für den Internationalen PEN, besonders für dessen Abteilung »Writers in Prison.« Nebenher schreibt sie für »Literary Review«, spielt Tennis und lebt mit Ehemann und Hund in Südlondon.

HILDEGARD DUMPER, 34 Jahre, geboren in Malaysia, lebte bis 16 mit deutscher Mutter und englischem Vater in Singapur. Sie ist Lehrerin, Schriftstellerin und Mitarbeiterin des bei Pandora erschienenen Buches »Half the Earth«.

MARGARET EDNEY, 48 Jahre, »Ur-Feministin« und »Alt-Linke.« Sie organisierte zusammen mit anderen Frauen die erste »Women's Liberation Conference« 1970 in Oxford, lebt in London und arbeitet als Illustratorin und Computerprogrammiererin.

ALISON FELL, geboren 1946 in Schottland, studierte Kunst an der Edinburgh Art School, arbeitet als Schriftstellerin und Dozentin am City Literary Institute in London. Sie hat Romane und Kurzgeschichten veröffentlicht, darunter »Every Move You Make« (deutsch: »Jeder Schritt, den du gehst«, bei Knaur).

SUZIE FLEMING lebt als freie Journalistin in London und arbeitet vor allem für »Spare Rib«.

LUISA FRANCIA, geboren 1949, Filmemacherin und Autorin, lebt mit ihrer Tochter bei München. Gedichte in verschiedenen Zeitschriften und Anthologien, Buchveröffentlichungen: »Hexentarot«, »Der afrikanische Traum«, »Berühre Wega«, »Kalypso«, »Mond Tanz Magie« und »Drachenzeit«.

MOIRA GAVIN, 35 Jahre, geboren in Irland. Sie studierte Anthropologie und Soziologie und arbeitet jetzt in ihrem Traumberuf als Gartenarchitektin. Lebt mit ihrer fünfzehnjährigen Tochter und dem Vater ihres zweiten Kindes in London.

PEGGY GERLING, 40 Jahre, geboren in New England, ist Lehrerin und Greenham-Frau der ersten Stunde. Lebt mit ihrem zehnjährigen Sohn Kimber in London.

HAZEL GILLARD ist Fotografin und politisch aktive Lesbe. Sie lebt in London und reist gerne.

ANN GREENWOOD, 33 Jahre, Publizistin mit eigenem medizinischen Verlag. War aktiv beteiligt an der Organisation des ersten »Lesbian and Gay Centre« in London.

INE GUCKERT, geboren 1946, seit einigen Jahren vorwiegend fotografisch tätig. Themen: Frühgeschichtliche Kulturen, Landschaft, Frauen, Inszenierungen. 1985 gründete sie eine eigene Foto-Edition für Plakate und Karten. Lebt in der Nähe von München.

LIZ HERON, geboren 1947 in Glasgow, lebt – nach längeren Reisen durch Italien, Frankreich und Spanien – seit 1975 in London. Sie schreibt für »City Limits', »Marxism Today«, »New Statesman and Society« und ist Mitherausgeberin mehrerer Anthologien von Kurzgeschichten, darunter »Truth, Dare and Promise«, erschienen bei Virago.

MARGARET HICKMAN, 37 Jahre, lebt mit ihrem Freund in London und hofft, sich irgendwann den Umzug nach Brighton leisten zu können. Sie leitet eine alternative Gemeinschaftspraxis in London und kocht nebenher irische Gerichte für Feste und Veranstaltungen.

MEILING JIN lebt als Schriftstellerin in London.

BARBARA LITTLEWOOD lebt mit ihren beiden Kindern in Glasgow und arbeitet als Soziologie-Dozentin an der dortigen Universität.

ELSPETH MACLANE, geboren 1953 in Edinburgh, studierte dort und arbeitete in England als Lehrerin und Sozialarbeiterin. Aktiv in der Frauenbwegung. Außerdem spielt sie Akkordeon und tritt als Straßenmusikantin auf.

MICKI MARSHALL, 27 Jahre, stammt aus Perth in Australien, wo sie an einer alternativen Stadtteilzeitung arbeitete. Seit 1980 lebt sie in London, ist aktiv in der Nicaragua-Solidaritätsbewegung und spielt Geige in der Frauenkabarett-Band »Girls on Top«.

SHARON MAXWELL lebt in London und ist Journalistin und Mitarbeiterin verschiedener Zeitungen und Zeitschriften.

PADDY MAINES stammt aus Belfast. Sie ist 40 Jahre alt, spät, aber glücklich verheiratet, war zuerst Bibliothekarin, arbeitet jetzt als Sozialarbeiterin und ist politisch in der »Troops out of Ireland«-Bewegung engagiert.

PAM MOLYNEUX, 53 Jahre alt, lebt mit der jüngsten ihrer drei Töchter in Totnes, Devon. Sie war Lehrerin und arbeitet heute gelegentlich für die BBC als Übersetzerin.

KATE MURPHY ist freie Mitarbeiterin bei der Londoner Stadtzeitung »City Limits«.

LIZ PURKISS lebt in London und arbeitet als Sozialarbeiterin in einem Jugendprojekt.

MICHELE ROBERTS, 41 Jahre alt, kam von der Klosterschule über Oxford in die Frauenbewegung. Sie ist Mitglied des Feministischen Straßentheaters und Gründungsmitglied von »Spare Rib« und »City Limits«. Veröffentlichte vier Romane, Kurzgeschichten und Gedichte. Nach ihrer Heirat lebte sie vorübergehend in Italien und USA, jetzt wieder in London.

SISTA ROOTS lebt in London und ist Mitglied in einem Autorinnen-Kollektiv.

SHEILA ROWBOTHAM, geboren in Leeds, studierte in Oxford und wurde dort zum Sozialismus bekehrt. Seit 1964 lebt sie in Hackney (Ostlondon). Sie hat mehrere Standardwerke zur feministischen Geschichte geschrieben, darunter »Hidden from History« und »Women's Consciousness in a Man's World«. Als freie Journalistin arbeitet sie u.a. für »The Guardian«, »Marxism Today« und »New Statesman«.

AMANDA SEBESTYEN, seit Ende der sechziger Jahre feministische Journalistin in der alternativen Presse, vor allem Literaturkritikerin. Sie gehört zu den Gründungsmitgliedern des »Spare-Rib«-Kollektivs, lebt in London und reist quer durch Europa.

JULIET SEBESTYEN, Schwester von Amanda, ist Malerin und lebt in Nottingham, wo sie es schön findet.

GILLIAN SLOVO, Schriftstellerin und Filmemacherin, schreibt Krimis für den feministischen Verlag »Pandora« und arbeitet zur Zeit an einer Chronik ihrer Familie in Südafrika, die in der Anti-Apartheidsbewegung aktiv war und ist.

ANGELA SOLSTICE begründete die feministischen »Labyrinth Workshops« (Spiritualität, Heilen, Massage usw.). Sie lebt in Westlondon und schreibt seit über zehn Jahren Artikel und Forschungsbeiträge zur Vorgeschichte. Außerdem hält sie Vorträge und macht Führungen für Frauen zu prähistorischen Plätzen.

VI SUBVERSA, 52 Jahre, ist Sängerin der Post-Punk-Band »Poison Girls'« einer in der Musikwelt sehr geschätzten Gruppe. Sie lebt in London.

FLORA THOMPSON, Schriftstellerin, geboren 1876, bekannt durch ihre Romantrilogie »Lark Rise to Candleford«, in der sie die Landschaft ihrer Heimat Oxfordshire beschreibt. Von 1916 bis 1928 war sie die populäre »dichtende Postmeisterin« in Liphook, Hampshire, wo sie »A Country Calendar« schrieb. Sie starb 1947 und ist in Dartmouth in Devon begraben.

ISABEL THOMSON, geboren 1950 in Glasgow, wohnt seit 1971 in London und war aktiv in den ersten »Women's Self-Help Groups«, die später zu dem Buch »Our Bodies, Our Selves« führten. Sie arbeitet in dem von ihr gegründeten Computersatz-Kollektiv »Lasso« und wohnt mit Freund und Tochter Rosie in London.

EMILY TRUEMAN ist Gärtnerin und hat zusammen mit Moira Gavin eine eigene Gartenarchitektur-Firma.

CECILY WALKER (Mutter von Tammy), aufgewachsen in Kairo, lebt auf der Isle of Wight und in Sussex. In den dreißiger Jahren arbeitete sie als Fotomodell, heiratete Tammys Vater und wurde eine Vorläuferin der alternativen Szene; sie hat schon Kräuter gesammelt, Yoga gemacht und meditiert, bevor die meisten Grünen überhaupt geboren wurden.

TAMMY WALKER, Feministin und seit 1970 im alternativen Showbusiness als Organisatorin der Theatergruppen »Red Ladder« und »The Women's Theatre Group« in Leeds tätig. Zur Zeit arbeitet sie freiberuflich für das British Film Institute und ist »Road Manager« für afrikanische Musikgruppen, die in London auftreten.

SUE WEEKES lebt und arbeitet in Bristol als »Careers Officer« und spielt in ihrer Freizeit in einer brasilianischen Samba-Band.

REBECCA WEST, geboren 1892 als Cecily Fairfield in Streatham, Südlondon, das sie in ihrem Roman »The Fountain Overflows« lebendig beschrieb. Weitere Romane (alle bei Virago) sind »The Judge«, »The Thinking Reed« und »The Birds Fall Down«. Als ihr Meisterwerk gilt die Beschreibung einer Reise durch Jugoslawien kurz vor dem Ausbruch des 2. Weltkriegs, »Black Lamb and Grey Falcon«. Seit 1915 schrieb sie als freie Journalistin über feministische Themen, Literaturkritik und Kurzgeschichten. Rebecca West war eine moderne Frau, die sich an keine Konventionen hielt. Die große alte Dame der frühfeministischen Literatur starb 1983.

MO WHITE, 32 Jahre, lebt mit ihrer Freundin Michele in Birmingham, wo sie als freie Journalistin und Grafikerin arbeitet.

JUDITH WILLIAMSON, 35 Jahre, Gründungsmitglied von »City Limits«, studierte an der »Royal Academy of Arts« in London. Sie ist Journalistin und Filmemacherin und arbeitet als Filmkritikerin für »New Statesman and Society« und als Dozentin für »Cultural Studies«.

VAL WILMER, während des Krieges in Yorkshire geboren, arbeitet als Fotografin und Schriftstellerin hauptsächlich zum Thema »afro-amerikanische Musik«. Ihre Autobiographie »Mama said there'd be days like this« erscheint in Kürze bei »The Women's Press«.

ELIZABETH WILSON ist seit 1970 in der Frauenbewegung aktiv. Sie ist Dozentin am »Polytechnic of Central London«und Autorin mehrerer Romane und wissenschaftlicher Bücher, darunter »Women and the Welfare State«, »Mirror Writing« und »Adorned in Dreams – Fashion and Modernity« (alle bei Virago).

PEARLE WILSON, geboren 1953 in London, arbeitet und lebt mit ihren beiden Kindern Melli und Makeda im Londoner Stadtteil Hackney. Mehr als alles andere auf der Welt liebt sie Musik.

ILSE ZAMBONINI, geboren 1948 in Grafing, lebt seit 1976 in London, wo sie als Lehrerin, Übersetzerin und Jugendberaterin arbeitet. Sie spielte fünf Jahre Baß in einer Punkband; heute lebt sie Musik nur noch als Disc Jockey auf Festen aus.

Fotonachweis

Titelfoto: Luisa Francia

Seite 11: Ine Guckert, Küste im Norden von Cornwall

Seite 15: Anna Arnone

Seite 25: Mo White, Handsworth Park

Seite 27: Anna Arnone

Seite 39: Anna Arnone, Diane Abbot

Seite 49: Anna Arnone

Seite 57: Anna Arnone

Seite 61: Hazel Gillard, Hackney

Seite 69: Heringspackerinnen (Foto: Archiv)

Seite 77: Sarah Furse, Demonstration am 8. März 1988

Seite 88: Anna Arnone

Seite 91: Anna Arnone

Seite 95: Anna Arnone

Seite 96: Anna Arnone

Seite 101: Anna Arnone

Seite 116: Chrissie Thirlaway

Seite 132: Ilse Zambonini

Seite 133: Ilse Zambonini

Seite 136: Ilse Zambonini

Seite 140: Ilse Zambonini

Seite 141: Hazel Gillard, Hampstead Heath

Seite 145: Ine Guckert, oben: Silbury Hill; unten: Steinreihe zum Avebury-Circle

Seite 149: Ine Guckert, Grabkammer von West Kennett

Seite 151: Anna Arnone

Seite 167: Anna Arnone, Tea Dance

Seite 169: Elizabeth Lewis, Henhouse – Frauenhotel

Seite 174: Ine Guckert, London Chinatown

Seite 185: Anna Arnone

Seite 187: Anna Arnone

Seite 189: Ine Guckert, Terrakottaschale mit Sphynx, Brit. Mus.

Seite 190: Ine Guckert, Lilith, Terrakottarelief, Brit. Mus.

Seite 193: Anna Arnone

Seite 207: Elisabeth Petersen, Seven Sisters

Seite 211: Hazel Gillard, Promenade in Brighton

Seite 212: Brighton um die Jahrhundertwende (Foto: Archiv)

Seite 217: Ine Guckert

Seite 221: Ine Guckert

Seite 223: Ine Guckert, oben: Steinkreis von Scorhill, Dartmoor; unten: Trethevy Quoit, Cornwall

Seite 225: Ine Guckert, oben: Zennor Quoit, Cornwall; unten: Mên-an-Tol, Cornwall

Seite 231: Ine Guckert, West Dart River, Dartmoor

Seite 233: Ine Guckert, oben: Landschaft in Cornwall; unten: Am Wicca Pool, Cornwall

Seite 245: Ine Guckert

Seite 249: Ine Guckert, oben: Wildes Pony im Dartmoor; unten: Dartmoor, Devon

Seite 257: Mo White, Birmingham Sky Line

Seite 278: Archiv

Seite 281: Barbara Littlewood

Seite 283: Susan Cheetham

Seite 285: Anna Arnone

Quellennachweise

Julie Bindel, »Zur Lage der Bewegung«, in »Trouble and Strife« 13, Frühjahr 1988
Jenny Bourne, »Jüdischer Feminismus«, in »Spare Rib«, Herbst 1987
Ros Brunt, »Der Mann im Kabinett ist eine Frau«, in »Marxism Today«, Juni 1987
Beatrix Campbell, »Übernehmen wir selbst die Kontrolle – Aids«, in »Marxism Today«
Angela Carter, »Bath« und »Die Dichter des Lake-Distrikts«, in »Nothing Sacred«, Virago
Rose Collins, »London für Lesben«, in »Kennedy's Guide to London '87/'88«
Gil Davies, »Die konservierte Geschichte«, in »Marxism Today«, Mai 1988
Suzie Fleming/Gloden Dallas, »Bella, die Kämpferin«, in »Women's Liberation Movement«, Spare-Rib-Reader
Sharon Maxwell, »Ein Krankenhaus von Frauen für Frauen«, in »Time Out«, April 1988
Kate Murphy, »Heiße Soßen«, in »City Limits«, Mai 1988
Michele Roberts, Gedicht, in »Smile Smile«, Sheba Press
Sista Roots und Pearle Wilson, Gedichte, in »Watchers and Seekers. Creative Writing of Black Women in Britain«, The Women's Press
Gillian Slovo, »An einem Donnerstag in Dalston«, in »Death by Analysis«, The Women's Press
Vi Subversa, »Zwei Rezepte«, und Val Wilmer, »Christmas Pudding«, in »Turning the Tables. Receipes and Reflections from Women«, ed. Sue O'Sullivan, Sheba Press
Flora Thompson, »Ländlicher Kalender«, in »A Country Calendar and Other Writings«, Oxford University Press
Rebecca West, »Emmeline Pankhurst, Suffragette«, in »The young Rebecca«, ed. Jane Marcus, Virago
Judith Williamson, »Wie wir und doch ganz anders – die königliche Familie«, in »Consuming Passions«, Verlag Marion Boyars
Elizabeth Wilson, »Feminismus und Mode«, in »Adorned in Dreams«, Virago